Paris
1887

Spencer, Herbert

Principes de sociologie

6 - Institutions ecclésiastiques

Volume 4

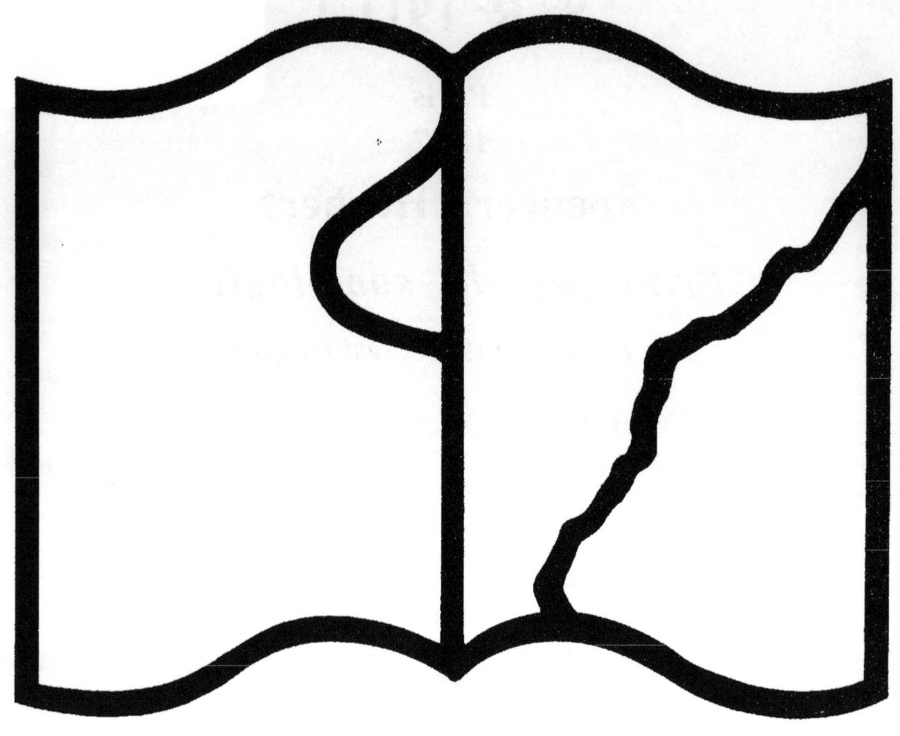

Symbole applicable
pour tout, ou partie
des documents microfilmés

Texte détérioré — reliure défectueuse

NF Z 43-120-11

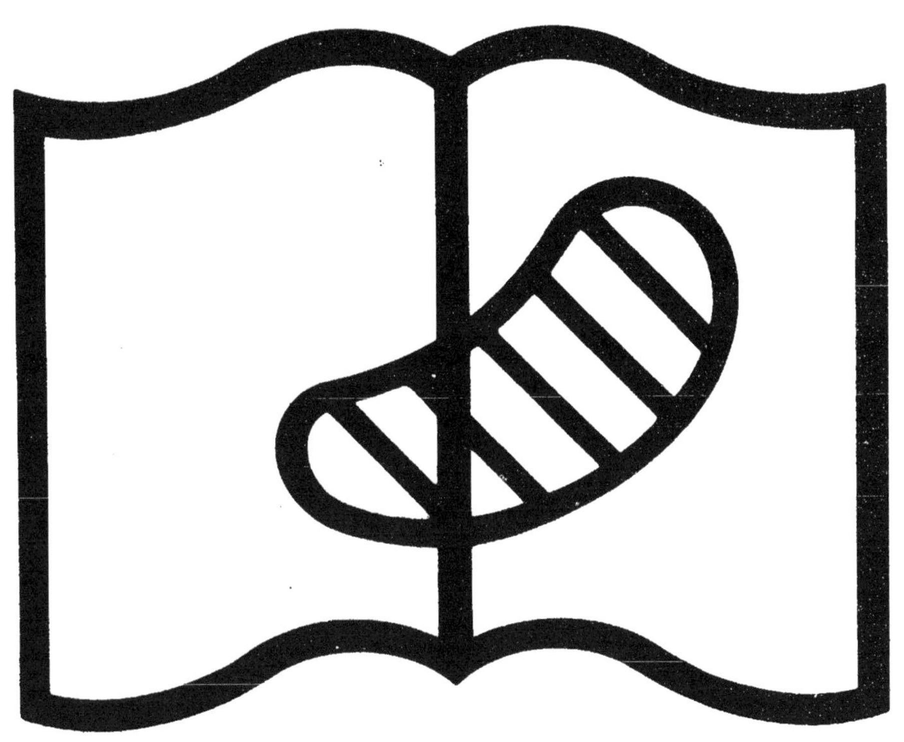

Symbole applicable
pour tout, ou partie
des documents microfilmés

Original illisible

NF Z 43-120-10

BIBLIOTHÈQUE
DE PHILOSOPHIE CONTEMPORAINE

PRINCIPES
DE
SOCIOLOGIE

PAR
HERBERT SPENCER

TRADUIT DE L'ANGLAIS
PAR M. E. CAZELLES

TOME QUATRIÈME

PARIS
ANCIENNE LIBRAIRIE GERMER BAILLIÈRE ET Cie
FÉLIX ALCAN, ÉDITEUR
108, BOULEVARD SAINT-GERMAIN, 108
1887

PRINCIPES

DE SOCIOLOGIE

A LA MÊME LIBRAIRIE

ŒUVRES DE HERBERT SPENCER

TRADUITES EN FRANÇAIS

Les premiers principes. Traduit par M. Cazelles. 4e édition. 1 fort vol. in-8, de la *Bibliothèque de philosophie contemporaine.* 10 fr.

Principes de biologie. Traduit par M. Cazelles. 2e édition. 2 vol. in-8, de la *Bibliothèque de philosophie contemporaine.* 20 fr.

Principes de psychologie. Traduit par MM. Ribot et Espinas. 2 vol. in-8, de la *Bibliothèque de philosophie contemporaine.* 20 fr.

Principes de sociologie.

Tome Ier. Traduit par M. Cazelles. 3e édit. 1 vol. in-8, de la *Bibliothèque de philosophie contemporaine.* 10 fr.

Tome II. Traduit par MM. Cazelles et Gerschel. 1 vol. in-8, de la *Bibliothèque de philosophie contemporaine.* 7 fr. 50

Tome III. Traduit par M. Cazelles. 1 vol. in-8, de la *Bibliothèque de philosophie contemporaine.* 15 fr.

Tome IV. Traduit par M. Cazelles. 1 vol. in-8, de la *Bibliothèque de philosophie contemporaine.* 3 fr. 75

Essais sur le progrès. Traduit par M. Burdeau. 2e édition. 1 vol. in-8, de la *Bibliothèque de philosophie contemporaine.* 7 fr. 50

Essais de politique. Traduit par M. Burdeau. 2e édition. 1 vol. in-8, de la *Bibliothèque de philosophie contemporaine.* 7 fr. 50

Essais scientifiques. Traduit par M. Burdeau. 1 vol. in-8, de la *Bibliothèque de philosophie contemporaine.* 7 fr. 50

De l'éducation physique, intellectuelle et morale. 1 vol. in-8, de la *Bibliothèque de philosophie contemporaine.* 6e édition. 5 fr.

Introduction à la science sociale. 7e édit. 1 vol. in-8, de la *Bibliothèque scientifique internationale*, cartonné à l'anglaise. 6 fr.

Les bases de la morale évolutionniste. 3e édit. 1 vol. in-8, de la *Bibliothèque scientifique internationale*, cart. 6 fr.

Classification des sciences. 2e édit. 1 vol. in-18, de la *Bibliothèque de philosophie contemporaine.* 2 fr. 50

L'individu contre l'État, traduit par M. Gerschel. 1 vol. in-18, de la *Bibliothèque de philosophie contemporaine.* 2 fr. 50

Descriptive sociology, or, Groups of sociological facts, FRENCH compiled by JAMES COLLIER. 1 vol. in-folio. 50 fr.

Coulommiers. — Imp. P. BRODARD et GALLOIS

PRINCIPES

DE

SOCIOLOGIE

PAR

HERBERT SPENCER

TRADUIT DE L'ANGLAIS

PAR M. E. CAZELLES

TOME QUATRIÈME

PARIS
ANCIENNE LIBRAIRIE GERMER BAILLIÈRE ET Cie
FÉLIX ALCAN, ÉDITEUR
108, BOULEVARD SAINT-GERMAIN, 108

1887

PRINCIPES DE SOCIOLOGIE

SIXIÈME PARTIE

INSTITUTIONS ECCLÉSIASTIQUES

CHAPITRE PREMIER

L'IDÉE RELIGIEUSE

§ 583. On ne saurait se faire une idée vraie d'une structure si l'on ne se fait une idée vraie de la fonction qui s'y rattache. Pour comprendre comment une organisation a pris naissance et s'est développée, il est nécessaire de comprendre le besoin desservi au commencement et par la suite. Si nous voulons suivre exactement l'évolution des institutions ecclésiastiques, il faut que nous apprenions l'origine des idées et des sentiments qu'elles impliquent : que nous sachions si ces idées et ces sentiments sont innés ou dérivés.

Il est admis non seulement par les théologiens en général, mais par tous ceux qui se sont occupés de la religion au point de vue rationaliste, que l'homme est par sa constitution un être religieux. Cette idée règne dans les œuvres du prof. Max Müller, et M. R. W. Mackay, dans son ouvrage sur le « Progrès de l'Esprit », soutient que l'homme est foncièrement monothéiste. Mais cette doctrine, autrefois presque universellement admise, a subi de rudes assauts depuis les découvertes des psychologistes et des anthropologistes.

Il y a des preuves évidentes que des gens séparés dès l'enfance par des infirmités physiques du commerce des esprits formés sont dépourvus d'idées religieuses. Le docteur Kitto, qui était sourd, cite dans son livre intitulé *les Sens perdus* (the Lost Senses, p. 200) le témoignage d'une dame américaine sourde-muette, qui n'avait reçu de l'instruction qu'arrivée à l'âge mûr : l'idée que le monde doit avoir un créateur, disait-elle, ne s'était jamais offerte à son esprit, pas plus qu'à celui d'aucun autre des divers pensionnaires intelligents du même âge. De même le rév. Samuel Smith, qui est resté vingt-huit ans en contact presque quotidien avec les sourds-muets, dit de l'un d'entre eux « qu'il n'avait aucune idée de sa nature immortelle, et qu'il n'avait pas rencontré un seul exemple d'un sourd-muet, non soumis à l'éducation, qui eût une idée quelconque de l'existence d'un Être suprême, créateur et maître de l'univers ».

Cela veut dire que les hommes civilisés n'ont aucune tendance innée à former des idées religieuses. Nous avons d'ailleurs, à l'appui de cette conclusion, des preuves que ces idées manquent chez divers peuples sauvages. Sir John Lubbock a présenté beaucoup de faits de ce genre dans ses deux ouvrages, *Les temps préhistoriques* et *Les origines de la civilisation*. On peut en ajouter d'autres. Ainsi, M. Harsthorne nous parle d'un Wedda à qui l'on donnait en prison un peu d'instruction. « Il n'avait, dit-il, aucune idée d'une âme, d'un Être suprême, ni d'une vie future [1]. » Les Dors, peuple d'Afrique, dit Heuglin, « ne semblent avoir aucune conception religieuse proprement dite, mais ils croient aux esprits [2] ». D'après Schwein-

1. Harsthorne, *The Weddas*, dans la *Fornigthly Review*, XIX, N. S.
2. Th. von Heuglin, *Reise in das Gebiet des Weissen Nil*, 1859.

furt, « les Bongos n'ont pas la plus faible idée de l'immortalité... Toute religion, au sens que nous attachons à ce mot, leur est absolument inconnue [1]. » Les Zoulous, peuple d'une intelligence considérable, nous en donnent une preuve encore plus nette; exemple le dialogue suivant rapporté par Gardiner. « Avez-vous quelque connaissance du pouvoir qui a fait le monde? Vous voyez le soleil se lever et se coucher, et les arbres grandir; savez-vous qui les a faits et qui les gouverne? Le Zoulou, Tpaï, après un court silence, et paraissant avoir réfléchi profondément répond : non; nous les voyons, mais nous ne pouvons dire d'où ils viennent; nous supposons qu'ils viennent d'eux-mêmes [2]. » Une conversation de sir Samuel Baker avec un chef latouki nous révèle un état d'esprit analogue. « N'avez-vous aucune croyance en une existence à venir après la mort? — Le chef appelé *Commoro* répond : Une existence à venir? Comment est-ce possible? Un mort peut-il sortir de son tombeau à moins qu'on ne le déterre? — Pensez-vous que l'homme soit comme une bête, qui meurt et pour laquelle tout est fini? — *Commoro.* Certainement; un bœuf est plus fort qu'un homme; il meurt néanmoins, ses os sont plus longs et plus gros. Les os de l'homme se brisent facilement; l'homme est faible. — L'homme n'est-il pas supérieur en intelligence au bœuf? N'a-t-il pas un esprit qui dirige ses actions? — *Commoro.* Il y a des hommes qui ne sont pas aussi fins qu'un bœuf. Il faut que l'homme sème du grain pour avoir de quoi manger, tandis que le bœuf et les animaux sauvages peuvent se procurer de la nourriture sans semer. — Ne savez-vous pas qu'il y a en vous autre chose que de la chair, qu'il y a une âme? Est-ce que vous ne rêvez pas? Est-ce que vous ne voyagez pas au loin dans votre som-

1. Schweinfurth, *Le centre de l'Afrique.*
2. Gardiner, *Journey to the Zoolu Country, in South Africa*, 1836, p. 72.

meil? Néanmoins, votre corps ne change pas de place. Comment expliquez-vous cela? — Bien, dit *Commoro* en riant, bien, comment expliquez-vous cela! C'est une chose que je ne puis comprendre, mais cela m'arrive toutes les nuits..... — N'avez-vous aucune idée de l'existence d'esprits supérieurs à l'homme ou à la bête? N'avez-vous aucune crainte du mal si ce n'est pour des causes physiques? — J'ai peur des éléphants et des autres animaux, répond *Commoro*, quand je me trouve de nuit dans les fourrés, mais de rien autre. — Alors vous ne croyez à rien; ni à un bon ni un mauvais esprit? Vous croyez que lorsque vous mourez tout est fini pour votre corps et pour votre esprit; que vous êtes comme tous les autres animaux; qu'il n'y a aucune différence entre l'homme et la brute; que l'un et l'autre disparaissent et finissent en mourant? — Naturellement. » Lorsque Baker lui présente l'argument de saint Paul tiré de la pourriture du grain, sur lequel s'appuie la liturgie des funérailles, Commoro répond : Fort bien; cela, je le comprends. Mais le grain *primitif ne* ressuscite *pas;* il pourrit comme l'homme mort, et tout est fini; le fruit qui lève n'est pas le grain qui a été enterré; c'est une *production* de ce grain : il en est ainsi de l'homme. Je meurs, je me décompose, je finis; mais mes enfants grandissent comme le fruit du grain. Il y a des hommes qui n'ont pas d'enfants; mais il y a des grains qui périssent sans donner de fruit; les uns et les autres sont finis [1]. »

Évidemment, les idées religieuses n'ont pas l'origine surnaturelle qu'on leur attribue communément, et nous devons conclure des faits qu'elles ont une origine naturelle. Quelle est cette origine?

1. Sir Samuel Baker, *Albert N'yanza*, I, 247.

§ 584. Dans le premier volume des *Principes de Sociologie*, nous avons consacré près d'une vingtaine de chapitres à rendre compte des idées primitives en général, et particulièrement des idées relatives à la nature et aux actions des agents surnaturels. Au lieu de renvoyer le lecteur à ces chapitres, nous trouvons plus à propos de résumer la doctrine qui y est exposée, d'abord parce que cette doctrine, différant des croyances régnantes et de celles des mythologistes, a besoin que nous la reproduisions avec insistance; ensuite parce que nous pouvons la fortifier par de nouveaux faits, et produire une plus grande impression en rapprochant plus étroitement les divers groupes de faits et les conclusions.

Voici un exemple type de la genèse des conceptions religieuses dont nous allons retrouver la marche dans ce chapitre; nous le trouvons dans l'ouvrage de M. Brough Smyth intitulé *les Aborigènes de Victoria.* Lorsqu'on ensevelit un Australien de marque, chasseur ou membre du conseil, le sorcier, assis ou couché auprès du tombeau, loue le défunt et tend l'oreille à ses réponses. « Le mort, dit-il, a promis que, si son meurtre est suffisamment vengé, son esprit ne hantera pas la tribu, ne fera peur à personne, ne poussera personne sur de fausses pistes, ne rendra personne malade, ne fera point de bruit pendant la nuit [1]. » Nous reconnaissons facilement dans cet exemple les premiers éléments d'un culte; nous y trouvons la croyance en un être surnaturel, un esprit; nous y voyons des louanges adressées à cet être, qu'il est censé entendre. A la condition que ses ordres soient obéis, on dit qu'il promet de ne point faire usage de sa puissance surnaturelle, de ne pas faire de mal aux vivants, de ne pas les effrayer.

1. B. B. Smyth, *The Aborigines of Victoria*. Melbourne, 1878, I, 107.

N'est-il pas évident que de tels germes peuvent se développer et produire des religions avancées? En lisant la prière, citée par M. Réville, du Malgache adorateur des ancêtres : « Nyang, méchant et puissant esprit, ne fais pas gronder le tonnerre sur nos têtes; dis à la mer de ne pas franchir ses bords. Épargne, Nyang, les fruits qui mûrissent; ne sèche pas le riz dans sa fleur [1]; » on ne peut guère s'empêcher de conclure que Nyang n'est qu'une forme plus développée d'un esprit tel que celui à qui l'Australien cherche à faire exaucer ses prières. On dit, au Japon, que « les esprits des morts continuent à exister dans le monde invisible qui nous enveloppe de toutes parts, qu'ils sont tous devenus des dieux avec des caractères différents et des pouvoirs plus ou moins grands... qu'il faut apaiser les dieux malfaisants pour qu'ils ne punissent pas ceux qui les ont offensés; qu'il faut honorer d'un culte tous les dieux pour les engager à augmenter leurs faveurs [2]. Cet exemple donne de la force à l'opinion que les dieux malfaisants comme les dieux bienfaisants sont tous dérivés des « esprits des morts... différents par le caractère et par l'influence ». Nous trouvons un autre argument en faveur de cette idée dans ce fait que dans l'Inde, au dire de sir Alexandre Lyall, « il semble que les honneurs qu'on rendait d'abord à tous les esprits des morts se soient concentrés, comme honneurs divins, sur les mânes de personnes notables [3] ». Des faits de même genre, au temps de Platon, nous rappellent encore que des croyances analogues régnaient chez les Grecs. Nous voyons dans la *République* Socrate mettre ensemble au rang des « premiers » devoirs « les cultes des dieux, des demi-dieux et des héros..... ainsi que

1. Albert Réville, *Histoire du Diable*, 9.
2. E. M. Satow, *the Revival of Pure Shinto*, appendice aux *Transactions of the Asiatic Society of Japan*, III, 79.
3. Sir A. C. Lyall, *Asiatic Studies*, 1882, 18.

les rites que l'homme doit observer pour gagner la faveur des habitants du monde infernal ». La survie de cette croyance démontre que « la crainte de la colère des morts avait possédé fortement l'esprit des premiers Grecs [1] ». L'analogie de ces croyances admises chez les races les plus distinctes dans le temps, l'espace et la culture intellectuelle, est un argument puissant en faveur de la conclusion qui fait remonter à la propitiation des esprits l'origine de toutes les religions.

De quelque côté que nous portions les regards, nous trouvons des faits à l'appui de notre conclusion. Naguère encore, on croyait qu'il n'existait pas de vestige de l'homme primitif, mais aujourd'hui que l'attention s'est portée sur ce point, on trouve partout des instruments de l'homme primitif; de même, une fois formée, l'hypothèse qui dérive les religions en général du culte des ancêtres rencontre des preuves en sa faveur chez toutes les races et dans tous les pays. Pas un livre de voyages qui n'apporte des faits nouveaux; et, en examinant de plus près les histoires des peuples de l'antiquité, on y découvre des exemples nombreux à l'appui de notre hypothèse.

Nous allons donner de nouveaux exemples des facteurs et des étapes de la genèse des croyances religieuses. Nous les empruntons à des ouvrages publiés depuis que nous avons écrit le premier volume des *Principes de Sociologie*.

§ 585. Le sauvage africain Commoro, dont nous avons parlé plus haut, qui prouvait par ses réponses un esprit plus pénétrant que celui de son interlocuteur, n'avait aucune théorie du songe. A la question de savoir comment il expliquait le sentiment du déplacement pendant le sommeil, il

1. Platon, *République*. — Grote, *Histoire de la Grèce*, III, 187.

répondait : « c'est une chose que je ne puis comprendre. » On peut remarquer, en passant, que lorsque l'idée d'un double qui voyage pendant le sommeil n'existe pas, la croyance d'un double qui survit après la mort n'existe pas non plus. Mais des sauvages, plus disposés que Commoro à accepter des interprétations, admettent que les aventures des rêves sont réelles. Un Zoulou disait à l'évêque Callaway : « quand un mort revient (en rêve), il ne parait pas sous la forme d'un serpent, ni comme une ombre pure ; il vient en personne, comme s'il n'était pas mort ; il parle à un homme de sa tribu ; on ne sait pas que c'est un mort tant qu'on n'est pas réveillé, et l'on dit : vraiment, un tel m'a paru encore vivant, et vraiment c'est son ombre qui est venue à moi [1]. » De même, les Andamènes, qui croient que le reflet d'un homme n'est que l'une de ses âmes, ont une croyance d'après laquelle « dans les rêves c'est l'âme qui, sortie par les narines, voit et s'occupe de la manière représentée à l'homme endormi [2] ».

Certaines formes anormales d'insensibilité sont censées des absences plus prolongées du double en migration, que l'insensibilité soit l'effet des causes naturelles ou artificielles. C'est ainsi qu'on expliquait jadis habituellement ces états insolites d'inconscience apparente. Nous en trouvons la preuve dans une croyance exprimée par Montaigne. Pour lui, l'âme de l'homme, mise en liberté et détachée des corps, soit par le sommeil soit par quelque extase divine, prédit et voit des choses qu'elle ne pourrait apercevoir quand elle est unie au corps. De nos jours, chez les Ouaraus, Indiens de la Guyane, l'homme qui veut acquérir une puissance magique prend une infusion de tabac, « et dans l'état de faiblesse semblable

1. Callaway, *the Religious Systems of the Amazulu*, Natal, 1868, 230.
2. *Journal of the Anthropologic Institute*, XII, 162.

à la mort où il se réduit, son esprit est censé quitter son corps, visiter les yauhahus et en recevoir la puissance..... On croit qu'il demeure désormais soumis à l'influence de ces êtres redoutés [1]. »

De la croyance à l'absence ordinaire de l'autre soi pendant le sommeil et de ses absences extraordinaires pendant la syncope, l'apoplexie, etc., on passe à la croyance en son absence illimitée pendant la mort, lorsqu'après un intervalle d'attente on est obligé de renoncer à l'espoir de le voir revenir. On constate encore la croyance que, devenu sourd aux supplications, l'autre soi revient de temps en temps ou reviendra à la fin. Communément, on suppose que l'esprit tourne auprès du corps ou revient le visiter. Les Iroquois et les Chinouks « parlent du mort qui marche de nuit; ils le croient réveillé et à la recherche d'aliments [2] ». Cette croyance aux prétendus voyages nocturnes des esprits dématérialisés a longtemps survécu chez les races supérieures; on la voit survivre sous sa forme grossière des premiers temps dans les histoires de vampires en faveur en certains pays.

La croyance primitive à la matérialité du double a pour conséquence le désir de satisfaire aux désirs qu'il exprimait durant sa vie. C'est pour cela que la mère andamène dépose auprès de la tombe de son enfant une coquille « avec un peu de son propre lait [3] »; que les Chippeouais « offrent des aliments et des cadeaux aux morts »; que les Chinouks placent auprès du cadavre tous les objets utiles; que les Ouaraus « entretiennent du feu près du tombeau pendant plusieurs semaines [4]; qu'à Urua, dans l'Afrique centrale, d'après Caméron, on immole, après la mort d'un chef, sa femme et

1. Rév. J. H. Bernau, *Missionary Labours in British Guyana*, 1847, 153.
2. *United States Expédition* par le com. Wilkes. Philadd., 1845, V, 118.
3. *Journal of Anthropological Institute*, XII, 142.
4. Bernau, *loc. cit.*, 53.

ses esclaves [1]. C'est pour cela que toutes les races non civilisées ou à demi civilisées conservent des rites funèbres impliquant la croyance que l'esprit a les mêmes sensations et les mêmes émotions que le vivant. Dans le principe, on y croit à la lettre; les Zoulous en sont un exemple. L'un d'eux disait que « les esprits ancêtres vinrent et mangèrent tout, et que lorsque les gens revinrent du bain, ils trouvèrent tout mangé [2] ». Chez d'autres peuples, l'esprit, conçu comme moins matériel, est censé tirer parti de l'esprit de la chose offerte : les naturels du Nicaragua, par exemple, « attachaient des aliments au corps du mort avant de le brûler » ; et les Ahts brûlent des couvertures quand ils ensevelissent leurs amis [3], « afin que ceux-ci n'aillent pas grelotter de froid dans le monde souterrain [4] ».

Les sacrifices au double du mort, faits habituellement aux funérailles, deviennent en certains pays des usages permanents, reproduits tantôt en des occasions spéciales, tantôt à des intervalles réguliers. En effet, si l'on néglige l'esprit, il peut en résulter du dommage. Les hommes de divers types visitent leurs morts de temps en temps pour leur porter des aliments, des boissons, etc. : les Gonds par exemple, qui portent, sur les tombeaux des morts qu'ils honorent, « des offrandes annuelles pendant plusieurs années [5] ». D'autres, comme les Ukiahs et les Sanels de la Californie, « répandent des aliments autour des lieux que le mort fréquentait de préférence [6] ». Ailleurs, on suppose que les esprits tiennent aux endroits où des aliments ont été préparés pour eux, par exemple chez les Zoulous. L'évêque Callaway cite un Zoulou

1. Cameron, *Across Africa*, II, 110.
2. *Folk Lore, South African Journal*, II, 29.
3. Bancroft, *the Native Races of the Pacific States of North America*, II, 801.
4. *Id.*, *ibid.*, III, 521.
5. Rév. Hislop, *Aboriginal Tribes of the Central Provinces*, 19.
6. Bancroft, *op. cit.*, III, 524.

qui disait : « Ces morts sont fous! Pourquoi se sont-ils révélés en tuant l'enfant de cette manière, sans me parler? Allez et ramenez la chèvre [1]. »

Les races se font des idées différentes des habitats de ces doubles des morts qui ressemblent aux vivants dans leurs appétits et leurs passions. Certains peuples, comme les Chillouks du Nil Blanc, « se figurent que les morts hantent les lieux habités par les vivants et s'occupent d'eux [2] ». D'autres, comme les Santals, croient que les esprits de leurs ancêtres habitent les bois voisins. Chez les Sonores et les Mohaves de l'Amérique du Nord, on croit que les rochers et les collines sont le séjour des esprits. « La terre des bienheureux, dit Schoolcraft, n'est pas dans le ciel [3]... Nous croyons plutôt à une nouvelle terre, ou une demeure terrestre [4]. » Lorsque, comme cela arrive très généralement, on croit que l'esprit revient à la région d'où la tribu est sortie, il a des obstacles à surmonter. Chez les Chibchas, on parle de rivières difficiles à traverser. Les Naos d'Australie croient que leurs esprits vont peupler les îles du golfe de Spencer. Ces conceptions matérialistes de l'autre soi et du lieu où il fixe son séjour s'accompagnent de conceptions matérialistes de ses actes après la mort. Schoolcraft, parlant de la vie future d'après une croyance indienne, dit que les occupations ordinaires de la vie y rencontrent moins de vicissitudes et de difficultés. Les Chibchas croyaient que « dans la vie à venir chaque nation avait son territoire propre, où elle pouvait cultiver le sol [5] ». Partout nous rencontrons l'analogie entre la vie d'ici-bas et la vie à venir imaginée. En outre, même chez les peu-

1. Callaway, *op. cit.*, 372.
2. Schweinfurth, *op. cit.*, 91.
3. Schoolcraft, *Informations respecting the History of the Indian Tribes of U. S.*, 1853, V, 403.
4. *Id.*, *ibid.*, V, 403.
5. Bollaert, *Researches in New Granada, Equador, Peru and Chili*, 1860, 12.

ples relativement avancés, on admit que les relations sociales dans l'autre monde sont la reproduction de celles du monde actuel : « Quelques temples des Taouistes s'appellent Kung (palais); et on a cherché à y représenter les dieux de la religion dans leurs célestes demeures, assis sur leurs trônes dans leurs palais, administrant la justice ou distribuant l'instruction [1], » ce qui rappelle l'idée grecque de l'Hadès. Il est curieux de voir, dans un passage de Kemble, que des idées analogues régnaient chez les Anglais. Kemble rappelle le roi Alfred, qui permettait de se racheter d'un crime par une somme d'argent, « excepté dans les cas de trahison contre un seigneur, auquel cas on n'oserait faire merci, parce que le Dieu tout-puissant n'en fait pas à ceux qui le méprisent, ni Christ non plus..... à celui qui l'a vendu pour le livrer à la mort. Et qu'il commande aux hommes d'aimer leur seigneur comme lui-même [2]. »

Les monticules tumulaires où l'on plaçait des aliments pour les morts, comme chez les Oulouas de l'Amérique centrale, les tas de pierres, ou obos, décrits par Prejevalski, devant lesquels un Mongol ne passe jamais sans ajouter une pierre, un chiffon ou une touffe de poil de chameau, en guise d'offrande, et qui, dans l'Afghanistan par exemple, s'élèvent comme des dômes sur les morts, se trouvent transformés par ces rites en autels [3]. Quelquefois ce caractère est très net. Sur le tombeau d'un prince à la Vera Paz, il y avait « un autel de pierres dressé sur un tertre; on y brûlait de l'encens et l'on y faisait des sacrifices en l'honneur des morts [4] ». Certaines peuplades font des abris pour ces autels rudimentaires ou pour les autels mieux dessinés. Les Mosquitos construisent

1. Rev. J. Edkins, *The Religious Conditions of the Chineese*, 1859, 42.
2. Kemble, *The Saxons in England*, 1849, II, 208.
3. Prejevalski, *Mongolie*, I, 76.
4. Bancroft, *op. cit.*, II, 799.

« une hutte grossière sur la tombe; ils y abritent les aliments et des boissons de choix [1] », etc. En Afrique, les Ouakutus « élèvent habituellement des appentis sur les tombes; ils y mettent des offrandes en aliments [2] ». L'ouvrage du major Serpa Pinto contient une gravure représentant le mausolée d'un chef indigène [3]. Le tombeau y est couvert d'un bâtiment soutenu par six colonnes de bois; quelques colonnes de plus en feraient un petit temple grec. De même à Bornéo. Le dessin du sépulcre de la famille du rajah Dinda, que nous donne Bock, nous fait voir le développement des appentis funéraires dans un temple du type oriental [4]. Une relation analogue existait chez les Grecs. « L'*Heroon* était une sorte de chapelle élevée à la mémoire d'un héros. C'était d'abord un monument funéraire (σῆμα), entouré d'une enceinte sacrée (τέμενος); mais l'importance du culte qu'on y rendait au héros le transformait bientôt en *hieron* (temple) [5]. » De nos jours, chez les mahométans, en dépit de leur monothéisme affecté, on voit des exemples très nets d'une transformation analogue. Le mausolée d'un saint en Égypte est un « édifice sacré ». Les gens qui passent auprès de ce tombeau s'arrêtent et deviennent « de pieux adorateurs » de « notre seigneur Abdallah »... « Dans un coin du sanctuaire il y a un cierge de cire aussi long et aussi épais qu'une dent d'éléphant. Le mausolée est entouré d'une cour avec des loges pour la prière et peuplée de tombes de personnes favorisées [6]. » La dernière citation suppose quelque chose de plus. En même temps que les tertres funéraires deviennent des

1. Bancroft, *op. cit.*, I, 744.
2. Jos. Thomson, *To the Central African Lakes, and back.*, 1881, I, 119.
3. Maj. Serpa Pinto, *How I crossed Africa*, 1881, I, 124.
4. Bock, *Head Hunters of Borneo*, 78.
5. Maury, *Histoire des religions de la Grèce antique*, II, 1858, 53.
6. Klunzinger, *Upper Egypt*, 103.

autels, les appentis des édifices religieux, et les aliments destinés aux morts des sacrifices, la louange et la prière subissent un développement analogue. A ce que nous avons dit, ajoutons un ancien fait relaté par Dapper : les nègres de la Gambie érigeaient de petites huttes sur les tombes, « où les amis et les connaissances des morts venaient, à époques fixes, leur demander pardon pour les offenses ou dommages qu'ils leur avaient faits durant leur vie [1] ».

Le développement du culte des ancêtres, dont nous venons de donner des exemples sous ses divers aspects, se montre en pleine lumière, et dans son ensemble, dans une citation que nous empruntons à l'ouvrage récent intitulé *Africana* du Rev. Duff. Mac Donald, l'un des missionnaires de Blantyre. Nous en avons détaché quelques phrases dont, pour plus de clarté, nous avons changé l'ordre. « L'homme peut être enterré dans sa propre demeure (109). Sa maison devient ainsi une sorte de temple (109). Le mort est maintenant dans le monde des esprits, il reçoit des offrandes et l'adoration (110). Il est un dieu armé du pouvoir de veiller sur les siens, de les protéger et de régler leur destinée (61). L'esprit d'un mort s'appelle son mulungu (59). L'origine probable de ce mot, d'après Bleest (le philologue), est probablement un mot qui signifie le Grand Maître (67). Leur dieu apparaît en rêve aux siens. Ils peuvent le voir comme ils le connaissaient autrefois (61). Les dieux des indigènes sont presque aussi nombreux que leurs morts (62). Chaque fidèle s'adresse naturellement aux esprits de ses parents défunts (68). Un chef présente ses offrandes à son prédécesseur immédiat, et dit : Père, je ne connais pas tous nos parents, vous les connaissez tous, invitez-les à se régaler avec vous

1. Ogilby, *Africa*, 1670, 369.

(68). L'esprit d'un grand chef peut avoir une montagne entière pour sa résidence, mais il y réside surtout au sommet parmi les nuages (60). Un grand chef qui a été heureux dans ses guerres ne sort pas sitôt de la mémoire des siens. Il peut devenir le dieu d'une montagne ou d'un lac, il peut recevoir des hommages comme une divinité locale longtemps après que ses descendants ont été chassés du pays. Les habitants qui prient pour obtenir la pluie s'adressent moins à leur ancêtre qu'au dieu de la montagne de là-bas sur les épaules de qui reposent les grands nuages chargés d'eau (70). Au-dessus des esprits de ses pères et des chefs dont la demeure est fixée sur les montagnes, le Ouayao connaît d'autres dieux qu'il croit supérieurs. Seulement leur demeure est plus étroitement associée au pays que le Yao a quitté ; de sorte qu'en somme on peut bien les regarder commes des divinités locales (71)[1]. »

Passons à certains résultats plus indirects de la théorie spiritiste. Le sauvage qui distingue confusément l'apparence d'avec la réalité croit que la représentation d'une chose participe des propriétés de cette chose. Il croit que l'effigie d'un mort (placée primitivement sur le tombeau) devient la demeure de son esprit. Cette croyance s'étend aux effigies placées ailleurs. St John nous parle d'une « figure grossière représentant un homme et une femme nus », placée par des Dayaks de l'intérieur de l'île sur le chemin de leur ferme, et ajoute : « Chacune de ces figures est censée habitée par un esprit [2]. »

On adresse souvent des prières à ces images, parce qu'on les croit habitées par les doubles des morts. Livingstone dit que les peuplades à l'ouest du lac Nyassa présentent à leurs

1. Duff Maic Donald, *Africana, or the Hearth of the Heathen Africa*, 1882, I, 59, 110.
2. Sir Spencer St John, *Life in the Forest of the Far East*, I, 199.

idoles des offrandes et du tabac; « ils allument une lumière pour eux, et fument à l'entour. Ces idoles représentent le père ou la mère défunts. On suppose que ces parents sont flattés des offrandes déposées devant leurs simulacres. On leur donne quelquefois le nom de chefs morts [1]. » Bastian nous raconte qu'une négresse de Sierra Leone avait dans sa chambre quatre idoles dont elle barbouillait chaque jour la bouche avec du maïs et de l'huile de palme, une fois pour elle-même, un autre pour son mari mort, et une pour chacun de ses enfants [2]. Souvent l'image est extrêmement grossière. Les Damaras ont « une image faite de deux pièces de bois, qui représente la divinité du logis, ou plutôt le parent déifié [3] » que l'on porte dehors en certaines occasions. « Les cérémonies habituelles des Bhils consistent simplement à barbouiller leur idole, qui n'est guère qu'une pierre informe, avec du vermillon, du minium ou de l'huile, et à lui offrir, en accompagnant ces offrandes de protestations et de demandes, un animal ou quelque liqueur [4]. »

Nous saisissons là la transition à l'espèce de fétichisme qui admet qu'un objet n'ayant qu'une ressemblance grossière avec un être humain, ou aucune ressemblance du tout, est néanmoins censé habité par un esprit. Nous pouvons ajouter que le rapport entre le développement de la théorie spiritiste et celui du fétichisme se révèle dans un fait où l'un et l'autre manquent. C'est ce qu'on observe chez un peuple africain d'après Thomson. « Les Wahabis semblent affranchis de toute idée superstitieuse plus qu'aucune tribu au monde. On ne trouve chez eux aucune trace de ce fétichisme qui règne ailleurs. Ils ne semblent même pas avoir du respect pour

1. Livingstone, *Last Journals in Central Africa*, 1874, I, 353.
2. Bastian, *Der Mensch in der Geschichte*. Leipzig, 1860, II, 129.
3. Anderson, *Lake N'gami*, 229.
4. *Transactions of the Royal Asiatic Society*, I, 72.

leurs morts; ils en jettent les corps dans les jungles, où les hyènes les dévorent[1]. » Le même rapport se révèle précisément dans la description des Masaïs que le même auteur nous a donnée plus récemment.

L'identification des ancêtres avec les animaux se fait de diverses manières; il en résulte la vénération des animaux, tantôt sous forme d'attentions superstitieuses, tantôt sous forme de culte. Les animaux qui fréquentent les lieux de sépulture ou les lieux que l'on croit hantés par les esprits, aussi bien que les bêtes qui volent la nuit, sont naturellement pris pour les formes choisies par les morts. Les Bongos redoutent « les esprits, dont la demeure est dans l'ombre obscure des bois. Esprits, diables et sorcières sont généralement appelés *bitabohs;* on appelle spécialement les gobelins des bois *rongas*[2]. Sous le même nom on désigne toutes les chauves-souris,... et aussi les hiboux de toute espèce. »

La croyance que les esprits reviennent souvent à leurs anciennes demeures mène à croire que ces esprits s'incarnent dans les serpents qui fréquentent les maisons. Les nègres de Blantyre croient que « si un mort veut faire peur à sa femme, il peut s'entêter à revenir sous la forme d'un serpent ». Lorsque quelqu'un tue un serpent appartenant à nn esprit, il fait des excuses au dieu offensé en disant : « Pardon, pardon, je ne savais pas que ce serpent fût à vous[3]. » Un grand nombre de peuples indo-européens ont regardé les serpents comme des divinités domestiques. « Dans certains cantons de la Pologne, en 1762, les paysans étaient très attentifs à donner du lait et des œufs à une espèce de serpent noir qui rampe autour de leurs maisons, et ils se désespéraient lorsqu'il était

1. Thomson, *To the Central Africa Lakes, and back,* 1881, I, 237.
2. Schweinfurth, *op. cit.*, I, 305.
3. Mac Donald, *Africa*, etc., I, 62.

fait quelque mal à ces reptiles [1]. » On observe dans l'Amérique du Nord des croyances du même genre, suggérées d'une autre façon. Les Apaches « voient dans le serpent à sonnettes la forme que les méchants prennent après la mort [2] ». Les naturels de Nayarit croyaient que « pendant le jour les esprits pouvaient fréquenter les vivants, sous forme de mouches, pour chercher des aliments [3] ». Ceci nous rappelle un culte des Philistins et une croyance des Babyloniens exprimée dans la légende d'Izdubar où il est dit que « les dieux d'Uruk Suburi (les bienheureux) devenaient des mouches ».

L'identification des doubles des morts avec les animaux, tantôt avec ceux qui fréquentent les maisons ou les lieux que les doubles sont censés hanter, tantôt avec ceux qui ressemblent aux défunts par leur nature méchante ou bonne, se révèle dans d'autres faits par la fausse interprétation des noms. Chez les Aïnos au Japon, « le plus grand compliment qu'on puisse faire à un homme est de le comparer à un ours. Ainsi Chinondi dit de Benri le chef : il est plus fort qu'un ours; et le vieux Fate, pour louer Pipichari, l'appelait « le jeune ours ». Là, nous voyons le passage de la comparaison à la métaphore servir d'exemple à l'origine des noms d'animaux. Plus loin nous voyons les Aïnos qui rendent un culte à l'ours, bien qu'ils le tuent et le mangent, chantent en chœur au festin : « Nous t'avons tué, ours; reviens dans un Aïno [4] » ; ce qui nous fait comprendre comment peut se former l'identification de l'ours avec un Aïno ancêtre et par suite l'usage de rechercher la faveur de l'ours. Cette cause d'identification des ancêtres avec des animaux, et le caractère sacré qui s'attache en conséquence à ces animaux, nous frappent

1. Maury, *Histoire des Religions*, etc., II, 463.
2. Bancroft, *The Native Races*, etc., III, 529.
3. Id., *Ibid.*, III, 527.
4. Miss I. L. Bird, *Unbeaten Tracks in Japon*, 1880, II, 97 et seq.

quand nous apprenons que « l'ancêtre de la famille royale mongole était un loup, que cette famille portait le nom de Loup [1] », et que nous nous rappelons des cas innombrables de noms d'animaux portés par les Indiens d'Amérique et l'usage du totem, qui s'y associe. Même sans sortir d'Europe, nous en trouvons des exemples très probants. D'après une vieille tradition, le Earl Siward de Northumbrie avait un grand-père qui avait été ours dans les forêts de Norvège; et « cet ours, ancêtre de Siward et d'Ulf, avait aussi, paraît-il, eu des ours parmi ses descendants ». Or Siward se distinguait par « sa taille de géant, sa force énorme et sa valeur [2] »; nous pouvons donc conclure avec raison que, de même que dans le cas des Aïnos, la filiation rattachée à un ours provenait d'une erreur d'interprétation d'une métaphore appliquée à un ancêtre pareillement puissant. Dans d'autres cas, le caractère sacré de certains animaux résulte de l'idée que des morts ont passé dans le corps de ces animaux. Il y a des Dayaks qui refusent de manger de la venaison, parce qu'ils croient que leurs ancêtres « prennent la forme du daim après leur mort [3] ». Chez les Esquimaux, « le Angekok annonce aux parents affligés dans quel animal a passé l'âme du défunt [4] ». Le respect pour un animal et quelquefois le culte dont il est l'objet peuvent donc se produire de plusieurs manières; mais toutes supposent l'identification de cet animal avec un homme.

Un pensionnaire de l'institution des sourds-muets d'Edimbourg disait « qu'avant d'aller à l'école il croyait que les étoiles étaient placées dans le firmament comme des grilles de feu [5] ». Ce mot nous rappelle une croyance de certaines

1. Howorth, *History of the Mongols*, 1876, I, 33.
2. Freeman, *History of the Norman Conquest of England*, 1870, I, 768.
3. Boyle, *Adventures among the Dyaks of Borneo*, 1865, 229.
4. Hayes, *Arctic Boat-Journey*, 1780, 199.
5. Dr J. Kitto, *The Lost Senses*, 199.

peuplades de l'Amérique du Nord pour qui les étoiles les plus brillantes de la voie lactée sont des feux de bivouac allumés par les morts dans leur route pour l'autre monde. Nous voyons dans l'un et l'autre fait comment l'identification des étoiles avec les personnes peut s'établir. Quand un chasseur au bruit d'un coup de fusil s'écrie : c'est Jones, il ne veut pas dire que Jones est le bruit, mais que Jones a fait le bruit. Mais quand un sauvage montre une certaine étoile censée primitivement le feu de bivouac d'un tel décédé, et dit : il est là, l'enfant qui s'instruit à ses paroles suppose naturellement que dans la pensée du sauvage l'étoile elle-même est le défunt, surtout quand il reçoit cet enseignement dans une langue non développée. D'où la croyance des Californiens que les esprits se rendent à l'endroit « où la terre et le ciel se touchent, y deviennent des étoiles, les chefs prenant les formes les plus brillantes ». D'où la croyance des Mangaians que certaines étoiles sont des enfants. « Leur mère était une mégère, qui ne leur laissait aucun repos; ils montèrent sur un rocher élevé et de là tombèrent dans le ciel, leurs parents y suivirent, mais ils ne les ont pas encore retrouvés[1]. » C'est d'une façon analogue que se forme la personnification des étoiles et des constellations. Quand on se rappelle combien l'identification des hommes avec des animaux est un fait général dans les sociétés primitives, on peut comprendre comment se forme l'identification des animaux et des constellations : par exemple Calisto, métamorphosée en ourse, devint ourse dans le ciel. Nous avons la preuve que les appellations métaphoriques peuvent donner lieu à la personnification du ciel en général. Un roi havaïen portait le nom de Kalani-Nui-Liho-Liho, ce qui veut dire « les cieux grands et

1. Bancroft, *op. cit.*, III, 523.

sombres »; d'où résulte, en renversant l'ordre admis par les mythologistes, que Jupiter a peut-être été un homme vivant et que son identification avec le ciel provient de son nom métaphorique.

Il est prouvé qu'une confusion semblable de la métaphore avec le fait mène au culte du soleil. On retrouve partout l'usage de faire des compliments par des comparaisons avec le soleil; et ces compliments deviennent héréditaires quand ils s'appliquent à des hommes puissants. Les chefs des Hurons portaient le nom du soleil; et, selon Humboldt, les *rois soleils* des Natchès font penser aux Héliades de la première colonie orientale de Rhodes. Entre les nombreux faits tirés de l'histoire d'Égypte, on peut citer une inscription de Silsilis : « Salut à toi, roi d'Égypte, soleil des peuples étrangers.... A lui vie, salut et santé; il est un soleil brillant. » Dans de pareils cas, le culte de l'ancêtre devient bientôt le culte du soleil. Il en est de même pour les autres météores. A l'école de Beyrouth, dit Yessup, « il y a et il y a eu des filles appelées... Aurore, Rosée, Rose... j'ai une fois visité un homme dans le village de Brummana qui avait six filles : il les appelait : *Soleil, Matin, Zéphir, Brise*, etc. Une autre s'appelait *Étoile* [1]. » Ici encore, la supériorité du rang, la fortune, une destinée remarquable d'un individu dénommé de la sorte, serait le point de départ d'un culte du phénomène personnifié. Une légende des Boschismans donne une origine pareille à la personnification du vent. « Le vent, dit-on, était jadis une personne. Elle devint une chose à plumes. Elle vola et ne marcha plus comme auparavant. Elle volait et demeurait dans la montagne... elle habitait une caverne dans les rochers [2]. » Dans diverses parties du monde on rencontre

1. Jessup, *The Women of the Arabes*, 1874, 243.
2. *Folk Lore (South African) Journal*, II, 42.

l'idée que non seulement les ancêtres divins procréateurs de la race humaine sortaient de cavernes, mais que les Dieux-Nature aussi en venaient. Une légende mexicaine nous apprend que le soleil et la lune sortaient des cavernes. Le Boschisman moderne ne fait que répéter, dans sa légende du vent, les croyances des anciens Grecs. Ces histoires, considérées comme dérivant des traditions des troglodytes, et le culte qui les accompagne ont une origine naturelle; autrement ils soulèvent des absurdités inutiles qu'on ne saurait légitimement imputer même aux hommes les plus inintelligents. Il est prouvé que dans les temps primitifs on se servait des noms avec ce défaut de précision qui produit les confusions dont nous parlons. D'après Grote, le nom de la déesse Até était quelquefois employé pour désigner la personne, quelquefois l'attribut ou l'événement non personnifié. En outre, on a remarqué que, « dans Homère, Aïdès est invariablement le nom d'un dieu; mais plus tard ce nom passa à la demeure ou royaume du dieu [1] ». Le culte de la nature n'est donc qu'une déviation du culte des esprits.

Dans leurs formes normales, comme dans les anormales, tous les dieux proviennent d'une apothéose. Dans le principe, le dieu est l'homme vivant supérieur dont on conçoit le pouvoir comme surhumain. Les peuples sauvages de nos jours et les peuples civilisés dans leur passé nous en donnent des preuves. « Les Amandebèles, dit M. Selous, regardent le chef de ces kraals comme un *Umlimo* très puissant, c'est-à-dire un dieu [2]. » Autre fait : « Le général Nicholson était adoré de son vivant par les Hindous en dépit de la violente persécution qu'il faisait peser sur ses adorateurs [3]. » Ces Hindous sont ceux de nos jours,

1. Grote, *Histoire de la Grèce*, I, 14. — W. Smith, *Dictionnary of Greck and Roman Biography and Mythology*, 1844, II, 319.
2. Selous, *A Hunter's Wandering in Africa*, 1881, 331.
3. Sir Alfred Lyall, *Asiatic Studies*, 1882, 19.

mais le Rig Véda nous apprend que ceux de l'antiquité faisaient de même. Ils disaient à leurs dieux : « Toi, Agni, le plus ancien sage et le plus semblable à Angira... Toi, Agni, le plus éminent richi... Toi, Indra, tu es un richi né dans les temps anciens... Indra est un prêtre, Indra est un richi. » L'apothéose d'Achille, et la tradition d'après laquelle la Pythie voulut parler à Lycurgue comme à un dieu, nous rappellent comment chez les Grecs les divinités dérivaient de l'homme. Tout le monde sait aussi que chez les Romains et les peuples sujets de l'empire le culte de l'empereur avait fait de très grands progrès. Dans « chacune des cités des Gaules, un grand nombre d'hommes appartenant aux classes les plus élevées aussi bien qu'aux classes moyennes, étaient prêtres et flamines d'Auguste, flamines de Drusus, prêtres de Vespasien ou de Marc-Aurèle »[1]. Les statues des empereurs étaient « de vraies idoles auxquelles on offrait de l'encens, des victimes et des prières ». Un incident de la campagne de Tibère en Germanie en l'an 5 nous fait voir d'une façon curieuse combien les idées qui menaient à ces cultes étaient naturelles aux autres peuples de l'Europe. Les Romains et les Germains étaient en présence, séparés par l'Elbe. « L'un des barbares, avancé en âge, d'une vigoureuse stature, et, à en juger par ses habits, d'un rang élevé, entra dans un tronc d'arbre creusé, dont les Germains se servaient comme de bateaux, et poussa son esquif jusqu'au milieu de la rivière. Là, il demanda et obtint un sauf-conduit pour passer du côté des Romains et voir le prince. Ayant mis pied à terre, il resta longtemps à le regarder sans mot dire. Enfin il prononça ces paroles : En vérité, nos jeunes gens sont fous. Êtes-vous loin, ils vous révèrent comme des dieux ; et si vous approchez, ils craignent vos armes, mais ne veu-

1. Fustel de Coulange, *Histoire des Institutions politiques de l'ancienne France*, I, 89.

lent pas se soumettre à vous. Quant à moi, par ta gracieuse permission, César, j'ai vu les dieux dont j'avais déjà entendu parler [1]. » Il est donc clair que certains de nos ancêtres regardaient les hommes supérieurs comme des dieux. Lorsque le Norvégien « se croyait maltraité par ses dieux, il les réprimandait ouvertement et désertait leur culte [2] ». Les récits qu'on nous fait de certains usages des sauvages nous rappellent le guerrier norvégien qui « désirait ardemment rencontrer Odin, pour l'attaquer [3] ».

De même que dans les idées primitives la divinité est ainsi synonyme de supériorité, et qu'un dieu peut être ou une personne vivante puissante (ordinairement d'une race conquérante) ou une personne morte qui a acquis une puissance surnaturelle en tant qu'esprit, il y a deux modes d'origine pour les êtres semi-divins : l'un vient de l'union entre la race divine conquérante et la race conquise considérée comme formée d'hommes, et l'autre d'un prétendu rapport des vivants avec les esprits. Nous avons vu que, dans l'origine, la vie du rêve ne se distingue pas de la vie à l'état de veille. Si les événements de la vie ordinaire sont estimés réels, nous pouvons en conclure que les circonstances des rêves d'un certain genre créent une croyance ferme à leur réalité. Une fois que cette croyance s'est implantée dans l'esprit du peuple, on en tire parti à l'occasion. A Samoa (îles des Navigateurs), « règne une croyance très favorable à l'honneur des femmes, c'est que des *hotoua poou* (esprits malins) viennent les lutiner dans leur sommeil et qu'il en résulte des conceptions surnaturelles [4] ». Il en est de même chez les Dayaks. Brooke et Saint-John nous parlent d'enfants en-

1. Velleius Paterculus, *Historiæ Romanæ*, lib. II.
2. Sir G. W. Dasent, *Story of Burnt Njal*, XVIII.
3. Mallet, *Northern Antiquities*, 153.
4. W. Mariner, *An Account of the Natives of the Tonga Islands*, 1818, II, 112.

gendrés par des esprits. A une origine semblable se rattache la croyance des Babyloniens, qui admettaient l'existence d'esprits mâles et femelles et une postérité de ces esprits. Enfin, en Europe, la croyance aux incubes et aux succubes a duré jusqu'à une époque relativement rapprochée de nous, donnant de temps à autre naissance à des traditions telles que celle de Robert le Diable. Naturellement, l'idée qu'on se fait de la nature du parent surnaturel varie : il est démoniaque ou divin; et il en résulte des légendes telles que celles des Grecs sur les hommes descendus de dieux.

Ainsi la sociologie comparée découvre une origine commune pour chaque élément de la croyance religieuse. La conception de l'esprit, accompagnée des idées multipliées et compliquées qui en dérivent, se retrouve partout, aussi bien dans les régions arctiques que sous les tropiques, dans les forêts de l'Amérique du Nord que dans les déserts de l'Arabie, dans les vallées de l'Himalaya que dans les jungles de l'Afrique, sur les flancs des Andes que dans les îles de la Polynésie. Cette conception se montre avec une égale clarté chez des races si différentes par le type, que des juges compétents pensent que ces races ont dû se séparer avant que la distribution actuelle de la terre et des mers se soit établie; on la retrouve chez des races à cheveux lisses, à cheveux frisés, à cheveux laineux; chez des races à peau blanche, basanée, cuivrée, noire. Nous l'observons chez des peuples qui n'ont fait aucun progrès dans la civilisation aussi bien que chez les peuples à demi civilisés ou civilisés. Nous avons donc des preuves abondantes de l'origine naturelle des religions.

§ 586. Afin de donner à ces preuves, qui viennent à l'appui de celles que nous avons déjà fournies, un dernier appui, examinons, non pas chaque idée religieuse principale, telle qu'elle apparaît chez les différents peuples, mais toute la série des idées religieuses telle qu'on l'observe chez un même peuple.

La croyance à la réalité des scènes du rêve et des personnes vues dans le rêve que les Égyptiens professaient avec tous les peuples primitifs en général, allait avec la croyance à laquelle elle s'associait communément, qui faisait des ombres des êtres véritables. On regardait l'ombre d'un homme « comme une partie importante de sa personne ». Le livre des morts en parle comme « de quelque chose de substantiel [1] ». En outre, l'autre soi d'un homme, appelé son *ka*, l'accompagnait durant sa vie. On voit souvent « dans les sculptures le roi égyptien occupé à implorer la faveur de son propre *ka* [2] », ce que le Karen fait de nos jours. « La personnalité détachée du corps « a » une forme et une substance matérielles. L'âme a un corps à elle; elle peut manger et boire [3]. » Seulement, conséquence en partie impliquée dans cette croyance, on supposait que chaque homme avait des personnalités d'une espèce moins matérielle. Après la mort, « l'âme, quoique liée au corps, avait la liberté de quitter le tombeau et de revenir pendant le jour sous la forme de son choix [4] ». Un papyrus nous apprend que les momies « s'entretiennent dans leurs catacombes des événements de leur vie terrestre [5] ». Le *ka* a des désirs; il faut les satisfaire; et, comme le dit M. Maspéro, « le double des pains, des liquides et de la viande passait dans l'autre monde et y nourrissait

1. Renouf, *Origine and Growth of Religion as illustrated by the Religion of Ancient Egypt. Hibbert Lectures*, 1880, 153.
2. *Records of the Past, being English Translations of the Assyrian and Egyptian Monuments*, 1874, II, 11.
3. Renouf, *op. cit.*, 151.
4. Brugsch Bey, *History of Egypt*, I, 70.
5. *Records*, etc., IV, 130.

le double de l'homme [1] ». Cette croyance à l'existence de désirs qui pouvaient se satisfaire dans la seconde vie, s'accompagnait de l'idée que cette vie était aussi matérielle que la première. On en a la preuve dans les dessins qui la représentent sur les tombes anciennes, par exemple la tombe de Ti.

La satisfaction des appétits du mort censé matériel ou semi-matériel, qui résulte de ces croyances, n'excluait pas la satisfaction de désirs d'un autre genre. Dans la chambre sépulcrale richement ornée de la fille du roi Mycérinos, l'encens brûlait chaque jour, et la nuit une lampe était allumée dans l'appartement [2]. Habituellement on faisait en public l'éloge des morts. Un roi, voulant décider un sujet illustre à rentrer en Égypte, lui fait cette promesse : « Les pauvres feront leurs lamentations à la porte de ta tombe. On t'adressera des prières [3]. » Sacrifices, prières, éloges se répétaient de fête en fête, et finalement de génération en génération, pour devenir un culte reconnu. « Les monuments contemporains de la construction des pyramides mentionnent des prêtres et des prophètes qui étaient au service de Chéops, Chabryès et autres rois, et qui leur offraient des sacrifices [4]. » Ces prêtres eurent des successeurs jusqu'à la XXVIe dynastie. Ils étaient institués non seulement pour le culte des rois morts, mais pour le culte d'autres morts. En vue d'assurer les sacrifices dus à leurs statues, de grands seigneurs terriens « faisaient des contrats avec les prêtres de leur ville [5] », prescrivant les espèces d'aliments et de boissons qu'il fallait offrir. Ce système était poussé si loin que Hapi Tefa, le gouverneur d'un district,

1. Maspéro, *Revue scientifique*, 1869, 819.
2. Hérodote.
3. *Records*, etc., VI, 144.
4. Brugsch, *loc. cit.*, 84.
5. *Transactions of the Society of Biblical Archæology*, VII, 1.

voulant s'assurer ce genre de services « pour jamais... assigne une fondation pour le salaire des prêtres ». Ainsi que certains extraits qui précèdent le font supposer, un culte d'idole prit naissance qui se distingua du culte du mort. Le *ka*, qui devait finalement revenir et ranimer la momie, pouvait entrer dans une statue de bois ou de pierre représentant le mort. De là des perfectionnements merveilleux. Dans le tombeau égyptien, appelé quelquefois la « maison du double », il y avait un espace muré muni seulement d'une petite ouverture, les images des morts y étaient placées en plus ou moins grand nombre; de sorte que si la destruction de la momie ne permettait pas qu'elle fût ranimée, l'une de ces images pût en tenir lieu.

A l'appui de ces preuves que l'idolâtrie des Égyptiens était un développement du culte des ancêtres, il y a des preuves que le culte des animaux était pareillement développé. Le dieu Ammon Ra est représenté disant à Thotmès III : « Je les ai fait contempler Ta Majesté, comme l'étoile Seschet (étoile du soir)... je les ai fait contempler ta majesté, comme le taureau jeune et plein d'ardeur... je les ai fait contempler Ta Majesté, comme un crocodile (un lion, un aigle, un chacal)... C'est moi qui te protège, mon fils chéri! Horus, taureau vaillant, qui règne sur la Thébaïde. » Nous voyons dans cette citation ce que nous avons déjà vu dans l'exemple des Aïnos, qu'on passe de la comparaison à la métaphore; « Ta Majesté, comme le taureau », devient Horus, « le taureau vaillant ». Cette transition mène par une pente naturelle, à une époque subséquente, à confondre l'homme avec l'animal et par suite au culte de l'animal. Nous voyons en outre que la comparaison à des animaux par compliment, passant également par la métaphore pour aboutir à l'identification, donnera probablement lieu à des individus déifiés prenant diverses formes. Un autre cas nous fait voir comment un nom qui n'était qu'une appellation élogieuse d'un chef local peut donner lieu à l'adoption de l'image d'un animal pour une personne vivante connue. « Ram est le seigneur de la ville de Mendès, le Grand Dieu, la vie de Ra, le Générateur, le Prince des jeunes femmes. » Le roi s'appelle lui-même « l'image du divin Ram, le portrait vivant de ce Dieu... l'émanation divine du prolifique Ram... le fils aîné de Ram ». On nous dit, en outre, plus loin, que le roi déifia la première de ses femmes et « commanda que son effigie à l'image de Ram fût placée dans tous les temples ».

L'interprétation littérale des métaphores mène au culte des corps célestes. Comme nous l'avons vu, l'étoile Seschet s'identifie à un individu; il en arrive autant au soleil. « Mon seigneur le Soleil, Amenhotep III, le prince de Thèbes, m'a récompensé. Il est le dieu Soleil; aucun roi n'a fait pareilles choses depuis le règne du dieu Soleil Ra, le maître de la terre. » On nous raconte à propos du sarcophage préparé pour le roi Aménemhat que « jamais le pareil n'avait été préparé depuis le temps du dieu Ra ». Ces citations montrent que cette métaphore de compliment était employée d'une manière si positive qu'on l'acceptait comme un fait, et ce fait donnait naissance à la croyance que le soleil avait été le souverain réel de l'Égypte.

Si clairement que nous apercevions comment toutes ces croyances dérivent du culte des ancêtres d'après les faits que nous venons de citer, nous le voyons plus clairement encore quand nous observons, d'une part, comment le nom *dieu* s'appliquait à un supérieur vivant, et d'autre part que les dieux n'avaient que des attributs humains. « On voit bien que la différence entre les idées du divin et de l'humain est relativement faible par ce fait significatif que dans les hiéroglyphes un seul et même déterminatif exprime, suivant le contexte, les idées de dieu, d'ancêtre, de personne auguste. Quand nous voyons l'apothéose d'un sorcier vivant, nous ne pouvons nous étonner de voir le roi Sahura de la Ve dynastie, appelé « Dieu, qui frappe toutes les nations, et atteint tous les pays de son bras », ni de rencontrer pareille déification pour d'autres rois et reines historiques, par exemple Menchérès et Nofert-Ari-Aahmès. Du moment qu'on attribue à un roi vivant, Ramsès II, par exemple, l'omnipotence et l'omniprésence, il n'est pas loin de la déification. En réalité il y touche, puisqu'à côté de ces idées qui élèvent l'homme nous en trouvons qui rabaissent les dieux. « Les dieux ont un corps aussi bien qu'une âme; ils ont des membres et des passions; ils souffrent de la faim et de la soif. Ils suent, leurs membres tremblent, la tête leur fait mal, leurs dents claquent, leurs yeux jettent des larmes, leur nez saigne, le poison envahit leur chair... Tous les grands dieux demandent protection. Osiris succombe sans secours sous ses ennemis; sa femme et sa sœur protègent ses restes [1]. »

On a dit qu'une moitié du monde ne sait comment l'autre moitié vit; on peut dire avec autant de vérité qu'une moitié

1. Il est curieux de voir combien l'esprit de l'homme prévenu demeure fermé à l'évidence. On aurait cru que tant de preuves, d'accord avec les preuves fournies par un grand nombre d'autres peuples, auraient convaincu tout le monde que la religion égyptienne était un culte d'ancêtres avancé. Pourtant, ces preuves ne paraissent produire aucun effet sur l'esprit des théologiens et des mythologistes. C'est en vain que, selon l'ancienne tradition d'Égypte, « la terre de Pount était la demeure primitive des dieux » d'où « les saints étaient venus dans la vallée du Nil, ayant à leur tête Ammon, Horus, Hathor »; c'est en vain que, d'après une autre tradition, « durant les premiers temps, une dynastie de dieux régna sur la terre, qu'elle fut suivie par une ère de demi-dieux, et que la dynastie du mystérieux Manès ferma la période préhistorique »; c'est en vain que ces traditions s'accordent avec la déification des rois, des prêtres, des petits princes et des personnes ordinaires, que l'histoire d'Égypte en général nous fait connaître : on dédaigne tous ces faits pour le plaisir de proclamer un monothéisme ou un culte de la nature primitifs. La seule autorité sur laquelle ces idées s'appuient consiste en des traditions dues à des prêtres égyptiens de la dernière époque, traditions écrites ou orales, nécessairement précédées par une longue période durant laquelle l'art de fixer les souvenirs

du monde n'a aucune idée de ce que pense l'autre moitié, ni de ce qu'elle pensait jadis elle-même. Habituellement, les choses qui étaient familières à une époque du développement mental sont oubliées dans une époque subséquente. Ordinairement, beaucoup d'idées et de sentiments de l'enfance se sont si complètement évanouis que dans l'âge mûr on est absolument incapable de se les représenter; pareillement, certaines notions naturelles à la conscience des hommes dépourvus de culture ont si complètement disparu de la conscience des hommes cultivés, qu'il est presque impossible de croire que l'homme ait jamais pu les accepter. De même que les croyances absurdes dont les parents rient quand ils les entendent exprimer par leurs enfants, ont été autrefois les leurs, de même les peuples cultivés qui trouvent ridicules certaines idées primitives, descendent d'ancêtres qui professaient ces idées. Leur propre théorie des choses est sortie par de lentes modifications de la théorie primitive des choses dans laquelle la prétendue réalité de l'objet des rêves donnait naissance à la prétendue réalité des esprits, d'où provenaient tous les genres d'êtres surnaturels supposés.

§ 587. Y a-t-il quelque exception à cette généralisation? Devons-nous admettre que, parmi les nombreuses religions, avec leurs formes et leurs élaborations diverses qui ont cette origine commune, il en existe une qui vient d'une origine différente? Devons-nous dire que toutes les religions sont natu-

n'existait pas, et par une autre longue période de civilisation; traditions qui exprimaient naturellement des idées relativement avancées. Il serait à peu près aussi sage de nier que le culte hébreu primitif fût celui que le *Lévitique* prescrit, par la raison que ce culte est déclaré par Amos et Osée. Il serait tout aussi sage de dire que l'idée que Socrate se faisait de Zeus était la preuve que l'anthropomorphisme des premiers Grecs n'était pas grossier. Il serait tout aussi sage de soutenir que les idées raffinées que certains modernes, Maurice par exemple, se font du christianisme, sont l'expression des croyances des chrétiens du moyen âge.

relles, mais que celle des Hébreux, qui nous a été transmise modifiée, est surnaturelle?

Si, pour répondre, nous comparons cette religion supposée exceptionnelle avec les autres, nous ne la trouvons pas tellement différente des autres qu'il faille lui assigner une genèse différente. Au contraire, nous la trouvons très semblable aux autres en tout.

En premier lieu le plasma de superstitions au milieu desquelles la religion des Hébreux a évolué était de même nature que celui que nous trouvons partout. Sans doute, durant l'ère de la vie nomade, la croyance à une âme douée d'une existence permanente n'était pas développée, mais nous y trouvons la croyance à la réalité des objets vus en rêve. Plus tard nous observons la supposition que les morts entendent et quelquefois répondent. La propitiation des morts s'obtient en se tailladant le visage et en se coupant les cheveux. On présentait des aliments aux morts. On croyait que les esprits des morts hantaient les lieux de sépulture; les démons en entrant dans les hommes étaient cause de leurs maladies ou de leurs péchés. Très croyants, comme les sauvages actuels, aux amulettes, aux charmes, aux exorcismes, etc., les Hébreux avaient parmi eux des gens dont la fonction correspondait à celle des sorciers, à savoir des hommes inspirés par « des esprits familiers », des magiciens (*Esaïe*, VIII, 19), et d'autres, primitivement appelés voyants et plus tard prophètes (I *Samuel*, IX, 9), à qui l'on faisait des présents en retour de leurs avis, même pour retrouver des ânesses. Samuel, qui évoquait le tonnerre et la pluie, jouait le rôle d'un docteur ès temps, personnage qu'on retrouve encore dans certaines parties du monde.

Les Hébreux entretenaient certaines traditions qui leur étaient communes avec d'autres peuples. Leur légende du déluge est de la même famille que celle des Accadiens et que celle des Hindous, chez lesquels le Sathapata-brâhmana nous apprend que Manou reçut de Vichnou l'ordre de construire une arche pour échapper à l'inondation qui eut lieu comme elle avait été prédite, et « emporta toutes les créatures vivantes [1] ». Manou seul demeura. L'histoire de la naissance de Moïse a son analogue dans une légende assyrienne, où nous lisons ce qui suit : « Je suis Sargina le grand roi..... ma mère..... en un lieu secret m'apporta ; elle me mit dans une corbeille de joncs..... elle me jeta à la rivière..... [2] », etc. Il en est de même du calendrier et des observances qu'il prescrit. « Les mois assyriens étaient lunaires..... le septième, le quatorzième, le vingt-unième et le vingt-huitième étaient des sabbats. En ces jours de sabbat tout travail, même les œuvres de bienfaisance étaient interdits... Les dispositions légales avaient le même caractère que celles du code juif [3]. »

Il en est de même de leur théologie. Le titre commun d'*Élohim* s'appliquait à la fois à des vivants distingués, à des esprits ordinaires et à des esprits supérieurs ou dieux. Cela veut dire qu'avec les Hébreux, comme avec les Égyptiens et beaucoup d'autres peuples, un dieu n'est qu'un être puissant, d'une existence visible ou invisible. Le mot égyptien *Nutar*, employé pour désigner les dieux, s'employait aussi pour désigner la force ; de même Il ou El chez les Hébreux s'appliquait aux héros comme aux « dieux des Gentils ». De ces conceptions est sorti, comme dans d'autres cas, la propitiation ou le culte de divers êtres surnaturels, un polythéisme. Abraham était un demi-dieu à qui l'on adressait des

1. Prof. Monier Williams, *Indiam Wisdom*, 1875, 32.
2. *Records on the Past*, etc., V, 3.
3. Smith, *History of Assyria*, 13.

prières [1]. « Ils ont sacrifié à des diables et non à Dieu, à des dieux qu'ils ne connaissaient point, à des dieux nouveau-venus et que nos pères n'ont point redoutés. » (*Deut.*, XXXII, 17.) La croyance à d'autres dieux que Jéhovah survécut longtemps; Salomon leur offrit des sacrifices, et les prophètes la dénonçaient. De plus, même après que Jéhovah fut devenu le grand dieu reconnu, les idées demeurèrent au fond polythéistes. En effet, de même que dans l'*Iliade* (vers 1000-1120) les dieux et les déesses combattent avec l'épée et la lance dans les batailles à côté de mortels dont ils ont épousé les querelles, de même les anges et les archanges du panthéon hébreu combattent sur la terre [2]. On retrouve des idées analogues chez certains sauvages de nos jours.

Puisque Jéhovah était dans l'origine un dieu comme tant d'autres, et qu'il est devenu le dieu suprême, voyons quelle nature lui assignent les témoignages antiques. Sans nous arrêter à la légende du jardin d'Eden (tirée probablement des Accadiens) où l'on voit Dieu marcher et parler à la façon des hommes, ni à l'époque où « le Seigneur vint voir la ville et la tour que les enfants des hommes bâtissaient », nous pouvons rencontrer des faits tels que la lutte de Jacob avec Dieu, et l'entretien de Dieu avec Moïse quand « le Seigneur lui parla face à face, comme un homme parle à son ami ». Ces exemples et bien d'autres montrent que, chez les Hébreux des premiers temps, Jéhovah « le fort... l'homme de guerre », ayant été dans l'origine un potentat local (comme ceux qu'on appelle dieux chez les Bédouins), fut, plus tard, regardé comme le plus puissant des esprits adorés : d'abord c'était dans les hauts lieux qu'on lui offrait des sacrifices (II *Rois*, XII, 3), tels que ceux où l'on avait coutume d'ensevelir les

1. Ewald, *Histoire d'Israël*, II, 295.
2. *Supernatural Religion*, 2e édit., 1874, I, 110.

personnes d'un rang supérieur, et comme on le fait encore en certains pays. Chez les Bédouins, dit Burckhardt, « les tombes des saints sont généralement placées sur le sommet des montagnes », et « tous les Arabes du voisinage leur adressent des vœux [1] ». Nous voyons là une analogie avec les idées religieuses primitives des Grecs, des Scandinaves et autres peuples; chez eux, les dieux, qu'il était en apparence impossible de distinguer des hommes, entraient quelquefois en lutte avec eux et pas toujours avec succès [2]. En outre, le « dieu des batailles », qui châtiait cruellement et fréquemment la désobéissance, était évidemment un dieu local, « le dieu d'Israël ». Le commandement « Tu n'auras point d'autre dieu devant ma face » ne veut pas dire qu'il n'y avait pas d'autres dieux, mais que les Israélites ne devaient pas reconnaître leur autorité. L'idée que le dieu hébreu n'était pas le seul dieu se trouve impliquée dans les mots « notre » dieu que les Hébreux employaient pour distinguer Jéhovah des autres dieux. Tout en admettant que Jéhovah était un dieu comme un autre, on affirmait que son autorité s'étendait sur l'univers entier. De même pour certains dieux d'Égypte et pour les Pharaons vivants. On disait à l'un d'eux : « il n'est point de lieu où ne règne ta divinité; tes paroles sont la loi de toute la terre... tu as des millions d'oreilles... Tout ce qui se fait en secret, ton œil le voit [3]. » L'autorité de Jéhovah n'était pas seulement limitée quant à l'étendue; elle l'était quant au degré. On ne prétendait pas pour lui à l'omnipotence. Sans oublier l'échec de sa tentative pour tuer Moïse, citons les défaites subies par les Israélites alors qu'ils combattaient par ses avis, par exemple dans les deux batailles livrées aux

1. Burckhardt, *Notes sur les Bédouins et les Wahabis*, 1831, I, 239.
2. Potter, *Archæologia Græca*, I, 172.
3. *Records of the Past*, VI, 101.

Benjamites, et le combat contre les Philistins, quand « l'arche de Dieu fut prise » (I *Sam.*, IV, 3-10). Témoignage plus fort encore : quoique « le Seigneur vienne en aide à Juda », il « ne put chasser les habitants de la vallée, parce qu'ils avaient des chariots de fer » (*Juges* I., 19). C'est-à-dire que sa puissance avait des lacunes comme la puissance que d'autres peuples attribuaient à leurs dieux. Pareilles lacunes dans la nature intellectuelle et morale. Jéhovah reçoit des nouvelles; il va voir si elles sont vraies; il se repent de ce qu'il a fait; c'est-à-dire qu'il ne possède pas l'omniscience. Comme un roi d'Égypte ou d'Assyrie, il ne cesse de se louer lui-même. Il dit : « Je ne donnerai pas ma gloire à un autre » (*Esaïe*, XLVIII, 11). Il s'avoue jaloux, vindicatif et destructeur impitoyable de ses ennemis. Il envoie un esprit de mensonge auprès d'un roi pour le tromper, comme Jupiter fait à Agamemnon (2 Chr. XVIII, 20). Il joue un prophète et le fait prophétiser faussement avec l'intention de le perdre (*Ezéchiel*, XIV, 9). Il endurcit les cœurs des hommes pour les punir du mal qu'ils font. Il pousse David à faire le dénombrement d'Israël, lui suggérant un prétendu péché dont il puisse ensuite faire porter le châtiment sur ceux qui ne l'ont pas commis. Il agit comme le faisaient les dieux de la Grèce, qui, disait-on, inspiraient de mauvaises actions et qui exerçaient des vengeances avec aussi peu de discernement.

Les formes du culte nous offrent de pareilles analogies. Sans insister sur les sacrifices humains projetés ou accomplis (quoique, en rapprochant le sacrifice d'un fils et les sacrifices de béliers ou de veaux, comme procédés de propitiation à rejeter, Michée donne à penser (ch. VI, 6-9) que ces deux modes se trouvaient associés dans l'esprit des Hébreux), il suffit d'indiquer que les cérémonies prescrites dans les temples avaient le caractère de celles de tous les pays.

Sous le nom de « pain de Dieu », les offrandes, comme celles des dieux de l'Égypte et des momies, comprenaient du pain, de la viande, de la graisse, de l'huile, du sang, des boissons, des fruits, etc.; d'autres peuples y ajoutaient l'entretien permanent d'un feu où l'on brûlait de l'encens : deux fois par jour chez les Hébreux et quatre fois chez les Mexicains. Jéhovah était censé se plaire à la « douce saveur » des offrandes brûlées, comme chez les nègres les dieux habitant des idoles (§ 161). Dans la croyance que « le sang est la vie », on réservait à Jéhovah le sang répandu sur le sol ou sur l'autel, suivant les circonstances; tout comme, chez les anciens Mexicains et les peuples de l'Amérique centrale, on offrait sans cesse aux dieux le sang des hommes et des animaux immolés, soit qu'on oignît de sang l'image du dieu, soit qu'on en barbouillât la corniche de la porte du temple. Comme les Égyptiens et les Grecs, les Hébreux offraient des hécatombes de bœufs et de moutons à leur dieu, quelquefois plusieurs milliers (I *Rois*, VIII, 62-64). Il était prescrit aux Hébreux de n'employer dans leurs sacrifices que des animaux sans tache; de même, chez les Grecs, « une loi ordonnait de réserver aux dieux les plus beaux taureaux »; et chez les Péruviens il était obligatoire de n'offrir que des animaux « sans tache ni souillure [1] ». Nous observons une ressemblance encore plus frappante. Les prescriptions du *Lévitique* qui réservaient à Jéhovah certaines parties des animaux, et les autres aux prêtres, nous rappellent des fondations par lesquelles certains seigneurs égyptiens assuraient à leur esprit la jouissance de certaines parties des animaux sacrifiés en assignant le reste aux prêtres du *ka*. Ce n'est pas tout : de même que nous avons vu que les dieux des

1. Molina, *An Account of the Fables of and Rites of the Yncas*. Hackluyt Society, 1873, 17.

Ouayaos, esprits des anciens chefs, habitaient les sommets nuageux de certaines montagnes du voisinage; et que « Jupiter qui rassemble les nuages » résidait au sommet de l'Olympe, d'où partaient les tempêtes; de même le dieu des Hébreux « descend dans une nuée » sur la cime du Sinaï, parmi la foudre et les éclairs. La tradition qui fait donner par Jéhovah à Moïse sur le Sinaï les tables de la loi est l'analogue de la tradition grecque qui faisait rapporter par Rhadamante les décrets de Jupiter du mont Ida (où ce dieu aurait été élevé dans une caverne) ou du mont Juktas (où les croyances antiques plaçaient le tombeau de Jupiter et où Minos se retirait pour y puiser une autorité nouvelle en faveur de ses lois [1]).

Notons encore brièvement quelques différences. Au récit du conseil tenu par Jéhovah quand il prépare la destruction d'Achab, nous pouvons comparer celui des dieux de l'Égypte assemblés pour donner leurs avis à Ra, quand il projette la destruction du monde, et ceux des dieux grecs tenus par Jupiter [2]. Des peuples divers portaient à la guerre des idoles censées habitées par leurs dieux. Les Hébreux avaient l'arche de l'alliance, qui était une demeure de Jéhovah. De même que certaines peuplades sauvages, chez qui les vivants n'ai-

1. Il n'importe pas de savoir si ce Jupiter était ou non celui de l'Olympe. Il suffit qu'il fût un roi dont l'esprit habitant une montagne donnait des lois. Seulement, on peut soutenir que ces deux personnages n'en faisaient qu'un à l'origine. Un peuple qui croit que son dieu habite une montagne voisine où les nuages se rassemblent, s'il vient à émigrer et à s'établir ailleurs, près d'une montagne également réputée pour être le point de départ des orages, supposera naturellement que son dieu s'est aussi déplacé. Dans une publication récente, *l'Africana*, j'ai trouvé un fait à l'appui de cette conclusion. Les Ouayaos regardent comme supérieurs certains de leurs dieux dont la demeure est dans le pays qu'eux-mêmes ont quitté, et cependant, pour les croire supérieurs à leurs autres dieux, il faut qu'ils les croient en un sens présents dans leur nouveau pays. La généalogie du Jupiter Olympien signifie peu de chose, vu les différences qu'on constate entre les généalogies des personnages historiques de la Grèce.

2. Pashley, *Travels in Crete*, 1857, I, 213.

ment pas qu'on sache leur nom, défendent d'appeler un mort par son vrai nom, surtout si ce mort avait un rang élevé, et de même que, chez les Romains des premiers temps, c'était une « croyance très profonde que le nom de l'esprit tutélaire de la communauté ne devait être jamais prononcé [1] »; de même, chez les premiers Hébreux, on ne prononçait pas le nom de leur dieu. La danse était une pratique du culte chez les Hébreux comme chez les Grecs et chez divers peuples sauvages, les Iroquois par exemple. Les jeûnes et les pénitences semblables à celles des Hébreux ont été ou sont encore en usage en beaucoup d'endroits, surtout dans l'ancien Mexique, l'Amérique centrale et le Pérou, où ces pratiques étaient très sévères. L'accomplissement de prophéties affirmé par les Hébreux a des analogues chez les Grecs, qui, de même que les Hébreux, s'en prévalaient pour prouver la vérité de leur religion. Les habitants des îles Sandwich disaient que le capitaine Cook « accomplissait les prophéties des prêtres, qui avaient prédit cette catastrophe [2] ». La vertu de faire des miracles attribuée au dieu hébreu, comme si elle lui était particulière, est une vertu qu'on a partout attribuée aux dieux de tous les pays. L'assomption d'Élie vivant rappelle la légende chaldéenne de « l'assomption d'Hasisadra ou Xisuthre », ancêtre d'Izdubar [3]. Les mythologies du nouveau monde nous montrent l'exemple de Hiaouatha, qui fut enlevé vivant au ciel dans son canot magique, et celui du héros des Araouaks, Araouanili. Chez les Hébreux, Jéhovah paraît aux hommes dans les premiers temps sous une forme humaine, mais cela ne lui arrive plus à une époque plus avancée. Chez les Grecs, la théophanie, si fré-

1. Mommsen, *Histoire romaine*.
2. Cap. Vancouver, *Voyage of Discovery to the North Pacific Ocean and round the world*, 1788, II, 149.
3. *Records of the Past*, 1874, VI, 101.

quente dans l'*Iliade*, devient bien rare aux époques plus modernes. Il en est de même chez les anciens peuples de l'Amérique centrale. Un Indien répond à Bobadilla : « Depuis longtemps nos dieux ne sont pas venus parler à leurs fidèles. Mais jadis ils en avaient l'habitude, à ce que nos ancêtres nous ont dit [1]. »

La ressemblance ne disparaît pas quand nous passons à la forme plus avancée de la religion des Hébreux. C'est une prétention bien étrange des chrétiens de parler habituellement, comme d'une particularité propre à leur religion, de l'histoire d'une personne issue de dieu, puisque cette histoire ressemble à celle des personnes issues des dieux grecs, Esculape, Pythagore, Platon, par exemple. Le roi d'Assyrie Nabuchadnezzar se prétendait engendré par un dieu. Une tradition des Mongols nous apprend que Alung Goa « avait pour père un esprit [2] ». Dans l'ancien Pérou, si quelqu'une des filles du soleil « devenait enceinte, elle disait que c'était par le fait du soleil, et on la croyait à moins de preuve contraire [3] ». Chez les habitants actuels de Mangaïa, la tradition veut que « l'aimable Ina-ani-vaï » eut deux fils du grand dieu Tangaroa [4]. Le rôle de médiateur attribué par les chrétiens au fils de leur dieu a des analogues ailleurs. Chez les Fidjiens, les dieux « Tokaïrambe et Tui Lakemba Randinadina se tiennent auprès de Ndengeï; ils sont ses fils, et servent de médiateurs, puisqu'ils transmettent à leur père les prières des suppliants [5] ».

Pour finir, ajoutons qu'en divers pays nous trouvons des observances répondant à l'eucharistie. Toutes dérivent de

1. Oviedo, *Historia General y Natural de las Indias*. Madrid, 1851, XLII, ch. II.
2. Howorth, *History of Mongols*, 1876, I, 37.
3. P. de Andagoya, *Histoire de Pedrarias Davila*. Hackluyt Society, 1865, 57.
4. Rév. Wm. W. Gill, *Myths and Songs from the South Pacific*, 1870, 118.
5. Rév. T. Williams, *Fiji and the Fijians*, 1870, 185.

l'idée primitive que le caractère des hommes, inhérent à toutes les parties de leur corps, est aussi inhérent à tout ce qui s'incorpore à eux, de sorte qu'entre ceux qui mangent d'un même aliment il s'établit un lien. Comme exemple entre tant d'autres, citons les Padams, qui « tiennent pour sacré tout engagement cimenté par un échange de viandes [1] ». La croyance étant admise que les esprits des morts, conservant leurs appétits, se nourrissent des aliments qui leur sont offerts ou de l'esprit de ces aliments, cette idée s'étend aux morts eux-mêmes. C'est pour cela que dans certaines parties du monde on a observé l'usage de festins où les vivants et les morts étaient supposés s'assembler, où ils renouvelaient leurs relations de subordination d'une part et de bienveillance de l'autre. Chez les Mexicains, cet acte de manger avec l'esprit ou le dieu se transformait en l'acte de « manger le dieu » (symbolisé par un gâteau fait avec du sang des victimes), et s'associait à un lien d'allégeance au dieu pendant un temps déterminé.

Il est d'autres ressemblances d'une importance moindre qu'il suffit de rassembler et de citer brièvement. Les croisades des chrétiens pour la possession du saint-sépulcre ont leur prototype dans la guerre sacrée soutenue par les Grecs pour la possession de Delphes. Chez les chrétiens, il y a une partie du culte qui consiste à réciter les actes du dieu des Hébreux, de leurs rois et de leurs prophètes ; de même, chez les Grecs, une partie du culte consistait à réciter les exploits des dieux et des héros d'Homère. Les temples grecs s'enrichissaient de dons précieux offerts par les rois et des personnages opulents désireux d'obtenir la faveur ou le pardon des dieux ; les temples des chrétiens se sont enrichis de même. La basilique

1. Dalton, *Descriptive Ethnology of Bengal*. Calcutta, 1882, 25.

de Saint-Pierre de Rome a été bâtie à l'aide de fonds levés dans les divers pays catholiques, comme le temple de Delphes avait été rebâti à l'aide de contributions fournies par divers États grecs. La doctrine qui fait régir le monde par des providences spéciales était admise chez les Grecs, comme elle l'a été plus tard chez les chrétiens, et Grote a pu dire que « les vies des saints nous reportent à la théologie simple et toujours puissante de l'âge homérique [1] ». Enfin, tant dans le nouveau que dans l'ancien monde, les diverses religions nous présentent des éléments que nous retrouvons dans le christianisme : le baptême, la communion, la canonisation, le célibat, les actions de grâces, et d'autres pratiques de moindre importance.

§ 588. Qu'allons-nous conclure de tous ces faits? Que devons-nous penser de l'unité de caractère manifestée par les religions en général? Que dirons-nous de l'air de famille qui se révèle entre la croyance chrétienne et les autres?

Aussi bien chez les individus appartenant aux races civilisées, qui ont été privés d'instruction à cause d'une infirmité des sens, que chez les divers peuples primitifs, l'esprit ne contient pas de conceptions religieuses. Partout où il en existe des rudiments, on les trouve sous la forme de croyances aux doubles des morts et de sacrifices à leur profit. La théorie spiritiste, avec la pratique de la propitiation des esprits ordinaires, survit habituellement avec la croyance à des êtres surnaturels plus puissants et avec les pratiques de propitiation auprès de ces êtres. Ces êtres sont d'abord appelés du même nom que les esprits ordinaires, mais ils s'en distinguent graduellement. Les cultes offerts aux êtres prétendus surnaturels, même les plus élevés, sont de même

1. Grote, *Histoire de la Grèce.*

nature et ne diffèrent que par le degré d'élaboration. Qu'y a-t-il au fond de ces ressemblances? N'est-ce pas que, comme tous les autres phénomènes sociologiques, les religions ont une genèse naturelle?

Ferons-nous une exception en faveur de la religion qui règne chez nous? Si nous disons que sa ressemblance avec les autres cache une dissemblance transcendante, nous soulevons bien des difficultés. Il faut admettre que la cause suprême à laquelle il n'y a de limites ni dans le temps ni dans l'espace, dont la création est si vaste que notre système solaire n'en est qu'une partie infinitésimale, a pris le déguisement de la figure humaine pour faire une alliance avec un chef de bergers de Syrie. Il faut croire que cette Force, qui se manifeste toujours et partout, dans le passé, le présent et l'avenir, s'est attribué à elle-même, sous cette figure humaine, non seulement le savoir restreint et la puissance limitée que certains passages bibliques donnent à Jéhovah, mais aussi des qualités morales qui, aujourd'hui, déconsidèrent un homme. Enfin, il faut supposer une intention encore plus répugnante à notre sens moral. En effet, si ces nombreuses analogies entre la religion chrétienne et les autres ne prouvent pas qu'elles se ressemblent par l'origine et le développement, il faut admettre que le surnaturel a voulu simuler absolument le naturel pour décevoir ceux qui examinent avec un esprit critique ce qu'on leur enseigne. Ce sont des illusions créées dans le but d'égarer les esprits sincères et de les exposer à la damnation éternelle pour le crime d'avoir cherché la vérité.

Il n'y a pas de raisonnement qui puisse convaincre les hommes qui acceptent cette dernière alternative. Nous nous séparons d'eux et nous choisissons la première. En l'acceptant, nous trouvons du même coup que les institutions ecclésiastiques deviennent intelligibles dans leur origine et leurs progrès.

CHAPITRE II

SORCIERS ET PRÊTRES

§ 589. Il est difficile de trouver un caractère qui distingue d'une manière satisfaisante les prêtres d'avec les sorciers. Les uns et les autres s'occupent à se mettre en relation avec des agents surnaturels, qui, dans leurs formes primitives, étaient des revenants. Les moyens qu'ils emploient dans leurs rapports avec ces agents sont si diversement mélangés, qu'au début il n'y a pas moyen de faire entre les sorciers et les prêtres une différence spécifique.

Chez les Patagons, le même homme opère dans la « triple qualité de prêtre, de magicien et de médecin [1] ». Chez les Indiens de l'Amérique du Nord, les fonctions de « sorcier, de prophète, de médecin, d'exorciste et de prêtre [2] » sont réunies dans la même personne. En Guyane, les mêmes individus font « les conjurations, expliquent les présages, sont médecins, juges et prêtres [3] ». D'après Ellis, dans les îles Sandwich, les médecins sont en général prêtres et sorciers.

1. Admiral R. Fitzroy, *Narrative of the Surveying Voyages of the « Adventure » and « Beagle »*, 1839, II, 152.
2. Burton, *City of the Saints*, 1861, 131.
3. Dalton, *History of Bristish Guyana*, 1855, I, 87.

Ailleurs, nous voyons se faire un rudiment de séparation : par exemple chez les naturels de la Nouvelle-Zélande, chaque tribu a, en dehors des prêtres, un personnage qui passe pour sorcier habile. A mesure que l'organisation sociale progresse, une séparation permanente s'opère toujours.

Dans l'ordre chronologique, c'est le sorcier qui apparaît le premier. Les voyageurs qui ont décrit les Fuégiens parlent seulement des sorciers; chez les Mapuchés, peuplade relativement avancée du continent voisin, il n'y a pas de prêtres, mais seulement des devins et des magiciens. Chez les Australiens, les hommes qui sont en rapport avec les êtres surnaturels sont les *boyalas* ou médecins; Bonwick dit la même chose des Tasmaniens. En outre, dans beaucoup d'autres cas, les individus, connus sous le nom de prêtres chez les peuples sauvages, ne font guère que pratiquer la sorcellerie sous une forme ou sous une autre. Chez les Mundurucus, le *Paji* ou prêtre « dit le temps le plus propice pour attaquer l'ennemi, exorcise les esprits malins et guérit les maladies [1] ». Il en est de même chez les Uaupés. Dans plusieurs tribus de l'Amérique du Nord, les Clallums, les Chippewayens et les Crics par exemple, les prêtres ne font pas autre chose que des pratiques de conjuration.

Que signifient et cette confusion primitive des deux fonctions et la prépondérance originelle de la nécromancie, qui finit par tomber au second rang?

§ 590. Rappelons-nous que dans les idées primitives le monde d'outre-tombe reproduit les traits du nôtre, que les esprits qui l'habitent mènent la même vie, soutiennent entre eux des relations semblables, obéissent aux mêmes passions, et nous reconnaîtrons que les divers moyens de traiter avec

1. Bates, *Naturalist on the River Amazons*, 1848, 225.

les esprits adoptés par les sorciers et les prêtres ressemblent aux divers moyens adoptés par les hommes dans leurs relations entre eux ; dans les deux cas, les moyens changent selon les circonstances.

Voyons les rapports de chaque membre d'une tribu sauvage avec les autres sauvages. Il y a d'abord les membres des tribus voisines, dont l'hostilité est invétérée, et toujours en éveil pour lui faire du mal à lui ou à ses compagnons. Parmi les membres de sa propre tribu, il a des parents ou des proches de qui, le plus souvent, il attend aide et profit, et envers qui sa conduite est en général amicale, mais quelquefois accidentellement hostile. Parmi le reste, il y a des inférieurs sur qui il exerce d'ordinaire un pouvoir arbitraire; il y en a d'autres, dont il a éprouvé la supériorité en force et en adresse, qu'il redoute habituellement, et envers lesquels il adopte une conduite propitiatoire; enfin il y en a beaucoup dont l'infériorité ou la supériorité reste indécise; il se comporte avec eux tantôt d'une façon, tantôt de l'autre, suivant les circonstances, passant de la bravade à la soumission et de la soumission à la bravade, selon la réponse qu'il peut attendre. Il adapte diversement ses actions aux individus qui vivent autour de lui, tantôt pour les combattre, tantôt pour leur faire du mal, suivant qu'il peut le mieux servir ses fins.

L'idée primitive des esprits les assimile en tout à leurs origines; il en résulte que l'ensemble de ces esprits, formés par les membres décédés de la tribu et des tribus voisines, semble habituellement à chacun soutenir avec lui des relations pareilles à celles qu'il soutient lui-même avec ses amis et ennemis vivants. Un passage de l'évêque Callaway nous montre qu'il en est ainsi à la lettre. Il s'agit d'un Zoulou qui parle de ses rapports avec l'esprit de son frère. « Vous venez à moi avec le projet de me tuer. Il est clair que vous étiez un mauvais drôle quand vous étiez un homme; l'êtes-vous encore maintenant que vous êtes sous terre[1]? » Puisqu'on admet que les esprits ou les dieux issus des esprits reproduisent les traits et les manières d'agir des vivants, il est naturel que les façons d'agir avec eux soient pareillement adaptées, qu'on fasse des efforts pareils pour leur plaire, pour les tromper ou les contraindre. Stewart nous dit que les Nagas trichent avec un de leurs dieux qui est aveugle : ils assurent qu'ils lui font un grand sacrifice quand ils ne lui en offrent qu'un petit. Les Bouriats, qui attribuent à un malin esprit la cause d'une maladie, croient le duper en lui montrant au lieu du malade une effigie; ils pensent que, l'effigie détruite, ils ont réussi[2]. A Kibokoué, Cameron a vu un « faux diable dont le rôle était d'effrayer les diables qui hantaient les bois[3] ».

Les Kamtchadales croient qu'il y a des esprits partout; « ils les adorent quand leurs vœux sont exaucés et les outragent quand leurs affaires vont mal[4] ». A la Nouvelle-Zélande, on fait des incantations sur un malade « avec l'espoir de conjurer la colère d'une divinité, ou de la chasser »; à cet effet, on la menace de « la tuer et de la manger », ou de la brûler[5]. Les Ouaralis adressent un culte à une divinité appelée Ouaghia. On leur demandait s'ils « ne grondaient jamais Ouaghia », ils répondirent : « Certainement nous le grondons, nous lui disons : camarade, nous t'avons donné un poulet, un bouc, et tu viens nous frapper! Que te faut-il encore[6]? » A des exemples de ce genre où la conduite à l'égard de certains esprits ou dieux issus des esprits est en partie ou en tout hostile, il faut

1. Callaway, *The Religious Systems of the Amazulu.* Natal, 1868, 157.
2. Michie, *Siberian Overland Route*, 1864, 200.
3. Com. W. L. Cameron, *Across Africa,* 1877, II, 188.
4. Otto Kotzebue, *Nouveau voyage autour du monde,* 1830.
5. Rév. W. Yate, *Account of New Sealand*, 1835, 141.
6. *Journal of the Royal Asiatic Society*, VII, 20.

ajouter les exemples, nombreux partout, où la faveur des esprits censés en relation amicale avec les vivants se gagne par des présents, des louanges et des témoignages de subordination, moyens d'obtenir leurs bons offices, où l'on voit l'homme recourir à des moyens exceptionnels de propitiation quand il les croit irrités et par conséquent disposés à faire du mal.

De là une différence générale entre les actions et les caractères des hommes qui agissent avec hostilité envers les êtres surnaturels et des hommes qui agissent amicalement. De là la différence entre les sorciers et les prêtres; de là aussi le rôle principal joué dans les premiers temps par les sorciers.

§ 591. En effet, dans les sociétés primitives, les relations d'inimitié, tant au dedans qu'au dehors de la tribu, sont plus générales et plus marquées que les relations d'amitié, par conséquent les doubles des morts sont plus souvent regardés comme ennemis que comme amis.

Nous avons déjà vu (§§ 118, 119) que l'un des premiers corollaires de la théorie spiritiste, c'est que les esprits sont les auteurs des désastres. Les doubles des morts que l'on croit hanter en nombre le voisinage sont ceux des ennemis de la tribu. Parmi le reste, le plus grand nombre des esprits appartient aux gens qui ont eu avec les survivants des rapports de rivalité ou de jalousie. Les esprits des amis, ceux des parents mêmes, sont capables de s'offenser et de se venger. Aussi les accidents, les malheurs, les maladies, les morts, rappellent-ils sans cesse l'intervention des esprits mauvais et la nécessité de les combattre. On cherche des moyens de les chasser, et l'homme qui acquiert de la renommée par l'emploi de ces moyens devient un personnage important. Obéissant à la conception primitive qui fait ressembler les esprits à leurs originaux, par les sensations, les émotions et les idées, ce personnage cherche à les effrayer par des menaces, des grimaces, un tapage horrible, à les dégoûter par des mauvaises odeurs ou des choses qu'ils n'aiment pas, ou, en cas de maladie, à faire du corps du malade une résidence désagréable en lui faisant subir une chaleur intolérable ou de mauvais traitements. Le sorcier, se faisant illusion à lui-même comme aux autres, croit qu'il a chassé des esprits, se persuade qu'il est capable de les contraindre et d'acquérir par là l'assistance d'auxiliaires surnaturels. Un *paji* des Uaupés « passe pour avoir la puissance de tuer les ennemis, d'éloigner la pluie ou de la faire tomber, de détruire les chiens ou le gibier, de faire déserter une rivière par le poisson et d'infliger diverses maladies [1] ».

Il y a une autre cause qui explique la prépondérance primitive du rôle du sorcier sur celui du prêtre. D'abord les seuls esprits que l'on considère comme bienveillants sont ceux des parents ou plus particulièrement des ascendants. Il en résulte que ce sont les descendants qui accomplissent le plus souvent les actes propitiatoires, et que ces actes ont relativement un caractère privé. Les fonctions du sorcier ne sont pas limitées dans un domaine aussi étroit. Habile à chasser les esprits malins, on l'appelle tantôt dans une famille, tantôt dans une autre, il devient un agent au service du public, sa charge s'exerce dans toute l'étendue de la tribu. Le rôle qu'il prend accidentellement quand il fait quelque acte propitiatoire n'apporte que peu de changement à son rôle primitif. Il demeure essentiellement exorciste.

On pourrait ajouter que le sorcier proprement dit est apte à jouer un plus grand rôle comme facteur social, bien qu'à ce point de vue il ne puisse rivaliser avec le prêtre. Déjà

1. Wallace, *Narrative of the Travels on the Amazon and Rio Negro*. 1853, 499.

(§ 474), nous avons cité des faits qui montrent que la renommée acquise par un sorcier le mène quelquefois au pouvoir politique et l'y maintient. En voici un autre exemple : « le roi de Grand Cassan (Gambie) appelé Magro... était très versé dans les arts de la nécromancie... une fois, pour montrer son habileté, il fit souffler un vent violent... une autre fois, voulant savoir à quoi s'en tenir sur une affaire difficile, il fit des conjurations après lesquelles une fumée et une flamme sortirent de terre, et il obtint ainsi la réponse qu'il demandait [1]. » Nous avons vu aussi (§ 198) le sorcier, personnage redouté, devenir dieu.

§ 592. Aux époques subséquentes, quand les rangs sociaux sont établis, depuis le chef suprême jusqu'en bas, quand s'est développée une mythologie hiérarchisée d'êtres surnaturels, quand, simultanément, s'est constitué un sacerdoce desservant les êtres surnaturels qu'on ne peut contraindre et qu'il faut gagner, une confusion secondaire entre les sorciers et les prêtres apparaît. Les esprits malveillants, au lieu de fuir devant l'action directe du pouvoir propre du sorcier, ne cèdent qu'à celle d'un esprit supérieur. Le prêtre prend le rôle de l'exorciste quand il invoque l'être surnaturel avec lequel il entretient des relations amicales, et qu'il le prie de chasser quelque être surnaturel inférieur qui fait du mal.

Nous retrouvons dans les civilisations primitives et dans les civilisations existantes des traces de cette usurpation partielle des fonctions du sorcier par le prêtre. A une extrémité de l'échelle, nous voyons l'Égyptien qui « croyait... à l'intervention incessante des dieux et dont la littérature magique reposait sur l'idée qu'on pouvait faire peur à un dieu en le

1. Ogilby, *Africa*, 355.

menaçant d'une divinité plus puissante[1] » ; à l'autre extrémité, nous lisons dans les vieilles éditions du *Book of Common Prayer* la formule d'exorcisme qui servait à chasser les esprits immondes « au nom du Père, du Fils et du Saint-Esprit ».

D'anciens documents nous apportent une preuve nouvelle, en nous montrant que les êtres surnaturels supérieurs qu'on invoquait pour chasser les êtres surnaturels inférieurs ont été jadis des sorciers. Smith traduit ainsi une tablette assyrienne : « un individu était sous le coup d'une malédiction. Merodach, l'un des dieux, le voyant, alla auprès du dieu Hea son père et lui demanda comment il fallait le guérir. Hea, le dieu de la sagesse, répondit en racontant les cérémonies et les incantations à employer pour rendre la santé au malade, et ces procédés sont consignés dans la tablette pour l'avantage des fidèles à venir[2]. »

§ 593. Nous avons reconnu que, dans la croyance primitive, les doubles des morts, semblables à leurs originaux en tout, peuvent être traités de même et par conséquent amenés à rendre des services, ou à renoncer à faire du mal, si on les séduit, si on les loue, si on leur demande l'oubli, si on les trompe, si on les caresse, si on les menace, si on les effraye ou les contraint. Nous voyons maintenant que les procédés employés avec les esprits, offrant de grandes différences qui en font deux genres opposés, les uns d'hostilité, les autres de sympathie, sont le point de départ de la distinction entre le médecin et le prêtre.

Il est inutile ici de poursuivre les développements sociaux relativement indifférents qui dérivent du sorcier. Remar-

1. Renouf, *Origin and Growth of Religion*, etc., 211.
2. Smith, *History of Assyria*, 16.

quons, comme nous l'avons fait, qu'il devient accidentellement puissant dans l'ordre politique, et quelquefois l'objet d'un culte après sa mort. Il nous suffira ensuite de dire qu'au cours de la civilisation il a des espèces diverses de descendants de moins en moins distingués, qui, sous un nom ou un autre, avec une méthode ou une autre, passent pour posséder une puissance ou un savoir surnaturels. Il y en a encore des exemples dans les sorcières des campagnes.

Mais l'autre classe des gens qui s'occupent de surnaturel devient puissante et acquiert à mesure que la société se développe une organisation souvent très compliquée, une autorité suprême. Nous devons nous étendre sur ce sujet.

CHAPITRE III

DEVOIRS SACERDOTAUX DES DESCENDANTS

§ 594. Nous avons déjà vu (§ 87) qu'il existait en certains lieux l'usage de détruire les cadavres afin d'en empêcher la résurrection et par conséquent d'échapper aux désagréments que leurs esprits peuvent causer. Ailleurs où l'on ne prend aucune mesure de précaution analogue, tout le monde sans distinction, parents ou autres redoutent les morts comme les auteurs des malheurs et des maladies. Nous avons donné des exemples de cette croyance dans les chapitres XVI et XVII de la première partie de cet ouvrage. En voici un tiré de la Nouvelle-Bretagne. Les naturels de Matukanaputa « enterrent leurs morts sous la hutte autrefois habitée par les morts, après quoi les parents vont faire un long voyage en canot, ils restent absents quelques mois... ils disent que l'esprit du mort demeure dans sa dernière résidence quelque temps après sa mort et que, n'y trouvant personne à tourmenter, il va chercher fortune ailleurs. Les parents reviennent alors chez eux et y demeurent comme auparavant [1]. » Même alors que l'on regarde les esprits comme bienveil-

1. Powell, *Wandering in a Wild Country*, 1883, 197.

lants pour leurs descendants, on les croit capables de s'offenser, il est donc nécessaire de s'assurer leur bon vouloir. Les Santals croient que du fond de la tombe voisine, obscure et silencieuse, « les générations passées observent leurs enfants et les enfants de leurs enfants, et jouent un rôle dans leur existence avec des intentions qui ne sont pas entièrement malveillantes. Néanmoins, les esprits habitants du tombeau sont des critiques âpres, ils distribuent à la ronde des membres contrefaits, des crampes, la lèpre, etc., à moins qu'on ne les apaise [1]. »

Si les esprits en général sont ordinairement réputés plus ou moins malveillants, c'est, comme on pouvait s'y attendre, des esprits des parents que les vivants éprouvent le moins de malveillance et le plus de bonne volonté. Certains peuples regardent ces esprits comme purement bienfaisants. Les Karens par exemple croient que leurs bons ancêtres « veillent en général avec soin sur tous leurs enfants sur la terre [2] ».

Il y a beaucoup de peuples chez qui l'on n'emploie la propitiation qu'auprès des esprits méchants, en négligeant les bons, qui sont censés ne pas faire de mal; néanmoins, partout où le culte des ancêtres conserve ses traits primitifs, nous voyons l'attention se porter principalement sur les esprits des parents. Les offrandes sur les tombeaux, inspirées originellement par l'affection pour les morts, et les louanges dictées par les regrets réels pour leur perte, sont le point de départ des actes analogues accomplis en manière de propitiation : il est naturel que les parents plutôt que des étrangers les exécutent.

§ 595. Aussi voyons-nous partout que ceux qui accomplissent les offices du culte primitif sont, au début, les enfants

1. W. W. Hunter, *Annals of Rural Bengal*, 1868, I, 183.
2. *Journal of the Asiatic Society of Bengal*, XXXIV, 205.

ou les autres membres de la famille. Aux îles Samoa, « on dit en commun des prières sur le tombeau d'un parent, d'un frère ou du *chef*. On prierait par exemple en cas de maladie pour demander la santé, et l'on guérirait ou non [1]. » Chez les indigènes de Banks' Island, un naturel partant en voyage prie ainsi : « Mon oncle! mon père! abondance de cochons pour vous, abondance d'argent et de kava pour votre boisson, vingt sacs d'aliments pour votre nourriture dans le canot. Je vous prie de jeter les yeux sur moi ; protégez-moi sur mer [2] ». Le rév. Mac Donald nous apprend que lorsque les noirs de Blantyre « prient pour obtenir une chasse heureuse et qu'ils reviennent chargés de venaison et d'ivoire, ils savent qu'un de leurs vieux parents en est cause et ils lui offrent un sacrifice d'action de grâces. Si les chasseurs ne rapportent rien, ils disent que l'esprit est de mauvaise humeur contre eux... ils lui refusent alors le service de grâces [3]. Incontestablement ces faits, venant à l'appui de ceux que nous avons déjà rapportés, nous montrent les commencements d'une religion de famille. A côté de la crainte d'un être surnaturel, noyau de toute religion, nous voyons se placer le sacrifice et la prière, la reconnaissance, l'espoir ainsi que l'attente de profits en rapport avec les actes de propitiation.

§ 596. Nous y trouvons l'interprétation de l'existence de la fonction sacerdotale dans toutes les sociétés non civilisées.

Dans la Nouvelle-Calédonie, par exemple, « presque toutes les familles ont leurs prêtres [4] ». A Madagascar, d'autres

1. Turner, *Samoa a hundred Years ago*, 1884, 151.
2. *Journal of the Anthropological Institute*, X, 286.
3. Rev. Duff Mac Donald, *Africana*, etc., I, 61.
4. Turner, *Nineteen Years in Polynesia*, 1861, 427.

cultes se sont établis, mais seulement « longtemps après que le culte des dieux domestiques eut dominé [1] ».

Les aborigènes de l'Inde avaient bien le culte des ancêtres, mais non « un sacerdoce régulier et constitué ». Chez le peuple qui a fait les premiers pas dans la civilisation, les Égyptiens, chaque famille conservait l'usage des sacrifices à ses propres morts; les divinités d'un ordre plus élevé avaient un culte semi-privé desservi par des descendants vrais ou supposés. Chez les Grecs et les Romains, à côté des sacrifices offerts à leurs dieux publics par des prêtres, il y avait des sacrifices offerts par des particuliers aux dieux domestiques qui étaient des membres de la famille décédés. De nos jours, nous trouvons la même chose en Chine, où les sacerdoces consacrés à des cultes plus répandus n'ont pas supplanté le culte primitif des ancêtres que servent leurs descendants.

Nous allons voir maintenant que ce culte familial prend une forme plus définie par le fait que sa fonction devient propre à un membre de la famille.

1. Rev. W. Ellis, *History of Madagascar*, I, 396.

CHAPITRE IV

CARACTÈRE QUASI SACERDOTAL DES DESCENDANTS MALES LES PLUS AGÉS

§ 597. Sans doute, dans les temps primitifs, les descendants du défunt avaient la fonction d'offrir des sacrifices à son esprit, mais, conformément à la loi de l'instabilité de l'homogène, une inégalité ne tarde pas à se produire; la fonction propitiatoire tombe alors aux mains d'un membre du groupe. Turner nous apprend que chez les naturels des îles Samoa « le père de famille était le *grand prêtre* [1] ». De même chez les Tahitiens, « dans la famille, le père était le prêtre [2] ». A Madagascar, dit Drury, « tout homme est prêtre pour lui-même et pour sa famille [3] ». De même en Asie. Chez les Ostyaks, « le père de famille était l'unique prêtre, le magicien, le faiseur de dieux [4] ». Chez les Gonds, les rites religieux sont « pour la plupart accomplis par quelque parent âgé [5] ». Dans les races supérieures, il en est ou il en a été de même. Chez les Hindous

1. Turner, *Nineteen Years in Polynesia*, 239.
2. Ellis, *Polynesian Researches*, II, 208.
3. R. Drury, *Madagascar, or Journal during fifteen Years Captivity on that Island*, 1731, 236.
4. Prichard, *Researches into the Physical History of Mankind*, 3e éd., 1836, III, 336.
5. Rev. S. Hislop, *Aboriginal Tribes of the Central Provinces*, 19.

de nos jours, le chef de la famille fait les offrandes quotidiennes aux ancêtres. Chaque Chinois brûle chaque jour de l'encens devant la tablette consacrée à la mémoire de son père, mais, dans les occasions importantes, c'est le chef de la confrérie qui accomplit les rites [1]. Nous n'avons pas besoin de rappeler que, chez les Grecs et les Romains, c'était au chef de la famille qu'incombaient les devoirs analogues touchant le culte des mânes. Chez les Sabéens primitifs, nous dit Palgrave, « la présidence du culte était, paraît-il, le privilège de l'âge le plus avancé, ou du chef de la famille [2] ». Les pratiques du culte des morts étaient interdites aux Juifs, mais ils conservèrent longtemps un usage qui en dérivait. Kuenen fait remarquer que si, jusqu'à David, « le droit de tout Israélite à offrir des sacrifices n'était pas mis en doute, c'était néanmoins le roi et les chefs des tribus et des familles qui en faisaient usage [3] ».

Dans le cours de l'évolution sous toutes ses formes, la différenciation tend toujours à devenir plus définie et plus fixe ; la différenciation sacerdotale signalée ne fait pas d'exception. L'usage s'implante si profondément à la longue que le droit d'accomplir les rites des sacrifices aux ancêtres se trouve réservé aux seuls descendants.

Chez les anciens Aryens, dit sir Henry Maine, « non seulement l'ancêtre qui reçoit le culte doit être un ancêtre mâle, mais celui qui en accomplit les rites doit être l'enfant mâle ou un descendant mâle de cet ancêtre [4] ».

§ 598. De là certaines conséquences qu'il faut noter si nous voulons bien comprendre les institutions qui finissent

1. Gustaff, *China opened*, 1838, I, 503.
2. W. Gifford Palgrave, *Narrative of a Year's Journey through Central and Eastern Arabia*, 1865, II, 258.
3. Kuenen, *The Religion of Israël*, I, 338.
4. Sir Henry S. Maine, *Dissertations on Early Law*, etc.

par s'établir. Dans l'ancienne Égypte, « il était très important qu'un homme eût un fils établi sur son siège après lui, pour accomplir les rites (des sacrifices à son *ka*, ou double) et faire accomplir ces rites par d'autres [1] ». Pour les anciens Aryens, ce besoin était encore plus impérieux [2]. « D'après la loi des Brahmanes, dit Duncker, tout homme doit se marier; il faut qu'il ait un fils qui verse un jour pour lui les libations funéraires [3]. » Nous empruntons au même auteur un autre passage. Il s'agit de la polygamie [4]. « La principale raison pour la permettre était qu'il fallait nécessairement au père un fils qui lui offrît les libations des morts. Si la femme légitime était stérile ou ne donnait que des filles, il fallait remédier à ce mal par une seconde épouse. De nos jours même, les femmes de l'Inde, en pareil cas, pressent leur mari de prendre une seconde épouse, pour ne pas mourir sans postérité masculine. On voit dans le Rig-Véda avec quelle force cette nécessité se faisait sentir dans l'antiquité. Une veuve sans enfant prie son beau-frère de partager sa couche ; les veuves d'un roi mort sans laisser de fils eurent, à son intention, des fils d'un ami, et ces enfants passaient pour ceux du roi mort. La loi montre que cette coutume existe encore et qu'elle n'est pas une fiction poétique; elle permet qu'un frère du mari, ou le plus proche parent après le frère, ou en tout cas un homme de même race (gotra), la rende mère d'un fils, même du vivant du mari et de son consentement. » Chez les Juifs aussi, malgré l'interdiction dont la loi frappait les sacrifices matériels aux morts, le besoin survivait d'avoir un fils qui fît pour le mort les prières sacrées. « Ce désir d'avoir des fils reposait en partie dans le fait que les hommes seuls peuvent réellement prier, que seuls ils peu-

1. Renouf, *Origin and Growth*, etc. 138.
2. Max Duncker, *History of Antiquity*, IV, 252.
3. Id., *ibid.*, 264.
4. Zimmern, *Fraser*, avril 1881, 495.

vent répéter le Kaddich, prière qui est presque la pierre angulaire de l'hébraïsme, parce qu'elle possède une puissance merveilleuse. On croyait que cette prière dite par les fils sur le tombeau des parents affranchissait leurs âmes du purgatoire, qu'elle peut pénétrer dans les tombeaux et dire aux parents que leurs enfants se souviennent d'eux [1]. » Il en est de même en Chine, où le principal souci pendant la vie est d'amasser le nécessaire pour les sacrifices après la mort. Quand une femme manque d'avoir un enfant mâle qui les accomplisse, c'est, pour le Chinois, une raison légitime d'en prendre une seconde. Dans la Corée, où les cérémonies funèbres sont si compliquées, que les pleureurs pleurent ou cessent de pleurer sur un signal, nous observons la fonction quasi-sacerdotale du fils, et une indication de la transmission de cette fonction. Après un décès « il faut désigner un homme pour le rôle de *changjou*, ou chef des pleureurs mâle. Le fils aîné, s'il est vivant, ou, s'il est mort, son fils plutôt que son frère, est le vrai changjou... Quand les amis arrivent, ils pleurent ensemble avec le changjou à leur tête [2]. » L'un des devoirs du changjou est de mettre des aliments dans la bouche du défunt : en même temps, il fait la révérence et met à nu son épaule gauche.

§ 599. La croyance primitive à une seconde vie qui répète la première dans ses besoins, cette croyance qui inspirait des usages en vue d'obtenir un fils réel ou prétendu qui pourvût à ces besoins, a inspiré, ailleurs, un usage qui, rare parmi nous, ne laisse pas d'être fréquent dans les sociétés moins éloignées du type primitif, assez fréquent même pour surprendre tant qu'on n'en a pas compris l'origine. « L'usage

1. Zimmern (Helen), in *Fraser*, ap. 1881.
2. Rev. J. Ross, *History of Corea*. Paisley, 1880, 322.

de l'adoption, qui donne des héritiers à l'homme sans enfant, dit Satow, est commun à tout l'Orient, mais ce qui le justifie au Japon, c'est la nécessité de conserver la tradition des sacrifices aux ancêtres [1]. » L'histoire des Grecs et des Romains nous montre qu'une coutume analogue avait parmi eux un motif analogue. Sans doute, ainsi que nous l'avons indiqué (§ 319 et § 452), l'usage de l'adoption avait, chez ces peuples, survécu au temps où le but qu'on voulait surtout atteindre était de fortifier le groupe patriarcal; mais il est évident que la forme la plus spéciale de l'adoption qui s'établit avait un autre but. Une cérémonie comme celle d'une naissance simulée, par laquelle un fils fictif simulait autant que possible un fils réel, n'avait pas une cause politique, mais venait d'une origine domestique, celle que nous venons d'indiquer. Gaius parle du vif désir des anciens de voir remplir les héritages pour qu'il y eût quelqu'un qui accomplît les rites sacrés qui arrivaient à terme au jour de la mort. Le contexte montre que c'était la raison dominante qui faisait faciliter la légalisation des héritages; il est clair que ce n'était pas dans l'intérêt du fils, ou du fils fictif, ou de l'adoptif, que l'on se hâtait de régler l'héritage, mais dans celui du mort [2]. De même que dans l'ancienne Egypte des individus faisaient des legs et dotaient des prêtres pour faire des sacrifices sur leurs tombeaux privés, de même les pères romains s'assuraient des héritiers obéissants, artificiels sinon naturels, qui servissent leur esprit au moyen de la propriété léguée.

Un autre fait significatif, c'est que la qualité d'héritier emportait celle de sacrificateur. Il en était ainsi chez les Aryens orientaux. Sir Henry Maine nous dit, en parlant du « rituel et de la liturgie compliques » du culte des ancêtres chez les

1. Adams, *History of Japan*, I, 6.
2. Hunter, *Systematic and Historical Exposition of Roman Law*. 1880. 646.

Hindous : « aux yeux de l'antique législateur sacerdotal de l'Inde, toute la loi qui règle les héritages dépend de l'observance exacte[1] » de ce rituel. Le professeur Hunter fait remarquer que chez les Hindous « les plus anciennes notions sur la succession aux personnes décédées se rattachent à des devoirs plutôt qu'à des droits, aux sacrifices plutôt qu'à la propriété[2] ». Il en était de même chez les Aryens occidentaux. Sir H. Maine cite l'invocation d'un orateur grec en faveur d'un plaideur : « décide entre nous, et dis qui de nous doit avoir la succession et faire des sacrifices sur son tombeau. » Il signale le nombre, la dépense et l'importance de ces cérémonies et de ces oblations aux morts chez les Romains, « qui étaient si lourdes que, même à l'époque où on les observait avec moins de rigueur, les charges qu'elles imposaient pesaient lourdement sur les héritages[3] ». Au moyen âge, sous l'empire du christianisme, la même conception générale survécut sous une forme modifiée. On admettait que la propriété personnelle était « en premier lieu un fonds destiné à faire dire des messes pour délivrer du purgatoire l'âme du propriétaire ».

Le caractère religieux de ces obligations envers les morts se révèle dans la prééminence qu'elles conservent sur toutes les autres partout où elles ont survécu jusqu'à nos jours. Dans l'Inde, « on pardonnera à un homme de négliger tous ses devoirs sociaux, mais il encourt une malédiction éternelle s'il manque d'accomplir les cérémonies funèbres de ses parents et de leur présenter des offrandes qui leur sont dues[4] ».

§ 600. Nous comprendrons mieux les idées primitives du droit qu'on attribuait au double du mort sur sa propriété et

1. Sir H. S. Maine, *Dissertation on the Early Law and Custom*, 1883.
2. Hunter, *Introduction to Roman Law*, 149.
3. Sir H. Maine, *op. cit.*, 79.
4. Id., *Ibid.*, 56.

son héritier, grâce à quelques exemples où l'on voit comment, dans l'antiquité, un fils, ou un individu en état de jouer le rôle de fils en vertu d'une fiction, parle de son père réel ou nominal mort, ou lui parle.

En Égypte, à Beni-Hassan, une inscription de Chnumhotep dit : « J'ai fait fleurir le nom de mon père ; j'ai bâti des chapelles pour son *ka*. J'ai fait porter mes statues à la demeure sacrée, et je leur ai distribué des offrandes en pur don. J'ai institué le prêtre officiant, auquel j'ai donné des terres et des paysans [1]. » A Abydos, Ramsès II dit du culte de son père Séti Ier : « Je t'ai dédié les terres du Sud pour le service de ton temple, et les terres du Nord envoient leurs présents devant ta belle personne... J'ai fixé pour toi le nombre des champs..... Grand est le nombre d'après leur contenance en âmes. J'y ai mis des surveillants et des agriculteurs, qui te donneront un revenu de grain [2]. » Ces deux passages font du survivant une espèce d'intendant du mort, administrant pour lui.

Le même usage existait dans un empire contemporain, l'Assyrie, « les premiers rois y étaient appelés Pateri ou vice-rois d'Assur ». Une inscription de Tiglat-Pileser dit : « Ashur, et les grands dieux, les gardiens de mon royaume, qui gouvernent mes domaines et leur donnent des lois, qui ont donné à leur territoire une frontière plus étendue, ont confié à ma main leurs vaillants et belliqueux serviteurs, j'ai soumis les terres et les peuples, et les places fortes, et les rois hostiles à Ashur [3]. »

Or en Égypte on croyait que le *ka*, ou double du mort, revient, après un long délai, ranimer la momie et reprendre sa

1. Renouf, *Origin and Growth of Religion*, etc. 134.
2. Brugsch Bey, *History of Egypt*, II, 40.
3. *Records of the Past*, etc., V, 81.

vie première. Les Péruviens, qui s'occupaient avec des soins minutieux du bien-être des morts, croyaient aussi à leur retour final. Dans les idées primitives, la mort n'était qu'une longue suspension de la vie animale. N'apercevons-nous pas que, dans les mêmes idées, le mort, venant à revivre, réclamera tout ce qu'il possédait jadis, et que le détenteur, quel qu'il soit, de sa propriété, la détient pour la rendre à sa demande, à la manière d'un occupant qui peut en être dépossédé par le vrai propriétaire, et dont le devoir sacré, en attendant, est de l'administrer avant tout au profit de ce vrai maître.

§ 601. Quoi qu'il en soit, pourtant, les faits déjà cités montrent clairement comment, parmi les ancêtres des peuples civilisés de l'ancien monde, aussi bien que chez les peuples du nouveau, où les vieilles institutions sont encore en vigueur, ont pris naissance les usages du culte familial qui existait jadis, ou qui existe encore de nos jours.

On ne voit pas nettement ce qui est arrivé dans le cas où la filiation en ligne féminine était la loi. Je n'ai rien rencontré qui montrât que, dans les sociétés marquées par cet usage, l'office de servir le double du mort tombait en partage à l'un des enfants plutôt qu'aux autres. Mais les faits que nous avons mentionnés montrent qu'avec le système de suivre la parenté par les mâles, la filiation de la fonction sacerdotale suit la même loi que la filiation de la propriété. D'autres faits le prouvent encore plus directement.

De nos jours, la Chine nous offre l'exemple très frappant de ce rapport : on y « regarde comme indispensable d'avoir quelqu'un pour *brûler l'encens aux mânes des morts*, depuis le fils aîné jusqu'au dernier descendant en ligne directe du fils aîné, soit par un enfant de la famille ou par un fils adoptif [1] » ; et le fils aîné, qui a dans l'héritage une part plus grande que les autres fils, doit supporter la dépense des offrandes. De même en Corée, le changjou, ou chef des pleureurs, est le fils aîné ou l'aîné de l'aîné. Au moment d'enterrer le corps, « s'il y a des tombeaux des ancêtres en cet endroit, le changjou sacrifie devant ces tombeaux et fait savoir aux ancêtres l'arrivée d'un nouveau membre de la famille [2] ».

Ces faits, ajoutés aux précédents, montrent que la dévolution de la charge des sacrifices accompagne celle de la propriété, parce que la propriété doit supporter les frais des sacrifices. Dans les sociétés à forme patriarcale, un fils, seul capable d'hériter, pouvait seul posséder les moyens de servir le culte du mort, par conséquent il pouvait seul être prêtre. D'où la nécessité d'avoir un descendant mâle, comme nous l'avons déjà fait voir.

En même temps, nous reconnaissons que, sous le type patriarcal aux premières époques, les domaines domestique, politique et ecclésiastique n'étaient pas séparés. Les sacrifices offerts au chef de famille défunt sont primitivement domestiques. A mesure que le groupe familial devient par évolution un groupe composé, le patriarche qui en est le chef acquiert un caractère quasi politique ; les offrandes qu'on lui fait après sa mort sont de la nature des tributs, et l'accomplissement de ses commandements, dont il punirait à son retour les infractions, implique la subordination civile. En même temps, comme ces actes sont destinés à gagner la faveur d'un être tenu pour surnaturel, les hommes qui les accomplissent acquièrent un caractère quasi ecclésiastique.

1. Rev. Justus Doolittle, *Social Life of the Chinesse*, 1886, II, 226.
2. Ross, *History of Corea*, 1880, 335.

CHAPITRE V

SACERDOCE DU SOUVERAIN

§ 602. Nous avons vu, dans les chapitres XIV et XV de la première partie des *Principes de Sociologie*, que, d'après la théorie primitive des choses, cette vie et ce monde sont en relation étroite avec l'autre vie et l'autre monde. L'une des conclusions du chapitre précédent, c'est qu'aux époques primitives le séculier ne se distingue guère du sacré.

Huc remarque que la religion et la politique, « dans les pays de l'Asie orientale, étaient jadis une seule et même chose, si nous en croyons la tradition... On donnait à l'empire le nom de *ciel*, le souverain s'appelait *dieu* [1]. » Les Éthiopiens de l'antiquité ne séparaient pas les affaires des mondes matériel et spirituel. Nous le voyons dans la traduction donnée par M. Maspéro d'une tablette où est décrit le choix d'un roi par ce peuple. « Chacun d'eux dit (l'armée assemblée) à son compagnon : « c'est vrai! depuis le temps que le ciel est, depuis que la couronne est... Ra a décidé de la donner à son fils qu'il aime, pour que le roi soit une image de Ra chez les vivants. Ra n'est-il pas venu lui-même sur cette terre

1. Huc, *op. cit.*, II, 55.

pour que ce pays pût être en paix? » Alors chacun d'eux dit à son compagnon : « Mais Ra n'est-il pas parti pour le ciel, et notre trône n'est-il pas vide et sans roi?... » Ainsi toute l'armée pleurait, disant : « Il y a parmi nous un souverain sans que nous le connaissions. » L'armée finit par s'entendre pour aller trouver Amen-Ra, le roi de Kouch, et lui demander de donner aux Éthiopiens un souverain pour les vivifier. Amen-Ra choisit l'un des frères royaux. Le nouveau roi se prosterne devant Amen-Ra; il flaire la terre longtemps, longtemps, disant : « Viens à moi, Amen-Ra, seigneur des trônes des deux mondes [1]. » Chez les anciens Péruviens, « si les Etats du roi ne suffisaient pas à pourvoir aux dépenses excessives d'une guerre, on disposait de ceux du soleil, que l'Inca regardait comme lui appartenant en propre, puisqu'il était le fils légitime et l'héritier de ce dieu [2] ».

Quand on croit que le double du mort reviendra et reprendra le cours de sa vie, et qu'en conséquence le fils qui détient la propriété de son père et lui offre un culte n'agit qu'à titre de délégué, il faut admettre comme corollaire que le sacré et le profane demeurent confondus. Nous trouvons dans la Nouvelle-Calédonie un type de la fusion qui résulte de cette prétendue vice-gérence. « Le roi Tui-Tokelau est grand prêtre... » « Le dieu s'appelle Tui-Tokelau ou roi de Tokelau [3]. »

§ 603. Quand la famille, en grandissant, devient un groupe de familles et finit par aboutir à une communauté de village, comprenant souvent des étrangers affiliés, une conséquence se produit; le patriarche perd son triple caractère de chef domestique, politique et religieux, mais il garde un double rôle : il

1. *Records of the Past*, etc., VI, 73.
2. Garcilaso de la Vega, V, 8.
3. Turner, *Nineteen Years in Polynesia*, 526.

conserve les fonctions de chef et de prêtre. Nous retrouvons partout aux premières périodes de l'évolution sociale cette relation de fonctions, et nous la voyons persister durant les périodes plus modernes.

Aux îles Tanna, « le chef agit comme grand prêtre [1] ». Les rois de Mangaïa étaient « les orateurs ou les prêtres de Rongo [2] ». Chez les naturels de la Nouvelle-Zélande, « les fonctions de chef et de prêtre étaient ordinairement unies et héréditaires [3] ». Le roi de Madagascar... « est grand prêtre du royaume [4] ». Aux îles Sandwich, « le roi se cachait dans un réduit de clayonnage pour rendre des oracles [5] ». Le roi de l'île Humphrey « était grand prêtre [6] ». Même chose chez les peuples sauvages de l'Amérique. « Les chefs pueblos semblent être aussi grands prêtres [7] », dit Bancroft; Ross et Huntchinson nous apprennent la même chose, le premier sur les Chinouks et le second sur les Indiens de la Bolivie. On nous fait des récits analogues sur divers peuples à demi civilisés du passé et de nos jours. Les personnages à qui la tradition attribue la « fondation de la civilisation maya unissaient dans leur personne les qualités de grand prêtre et de roi [8] ». Dans l'antique Pérou, l'Inca était grand prêtre. « Comme représentant du soleil, il était à la tête du sacerdoce et présidait les fêtes religieuses les plus importantes [9]. » Le roi de Siam, écrit Thomson, « est lui-même grand prêtre [10] ». Crawfurd nous apprend que le roi de Java est « le premier

1. Turner, *Nineteen Years in Polynesia*, 88.
2. Rev. W. W. Gill, *Mythsand Songs from the South Pacific*, 1870, 293.
3. Dr A. S. Thomson, *History of New Zealand*, 1857, I, 114.
4. Ellis, *History of Madagascar*, 1838, I, 359.
5. Ellis, *Polynesian Researches*, 1829, II, 235.
6. Turner, *Samoa a Hundred Years ago*, 1884, 278.
7. Bancroft, *The native Races of the Pacific States, of North America*, 1875, III, 173.
8. Bancroft, *loc. cit.*, II, 647.
9. Prescott, *History of the Conquest of Peru*, 11.
10. J. Thomson, *The Straits of Malacca, Indo-China and China*, 1875, 81.

ministre de la religion[1] ». En Chine, les lois des rites donnent à l'empereur pontife « le privilège exclusif d'adorer l'Être suprême, et interdit aux sujets d'offrir les grands sacrifices[2] ». Au Japon, le mikado était « le chef de la religion nationale ». Nous rencontrons le même rapport dans les plus anciens documents connus sur les peuples du vieux monde. Le roi d'Égypte, chef des prêtres, était partout représenté dans les monuments sacrifiant à un dieu. Le roi d'Assyrie était représenté dans la même attitude. Des inscriptions nous apprennent que Tiglath-Pileser était « grand prêtre de Babylone ». De même aussi, dans les documents hébreux, nous voyons que David officiait comme prêtre. Il en était de même chez des peuples aryens des premiers temps. Chez les Grecs d'Homère, « les chefs sans recourir aux prêtres accomplissent partout » les actes de dévotion publique. Les rois de Sparte étaient prêtres de Jupiter et touchaient le casuel dû aux prêtres. De même « à Athènes, l'archonte-roi... embrassait dans ses fonctions tout ce qui appartenait à la religion de l'État. C'était un vrai *rex sacrorum* [3]. » Il en était ainsi chez les Romains. Après avoir aboli la monarchie, les Romains nommèrent « un *rex sacrificulus* pour faire les sacrifices qu'un roi seul pouvait accomplir[4] ». Les Aryens établis dans les régions du Nord ne nous offrent pas moins d'exemples de la même relation. Chez les Scandinaves, le chef était « à la fois ministre de la religion et juge ». Dans les premiers temps, chaque chef, en s'établissant, bâtissait « son propre palais ou temple, et prenait les fonctions de prêtre[5] ».

L'union des deux rôles a persisté longtemps sous une forme

1. J. Crawfurd, *History of the Indian Archipelago*, 1820, III, 15.
2. Medhurst, *China its State and Prospects*, 1838, 133.
3. Prof. J.-S. Blackie, *Storiæ Hellenicæ*, 1874, 45. — Grote, *Histoire de la Grèce*. — Maury, *Histoire des religions de la Grèce antique*, 1857, 382.
4. Seely, *Tite-Live*, I, etc. — *Clarendon Press*, 1871, 55.
5. Sir G.-W. Dasent, *Story of Burnt Njal*, 1861, XLVI, XLII.

modifiée dans toute l'étendue de l'Europe du moyen âge. Le roi Gontran était « comme un prêtre parmi des prêtres[1] ». Charlemagne lui-même possédait une sorte de caractère de haut sacerdoce : en des occasions solennelles il portait des reliques sur ses épaules et dansait devant les reliques. La fusion de la politique et du sacerdoce n'est pas entièrement finie de nos jours[2].

§ 604. Pour bien comprendre la genèse du prêtre proprement dit, revenons pour un instant aux temps primitifs.

D'abord les actes du chef comme prêtre ne diffèrent en rien des actes des autres chefs de famille dans le même rôle. Les chefs de toutes les familles forment la tribu; chacun d'eux sacrifie à ses ancêtres, le chef comme les autres. Comment se fait-il donc que son rôle de prêtre s'accentue plus que le leur?

J'ai indiqué quelque part que les membres de la communauté primitive ne se contentaient pas de se rendre propices les esprits de leurs parents morts, mais que, dans certains cas, ils jugeaient prudent de gagner la faveur de l'esprit d'un chef mort, considéré comme plus puissant que les autres

1. Frédégaire. Collection des mémoires relatifs à l'histoire de France. Guizot, II, 414. V, 433.

2. La plupart des lecteurs de la Bible, en lisant que Melchisédec était prêtre et roi, sont frappés de ce rapport comme d'une anomalie; c'est une preuve de la qualité de l'éducation à la mode. Un homme d'Église qui fait passer à des jeunes filles un examen de première communion attire leur attention sur cette combinaison qu'il trouve remarquable et qui n'est que normale; cela nous fait juger combien on ignore les vérités fondamentales de l'histoire des sociétés, tout en possédant la connaissance d'une foule de trivialités dont les manuels et les questionnaires d'examen sont remplis. Le personnage politique à plusieurs têtes qui joue chez nous le rôle de pape, et qui est aussi peu capable de prescrire un système d'éducation que le pape ecclésiatique de dire à Galilée la structure du système solaire, trouve bon que les enfants apprennent, même au détriment de leur santé, le nom de la femme que tel roi a épousée, celui du général qui commandait dans telle bataille, quel châtiment fut infligé à tel ou tel rebelle, à tel ou tel conspirateur, etc.; mais il les laisse ignorer complètement ce qu'étaient dans les temps primitifs les institutions sous lesquelles nous vivons.

esprits, et comme très capable de leur faire du mal si l'on n'entretient pas avec lui des rapports amicaux en lui faisant de temps en temps des offrandes. Quand j'ai suggéré cette idée, je n'en avais pas la preuve ; j'en ai trouvé une depuis lors en lisant le livre du rév. Duff Mac Donald intitulé *Africana*. Nous voyons dans les passages suivants la transition des actions sacerdotales privées à celles qui ont un caractère public, chez les nègres de Blantyre. « Au sujet des dieux du village, les opinions diffèrent. Les uns disent que tout le monde dans le village, parent du chef ou non, doit adorer les aïeux du chef. D'autres disent qu'une personne qui n'est pas parente du chef doit adorer ses propres aïeux, autrement leurs esprits lui feraient du mal. Pour concilier ces affirmations, nous pouvons dire que presque tout le monde dans le village est parent du chef, ou, s'il ne l'est pas, on le considère comme tel, par politesse. Toute personne non parente du chef du village serait assez polie en toute occasion pour reconnaître le dieu du village : à l'occasion de prières privées... elle s'adresserait aux esprits de ses propres aïeux..... » « Le chef du village a un autre titre au rôle de prêtre, ce sont ses parents qui sont les dieux du village..... » « A part le cas de rixes et quelques affaires privées, il n'est d'usage pour personne de s'adresser aux dieux, excepté pour le chef du village. Il est le grand prêtre reconnu qui offre des prières et des offrandes en faveur de tous ceux qui vivent dans son village [1]. »

Ces passages nous font voir clairement le premier pas dans la différenciation qui fait du chef un prêtre proprement dit, l'homme qui intercède auprès de l'être surnaturel, non pour lui-même simplement, non pour les seuls membres de sa famille, mais en faveur de personnes qui ne sont pas ses

1. Rev. Duff Mac Donald, *Africana*, I, 64.

parents. Le désaccord des explications fait voir, il est vrai, que la différenciation est incomplète. Dans une autre partie de l'Afrique, nous la trouvons plus nettement établie. A Onitcha, sur le Niger, « le peuple révère le roi comme le médiateur entre les dieux et lui ; on le salue du titre d'*Igue*, qui veut dire être suprême [1] ». On retrouve des faits semblables chez des peuples très éloignés les uns des autres et sans parenté. Aux îles Samoa, où les chefs étaient prêtres, « chaque village avait ses dieux, et tous les individus nés dans ce village passaient pour la propriété de ce dieu [2] ». Chez les anciens Péruviens, quoiqu'ils fussent plus avancés dans leur organisation sociale, on pourrait retrouver des institutions analogues. Les *huacas* étaient adorés par le village entier, les *canopas* l'étaient par des familles particulières, et les prêtres seuls parlaient aux *huacas* et leur offraient des présents.

Ces exemples, pris dans le nombre, nous font voir en outre que les obligations politiques et religieuses sont primitivement des obligations d'allégeance, très peu distinctes les unes des autres, l'une l'allégeance au chef vivant, l'autre l'allégeance à l'esprit du chef mort.

Pour éviter toute erreur, il faut faire en passant une remarque. Le développement d'une distinction entre le culte public de son ancêtre par un chef et le culte privé de leurs ancêtres par les autres hommes, qui donne au caractère sacerdotal du chef une forme relativement arrêtée, est susceptible de se modifier suivant les circonstances. Quand l'allégeance à l'esprit d'un patriarche ou du fondateur décédé de la tribu s'est si bien établie durant de nombreuses générations, que cet esprit prend le rôle d'un dieu, ou bien quand, par l'effet de la guerre ou de migrations, la société en développement est

1. A. Burdo, *The Niger and the Benueh*, 132.
2. Turner, *Samoa a Hundred Years ago*, 18.

rompue au point que ses membres sont séparés de leur chef et prêtre, il faut naturellement que, pour continuer à sacrifier aux doubles de leurs parents morts, ces membres séparés de la société se mettent à sacrifier pour leur compte au dieu traditionnel. Chez les anciens Scandinaves, « tout père de famille était prêtre dans sa propre maison [1] », où il sacrifiait à Odin. Il en était de même chez les Grecs d'Homère. Tandis que les chefs faisaient des sacrifices publics aux dieux, de simples particuliers faisaient aussi aux dieux des sacrifices et des prières, en même temps que des sacrifices à leurs propres ancêtres [2]. Même chose chez les Romains. Chez les Hébreux mêmes, à qui le culte des ancêtres était interdit, et bien qu'il y eût un corps de propitiateurs publics de Jéhovah, « tout Israélite était compétent » pour accomplir les rites propitiatoires : les habitudes nomades s'opposaient à la concentration de la fonction sacerdotale [3].

Toutefois, les faits de ce genre appartiennent évidemment à une époque plus avancée et non à cette première époque où, comme nous le voyons, la genèse du dieu et celle du prêtre marchaient ensemble.

§ 605. Ainsi donc la théorie spiritiste qui explique les innombrables phénomènes de la religion en général explique aussi la genèse de la fonction sacerdotale et l'union primitive de cette fonction avec celle du gouvernement.

Les actes de propitiation envers les doubles des morts, accomplis d'abord par tous leurs parents, puis par les chefs des familles, se distinguent un peu des autres quand c'est le chef de la famille la plus puissante qui les accomplit. Quand

1. Sir G.-W. Dasent, *Story of Burnt Njal*, XIII.
2. W.-E. Gladstone, *Studies on Homer*, III, 55.
3. Kuenen, *La religion d'Israël*, I, 338.

la prépondérance de la famille puissante s'accroît, et que l'on admet la supériorité de l'esprit du chef décédé de cette famille sur les autres esprits, d'abord quelques individus, ensuite un plus grand nombre, enfin tous à la fois désirent gagner la faveur de cet esprit suprême. Ce désir donne lieu à l'habitude de lui adresser des offrandes par les mains et des prières par la bouche des chefs ses descendants, ce qui confère à ceux-ci un caractère sacerdotal décidé.

Nous allons voir maintenant comment, au cours de l'évolution sociale, la fonction sacerdotale, longtemps conservée et de temps en temps exercée par le chef politique, passe de plus en plus aux mains de délégués.

CHAPITRE VI

DÉVELOPPEMENT DU SACERDOCE

§ 606. Nous avons (§§ 480 et 504) remarqué un fait évident *à priori* et partout constaté que, à mesure que le territoire d'un chef s'agrandit, les affaires s'accumulent au point d'imposer le concours d'auxiliaires, et nous avons vu la conséquence qui en découle, à savoir l'habitude de recourir fréquemment, et à la fin d'une manière permanente, à des délégations des fonctions du chef, telles que celles de général, de juge, etc. Entre toutes les fonctions déléguées plus ou moins fréquemment, nous comptons celle du prêtre.

L'histoire des Romains montre que cette délégation prend naissance dans la presse des affaires civiles ou militaires. Les rois ne pouvaient pas toujours vaquer aux sacrifices. Numa, qui eut souvent à faire la guerre (quoiqu'il accomplît lui-même, d'après Tite-Live, la plupart des offices sacerdotaux), « institua des flamines pour remplacer les rois quand ceux-ci étaient absents »; c'est ainsi, ajoute M. Fustel de Coulange, que « le sacerdoce romain ne fut qu'une émanation de la royauté primitive [1] ». Un passage de M. Mac Donald au

1. Fustel de Coulange, *La cité antique*, 233.

sujet des nègres de Blantyre montre comment ce genre de causes agit dans les sociétés simples. « Si le chef, dit-il, est absent, sa femme opère (comme prêtre), et si les deux sont absents, c'est son jeune frère [1]. » Cet exemple, tiré d'une société plus sauvage, où les relations du sang du chef avec le dieu sont encore admises, nous montre, mieux que celui des Romains, la naissance normale du sacerdoce.

Ici le sacerdoce représentatif du jeune frère est temporaire, ailleurs il est permanent. Chez les naturels de la Nouvelle-Zélande, les chefs sont souvent prêtres, mais souvent le prêtre est le frère du chef [2]. Au Mexique, dans le royaume d'Acolhuacan et dans celui de Tlacupan, le grand prêtre était, d'après certains auteurs, « toujours le second fils du roi [3] ». De même aussi dans l'ancien Pérou « il y avait un grand prêtre, qui était l'oncle ou le frère du roi, ou au moins un membre authentique de la famille royale [4] ». Cet exemple fait voir que lorsque le chef, exerçant encore la fonction de prêtre dans les grandes occasions, ne fait pas toujours son cadet délégué dans les occasions ordinaires, l'office de grand prêtre tombe néanmoins aux mains d'un parent par le sang. Ainsi, chez les Khonds, « les premières fonctions civiles et sacerdotales semblent avoir été unies dans le principe, ou du moins avoir toujours été possédées par les membres de la principale famille patriarcale [5] ». A Tahiti, où le roi personnifiait souvent le dieu, recevant les offrandes apportées au temple et les prières des suppliants, et où il était quelquefois le prêtre de la nation, « la plus haute dignité sacerdotale

1. Duff Mac Donald, *Africana*, I, 64.
2. Angas, *Savage. Life and Scenes in Australia and New Zealand*, 1847, I, 247.
3. Clavigero, I, 271.
4. Garcilaso de la Vega, liv. II, ch. IX.
5. Macpherson, *Report upon the Khonds of Gaujani and Cuttak*, Calcutta, 1842, 30.

était souvent possédée par quelque membre de la famille régnante [1] ». Dupuy nous apprend qu'un des prêtres des Achantis appartenait à la « propre famille du roi [2] ». Chez les Mayas d'Amérique, « les grands prêtres étaient membres des familles royales [3] ». Enfin, dans l'ancienne Égypte, il existait une relation analogue. Le roi lui-même était grand prêtre, et il était naturel que le sacerdoce eût parmi ses membres quelqu'un des parents du roi. Parmi les grands prêtres de Phtah, dit Brugsch, « il y avait des princes du sang royal [4] ». Comme exemple, nous pouvons nommer le prince Khamus, le fils favori de Ramsès II.

Dans certains cas, c'est une femme de sa famille qui remplit les fonctions sacerdotales du chef. Chez les Damaras, la fille du chef est prêtresse; « elle doit s'occuper des sacrifices et garder le feu sacré [5] ». Dans certaines occasions déterminées, au Dahomey, on fait les sacrifices à la tombe (probablement d'un roi) et c'est « une prêtresse de sang royal qui offre les prières à l'esprit [6] ». Il en était ainsi dans l'ancien Pérou, où une grande prêtresse tirée du nombre des vierges du soleil, et considérée comme sa principale épouse, « était ou la sœur ou la fille du souverain [7] ». L'usage en vigueur chez les Chibchas, d'après lequel, pour les prêtres « comme pour les caciques, le fils de la sœur héritait [8] », nous fait comprendre que des usages similaires étaient la conséquence de la filiation en ligne féminine. Chez les Damaras, cette loi de filiation est encore en vigueur; elle régnait évidemment jadis chez les Péruviens ; et la haute situation politique des femmes au

1. Ellis, *Polynesian Researches*, II, 208.
2. Jon. Dupuy, *Journal of a Residence in Ashantee*, 1824, 168.
3. Bancroft, *The Native Races*, etc., II, 648.
4. Brugsch Bey, *Histoire d'Egypte*, I, 46.
5. Anderson, *Lake Ngami*, 223.
6. Burton, *Mission to Gelele*, II, 173.
7. Molina, *Fables et Rites des Incas*, 25.
8. Simon, *Noticias historiales*, 247.

Dahomey donne à penser que cette loi florissait aussi dans ce pays. Nous trouvons une autre raison de le croire dans ce fait qu'au Dahomey et au Pérou l'organisation sacerdotale admettait aux fonctions de prêtre beaucoup de femmes, et que, à Madagascar, où la filiation légale a lieu dans la ligne féminine, il y a des prêtresses. Évidemment le passage de l'usage de la filiation par les femmes à celui de la filiation par les hommes, ou bien le mélange de deux peuples obéissant respectivement chacun à l'une de ces lois, causeront des anomalies, par exemple celle que nous observons chez les Karens, où les prêtres des villages sont des hommes, mais où le culte familial des ancêtres « exige que l'office sacerdotal soit rempli par une femme, la plus âgée de la famille[1] ».

La délégation des fonctions sacerdotales aux membres d'une famille régnante, habituelle dans les premiers temps, peut être considérée comme le moyen normal de différenciation entre le rôle de chef et celui de prêtre, puisque le dieu étant l'ancêtre déifié, les sacrifices qu'on lui offre ne cessent pas d'être des sacrifices offerts par des descendants. Lors même que la filiation n'est pas réelle ou qu'on a cessé d'y croire, on l'affirme encore, en Égypte par exemple, où le roi se disait habituellement parent d'un dieu et où, par voie de conséquence, les membres de sa famille étaient par hypothèse des descendants d'un dieu.

§ 607. Si telle est l'origine ordinaire du sacerdoce, il en est d'autres encore. Dans un chapitre précédent, nous avons vu qu'au début il n'existait aucune distinction nette entre le sorcier et le prêtre. Le premier chasse les esprits plutôt qu'il ne sollicite leur faveur, le second les traite en

1. *Journal of the Asiatic Society of Bengal*, XXXIV, 206.

amis plutôt qu'en ennemis; mais il leur arrive souvent à l'un et à l'autre de changer de rôle. Le prêtre fait quelquefois l'exorciste, et le sorcier cherche à apaiser les esprits, par exemple le sorcier dont nous avons parlé au § 584. Chez les Ostyaks, les chamans, qui sont des sorciers, servent aussi « d'intermédiaires entre le peuple et leurs dieux [1] ». Le rôle d'un sorcier gond consiste à « exorciser les esprits malins et à interpréter les désirs du fétiche, à faire tomber la pluie, etc. [2] ». Les mêmes hommes qui, chez les Koukis, ont pour fonction d'apaiser un dieu irrité et auteur d'une maladie, sont souvent censés abuser « de l'influence qu'ils possèdent sur les agents surnaturels [3] ». Évidemment, ceci nous indique que le sacerdoce peut venir d'une autre source.

C'est spécialement dans les cas où le sorcier est censé obtenir pour la tribu certains avantages par l'autorité qu'il exerce sur le temps au moyen des êtres surnaturels, qu'il participe du caractère sacerdotal. Samuel, juge d'Israël, offrait des sacrifices à Jéhovah comme prêtre, et en même temps il commandait au temps par son influence sur Jéhovah, unissant ainsi les trois rôles de chef politique, de prêtre et de sorcier. Cet exemple nous fait comprendre qu'une union du même genre peut se produire dans d'autres cas. Chez les Obos, le chef fait pleuvoir. Sechele, roi des Béchuanas, pratique la magie sur le temps [4]. Ces faits confirment ce que nous avons dit plus haut (§ 474), à savoir qu'une puissance prétendue sur les êtres surnaturels fortifie le bras du chef politique; et, de plus, ils nous montrent que les chefs en possession d'obtenir des êtres surnaturels des profits pour la société remplissent en cela l'office sacerdotal.

1. Erman, *Travels in Siberia*. Trad. anglaise, II, 44.
2. Cap. J. Forsyth, *Highlands of Central India*, 1871, 142.
3. *Journal of the Asiatical Society of Bengal*, CXIV, 630.
4. Holub, *Seven Years in South Africa*. Trad. angl., 1881, I, 324.

Dans d'autres cas, on voit se former dans une tribu un culte de personnages déifiés, non alliés au chef devenu dieu, mais qui, pour quelque raison, ont laissé après eux une réputation vénérée. Hislop nous dit qu'un Gond qui se vantait d'une puissance merveilleuse et qui avait « élevé un monticule sacré aux mânes de son père, jadis pareillement doué, se servait du respect attaché à cet endroit pour extorquer de l'argent à la reine qu'il dupait [1] »; il dépensait une partie de cet argent à faire des sacrifices « à son ancêtre divinisé », et s'appliquait le reste. Enfin sir A. Lyall, dans ses *Asiatic Studies*, fournit divers exemples de l'origine sporadique de nouvelles divinités pouvant chacune donner naissance à un sacerdoce.

D'où l'on pourrait conclure que, dans les premiers temps, les hommes non issus d'un ancêtre du chef acquièrent parfois des rôles quasi sacerdotaux et en viennent même à supplanter les prêtres dont l'origine est normale. Cette usurpation se produira probablement surtout dans les pays où, par l'effet de l'émigration ou de la guerre, il existe des parties de la société qui ne contiennent pas de descendants du dieu traditionnel.

§ 608. Dans une société dont le fondateur mort est devenu la divinité locale, à laquelle ses descendants d'après l'ordre de la plus proche parenté avec lui adressent des prières et des sacrifices, et qui sert de médiateur aux autres familles adonnées chacune au culte de leurs propres ancêtres, le sacerdoce ne se développera pas tant que cette société ne sera pas divisée. Mais aussitôt que l'augmentation du nombre de ses membres rend la séparation nécessaire, une différenciation

1. Hislop, *Aboriginal Tribes of the Central Provinces*, 19.

nouvelle se produit. Un passage d'Anderson sur les Damaras nous fait voir fort bien comment cette différenciation se produit : « On donne aussi un peu du feu sacré au commandant d'un kraal, quand il est sur le point de se séparer de celui du chef. Les devoirs de vestale incombent alors à la fille de l'émigrant [1]. » Évidemment, lorsqu'un chef mort, ou tout autre membre éminent de la tribu, est devenu un dieu traditionnel, si bien reconnu qu'il est prescrit de faire envers lui des actes de propitiation, la partie émigrante de la tribu, emportant avec elle son culte, doit s'assurer d'une personne qui accomplisse les rites en sa faveur. Il est probable que la partie détachée de la tribu contient des hommes, parents du chef, et par conséquent des descendants directs ou collatéraux du dieu auquel le culte s'adresse; il est probable que la fonction de prêtre sera dévolue à l'un d'eux parce qu'il est le plus âgé et le plus proche parent du dieu. Comme les raisons qui déterminent ce choix tendent aussi à déterminer l'hérédité de la fonction, on comprend la genèse d'une caste sacerdotale. Un passage de Hislop jette quelque lumière sur ce point. Bien que les Gonds n'aient pas de prêtres, dit-il, il y a chez eux « des hommes qui, en vertu de prétendus pouvoirs supérieurs ou de leur relation héréditaire avec un certain lieu sacré, sont censés avoir un titre à prendre la direction du culte [2] ». Nous voyons chez les Santals la marche suivie par ce changement. « Deux des tribus, dit Hunter, sont plus particulièrement consacrées à la religion et fournissent la grande majorité des prêtres. L'une d'elles représente la religion d'état fondée sur la base de la famille et administrée par les descendants du cinquième fils, le prêtre primitif de la famille..... En quelques lieux, en

1. Anderson, *The Lake Ngami*, 224.
2. Hislop, *Seven Years, etc.*, 19.

particulier dans le Nord, les descendants du second fils... sont censés faire de meilleurs prêtres que ceux du cinquième... Ils sont pour la plupart prophètes, devins, lévites officiants des forêts ou des autres sanctuaires; en un petit nombre de localités seulement, ils prennent la place de la cinquième tribu [1]. » Ce n'est pas seulement à mesure qu'une tribu grandissante se répand sur d'autres habitats que se produisent les conditions qui favorisent le développement d'un sacerdoce; des conditions de même genre se produisent quand une tribu conquérante s'étend et que ses membres s'établissent comme souverains sur des tribus sujettes. Tout en instituant des gouvernements locaux, elle institue des services locaux pour le culte qu'elle apporte avec elle. L'exemple des Péruviens peut être offert comme type. La race des Incas, débordant sur les races indigènes, leur laissa leur religion et se contenta d'y superposer la sienne. De là la nécessité d'avoir des représentants dispersés de ce culte des conquérants. « Le principal prêtre (ou l'évêque) de chaque province était un Inca, qui veillait à ce que les sacrifices et les cérémonies se fissent conformément aux rites de la métropole [2]. » Or, comme la religion des Incas était le culte du soleil, censé un ancêtre, et comme son descendant prétendu le plus direct, le roi lui-même, était grand prêtre en des occasions importantes, tandis que les autres grands prêtres étaient « tous Incas du sang royal », on voit bien que l'institution d'un clergé local de sang inca est un exemple du développement qui fait une caste sacerdotale avec des membres de la famille d'un conquérant qui adorent leur ancêtre.

§ 609. Afin de vérifier les conclusions précédentes, nous pourrions ajouter quelques faits montrant que, dans les tribus

1. Hunter, *Annals of Rural Bengal*, 1868, I, 200.
2. Garcilaso de la Vega, liv. II, ch. IX.

paisibles qui ont fait des progrès sociaux sans l'institution de gouvernements personnels forts et par conséquent sans l'avènement de chefs divinisés devenus dieux locaux, il n'existe que des rudiments d'une classe sacerdotale. Chez les Bodos et les Dhimals, par exemple, la charge sacerdotale n'est pas héréditaire, tous les anciens du peuple y prennent part.

Il n'est guère possible, et même il serait peu avantageux de suivre plus loin la marche d'un sacerdoce. Des causes de divers genres tendent partout à compliquer, d'une façon ou d'une autre, le cours primitif de ce développement. En général, le culte de l'esprit du chef mort est desservi d'abord par son héritier, et, en l'absence de cet héritier, délégué à son frère cadet; l'exercice temporaire de cette fonction par un frère du chef ou un autre membre de la famille tend à devenir permanent, lorsque les affaires du chef deviennent plus nombreuses; lorsque des parties de la tribu émigrent, elles emmènent avec elles ordinairement quelques descendants directs ou collatéraux du dieu local, qui emportent le culte et en accomplissent les rites, et lorsque par l'assujettissement de sociétés voisines l'autorité politique et religieuse étend son domaine, les membres de la famille souveraine deviennent les prêtres locaux; mais nous rencontrons aussi d'autres causes qui dérangent cette marche et la rendent irrégulière. A côté de l'influence que le chef ou le prêtre son parent est censé avoir sur les êtres surnaturels, il y a l'influence rivale attribuée au sorcier ou au faiseur de pluie. De temps en temps, aussi, la tribu reçoit un émigrant étranger, qui commande le respect, grâce à une connaissance supérieure des arts; un culte nouveau peut naître soit de l'enseignement, soit de l'apothéose de cet étranger. En outre, un chef d'une partie de la tribu émigrante, s'il se distingue de quelque façon, deviendra probablement à sa mort l'objet d'un culte rival du culte traditionnel et peut-être le point de départ d'un nouveau clergé. C'est ainsi que des conditions variables peuvent, même dans les premiers temps, produire diverses modifications dans l'organisation ecclésiastique.

Mais les complications que produisent ces résultats sont peu de chose au prix de celles qu'elles font pressentir et dont nous allons nous occuper.

CHAPITRE VII

SACERDOCES DU POLYTHÉISME ET DU MONOTHÉISME

§ 610. Nous avons déjà fait voir dans les chapitres précédents la forme rudimentaire d'un sacerdoce préhistorique. En effet, partout où, à côté du culte du fondateur divinisé de la tribu, existe dans les familles qui la composent le culte de leurs ancêtres respectifs, il y a un polythéisme rudimentaire et un sacerdoce naissant approprié à ce polythéisme. Dans l'esprit du peuple il n'y a aucune opposition générique entre les esprits qu'on ne distingue pas et ceux qu'on distingue; la seule différence est celle de la puissance. Dans la première période comme dans les autres, nous constatons le culte d'un être surnaturel supérieur parmi un grand nombre d'êtres surnaturels inférieurs, dont on recherche la faveur par des observances semblables.

Le polythéisme paraît tirer son origine de plusieurs sources, dont les plus importantes sont au nombre de deux.

La première est une conséquence de la division et de l'expansion des tribus dont l'excès de population dépasse les subsistances. Dans chaque sous-tribu séparée de la tribu mère on voit se produire un chef distingué, un sorcier, dont l'esprit grandement redouté, objet d'un culte non seulement pour ses descendants, mais pour les autres membres de la sous-tribu, devient un nouveau dieu local. Lorsque le culte que la sous-tribu a apporté avec elle survit, on voit, à côté du culte du plus ancien dieu commun à toutes les sous-tribus sorties de la même tribu-mère, grandir dans chacune d'elles le culte d'un dieu plus moderne qui lui appartient en propre. Nous en trouvons la preuve dans plusieurs pays. L'exemple des Malgaches peut être offert comme un type. Ils ont des dieux qui appartiennent « respectivement à différentes tribus et qui sont pour eux les gardiens, les bienfaiteurs ou les dieux tutélaires de ces clans ou tribus. Quatre d'entre eux passent pour supérieurs à tous les autres[1] » : ce sont les dieux publics ou nationaux. Enfin Ellis ajoute que les dieux d'une province ont peu d'autorité auprès du peuple d'une autre province. L'antiquité nous fournit l'exemple des Égyptiens. Les nômes ou divisions dont l'ancienne Égypte était composée « remontaient à la plus haute antiquité[2] » : leurs limites étaient exactement définies dans les descriptions des anciens monuments. « Chaque district avait un chef-lieu où résidait un gouverneur héréditaire, et jouissait de la protection et du culte d'une divinité spéciale dont le sanctuaire formait le centre du culte religieux du district. » D'autres peuples anciens nous fournissaient d'autres exemples, nous n'avons pas besoin de les énumérer. Naturellement la formation d'un culte local s'accompagne de la constitution de clergés consacrés les uns aux cultes locaux, les autres aux cultes généraux, et différents par le degré de dignité. Ainsi en Égypte, les prêtres « qui étaient attachés au service de certaines divinités occupaient un rang supérieur aux autres, et les prêtres des grands dieux jouis-

1. Ellis, *History of Madagascar*, 1838, I, 395.
2. Brugsch Bey, *Histoire d'Égypte*, I, 15.

saient d'une bien plus haute considération que ceux des dieux d'un rang moins élevé. Dans beaucoup de provinces et de villes, les prêtres de certains temples étaient en meilleure estime que d'autres [1]. »

Une origine du polythéisme et des sacerdoces polythéistes, aussi importante et peut-être plus importante, mais qu'il est souvent impossible de distinguer de la précédente, est celle qui dérive de la conquête. L'assujettissement d'une tribu par une autre, qui a toujours eu lieu, a eu nécessairement pour effet de placer un culte au-dessus d'un autre; chacun de ces cultes ayant pris, par une opération semblable, dans la plupart des cas un caractère composite. Les conquérants ne détruisent pas les cultes des peuples conquis, soit qu'ils importent leurs propres cultes en se les réservant exclusivement pour eux-mêmes, soit qu'ils y admettent les vaincus : dans l'un et l'autre cas, la diversité des prêtres augmente. La survie des cultes d'origine pélasgique au milieu des cultes grecs nous en offre un exemple dans l'Europe primitive; les Romains nous en présentent un plus moderne. « Etat conquérant, Rome ne cessait d'absorber les religions des tribus qu'elle soumettait. Quand les Romains assiégeaient une ville, ils avaient coutume d'évoquer solennellement les dieux qui y résidaient [2]. » La même marche s'observe aussi chez les anciennes sociétés américaines. « Les grands prêtres du Mexique étaient les chefs de leur religion pour les seuls Mexicains, et non pour les nations soumises : celles-ci... conservaient leurs prêtres indépendants [3]. » Pareillement au Pérou. « Les Incas ne dépouillèrent pas les chefs de leur autorité ; mais leurs délégués vivaient dans les vallées, et les

1. Wilkinson, *Manners and Customs of the Ancient Egyptians*, 1878, I, 178.
2. Seeley, *Tite-Live*, I,I, 73.
3. Clavigero, *Histoire du Mexique*, I, 271.

indigènes étaient tenus d'adorer le soleil. Ainsi l'on bâtissait un temple où des vierges et des prêtres fixaient leur résidence pour célébrer les fêtes. Mais quoique ce temple du soleil eût la prééminence sur les autres, les naturels ne cessèrent pas de célébrer leur culte dans leur ancien temple de Chinchaycama [1]. »

On peut citer trois causes additionnelles, mais moins importantes de complication du développement des institutions ecclésiastiques. La réputation des divinités locales se répand; on leur bâtit des temples dans les pays auxquels elles sont étrangères, voilà une de ces causes. Nous en avons un exemple excellent dans le culte d'Esculape. Esculape n'était d'abord qu'un ancêtre local et un sorcier; son culte naquit à Pergame, mais à mesure que l'ancêtre devint un dieu, son culte se répandit en Orient et en Occident, et finalement s'établit à Rome. Une autre cause dont l'ancienne Egypte nous offre un bon exemple, c'est la divinisation de personnages puissants qui instituent des prêtres pour servir leur esprit. Une troisième est l'apothéose accidentelle de ceux qui pour quelque raison frappent l'imagination populaire. Cette cause est encore active dans l'Inde de nos jours. Sir Alfred Lyall en a donné des exemples dans ses *Études asiatiques*.

§ 611. Bien des gens trouvent que la production fréquente de nouveaux cultes et l'existence simultanée persistante de plusieurs cultes, chacun en possession de son sacerdoce, sont une chose étrange; nous voyons maintenant qu'elle est très normale. Les auteurs qui recourent pour expliquer les anciens usages aux idées modernes commentent la *tolérance* des Romains et leur respect des religions des peuples

1. Cieza de Leon (*Hackluyt Society*), 1864, 262.

vaincus. Mais à leur point de vue, sinon au nôtre, il était très naturel qu'ils traitassent de la sorte les dieux et les prêtres locaux. Si le culte des ancêtres est un tronc d'où poussent partout comme autant de branches des cultes de personnages fondateurs de tribus ou ancêtres de toute une race locale, il est naturel que le conquérant reconnaisse les cultes locaux des vaincus en même temps qu'il introduit le sien. La conséquence à tirer de la croyance universellement admise, c'est que les dieux des vaincus sont tout aussi réels que ceux des vainqueurs.

On peut expliquer cela de plusieurs manières. Habituellement, dans l'ancien monde, les conquérants et les fondateurs de villes prenaient des mesures propitiatoires à l'égard des dieux locaux. Tout ce qu'ils en savaient les portait à croire que ces dieux étaient puissants dans leurs localités respectives et pouvaient faire du mal si l'on négligeait de leur offrir des prières et des actions de grâces. C'est pour cela probablement que l'Égyptien Nekôs sacrifiait à Apollon à l'occasion de sa victoire sur Josiah, roi de Juda [1]. C'est pour cela aussi, pour prendre un exemple dans une région plus éloignée, que les Incas du Pérou, bien qu'adorateurs du soleil, faisaient néanmoins des sacrifices aux divers huacas des peuples conquis, « parce qu'ils craignaient que si l'on omettait l'un d'eux, il ne se mît en colère et ne punît l'Inca [2] ».

Ce qui permit la coexistence de cultes différents dans certains cas, c'est la croyance que tandis que l'allégeance de chaque homme à un ou plusieurs dieux particuliers est pour lui une obligation, il n'est pas tenu, ou n'est pas autorisé à adorer les dieux de ses concitoyens issus d'une autre origine. Ainsi, dans la Grèce primitive, « la fusion de diverses formes

1. Grote, *Histoire de la Grèce*, III, 438.
2. Molina, *An Account of the Fables and Rites of the Yncas*, 54.

de cultes fit d'Athènes une capitale et de l'Attique un pays unifié. Mais... Apollon n'en restait pas moins le dieu de la noblesse, et sa religion un mur de séparation... Solon changea tout cela... Tout Athénien eut désormais le droit et le devoir de sacrifier à Apollon [1]. »

Tous ces faits font voir clairement que non seulement la genèse du polythéisme, mais sa longue durée, et l'effet qui en résulte de la persistance des sacerdoces consacrés à différents dieux, sont des suites du culte des ancêtres primitifs.

§ 612. Si, dans les premiers temps du polythéisme, on ne voit pas qu'un culte fasse ouvertement un effort pour en subjuguer un autre, il ne s'en élève pas moins entre les cultes une rivalité qui est le premier pas vers l'assujettissement. Un sentiment semblable à celui qu'on voit quelquefois les enfants manifester quand ils se vantent de la force respective de leurs pères, porte les hommes des premiers temps à exagérer la puissance de leurs ancêtres comparée à celle des ancêtres des autres; de là certainement des disputes sur la grandeur relative des ancêtres divinisés de leurs tribus. On trouve un exemple de cet état de choses dans les îles Fidji, au moment où les missionnaires en firent pour la première fois la description, « chaque canton combattait pour la supériorité de son propre dieu [2] ». Il est évident que les Hébreux croyaient implicitement, en opposition à leurs voisins, que leur dieu était le plus grand. Ils ne niaient pas l'existence des autres dieux, ils affirmaient la supériorité du leur. Dans la Grèce même, la rivalité religieuse entre les villes, et le désir d'exciter l'envie par le nombre des fidèles qui venaient sacrifier à leurs dieux respectifs, dénotent une lutte entre les

1. Curtius, *Histoire de la Grèce*, I, 323.
2. Williams, *Fidji and the Fidjians*.

cultes, lutte qui menait à l'inégalité. Des causes analogues à celles qui ont produit la suprématie des fêtes d'Olympie sur celles qui se donnaient ailleurs avaient pour effet de donner à certains dieux et à leurs ministres un statut supérieur à celui des autres. La religion est dans sa première forme l'expression de l'allégeance, due d'abord au patriarche vivant, ou au héros conquérant, plus tard à son esprit. Il faut donc s'attendre que les causes qui modifient l'allégeance au chef pendant sa vie modifient le degré et l'étendue de l'allégeance à son esprit après la mort. On voit le lien étroit qui unit les deux genres de fidélité dans des faits tels que le mariage chez les Santals, où la fiancée doit abandonner son clan et ses dieux pour ceux de son mari. Souvenons-nous de la présentation de Noémi à Ruth : « Ta belle-sœur est revenue à son peuple et à ses dieux », et la réponse de Ruth : « ton peuple sera mon peuple, et ton dieu sera mon dieu. »

Ceci compris, on voit comment, par conséquence naturelle, il arrive qu'à l'exemple des sujets d'un chef vivant qui, mécontents de son autorité, l'abandonnent pour se donner à un chef voisin (§ 452), tel ou tel motif, chez un peuple polythéiste, détermine la diminution du nombre des fidèles du temple d'un dieu et l'augmentation des fidèles du temple d'un autre. Le sauvage, mécontent de ce que ses idoles ne lui accordent pas ce qu'il leur demande en ses sacrifices, les bat; des causes de mécontentement semblables portent l'homme un peu plus civilisé à s'éloigner d'un dieu qu'il a trouvé sourd à ses prières et à les porter à un dieu dont il attend plus de condescendance. De nos jours même, le courant des pèlerins de Lourdes montre comment la propagation d'une croyance à un miracle prétendu peut donner naissance à un nouveau culte, ou rendre la vie à un culte ancien. Il en est des dieux comme des saints, il s'établit entre eux des degrés. Des influences politiques amènent parfois l'élévation d'un culte au-dessus des autres. « Un autre culte religieux, dit Curtius, que les tyrans favorisèrent, fut celui de Bacchus. Nous trouvons partout ce dieu des paysans en opposition avec les dieux des maisons nobles, et tous les chefs qui voulurent briser la puissance de l'aristocratie traitèrent Bacchus avec faveur [1]. »

C'est surtout aux conquêtes que sont dues les inégalités de la puissance attribuée aux dieux, quand il en existe en même temps plusieurs chez le même peuple. Le militarisme, source de la hiérarchie des rangs chez les vivants, est aussi une cause de la hiérarchie des morts divinisés. Toutes les mythologies nous parlent des victoires remportées par les dieux; toutes parlent de combats entre les dieux eux-mêmes, et nous représentent le principal dieu comme celui qui a acquis le premier rang par la force. Tels sont précisément les traits d'un panthéon, résultat de l'apothéose d'envahisseurs victorieux, et des usurpations accomplies de temps en temps par leurs chefs. Évidemment, l'assujettissement d'un peuple par un autre et, ce qui en est la conséquence, l'élévation d'un panthéon au-dessus d'un autre, doivent être une cause principale de différence entre les pouvoirs des dieux majeurs et ceux des dieux mineurs, et de différence dans l'importance de leurs cultes et de leurs sacerdoces respectifs.

§ 613. A la fin, sous l'influence de circonstances favorables, un mouvement vers le monothéisme se produit. Il est vrai qu'il peut exister pendant longtemps dans l'esprit d'un peuple polythéiste une lutte pleine de vicissitudes entre les croyances

1. Curtius, *Histoire de la Grèce*, I, 369.

relatives aux pouvoirs respectifs de ces dieux. Chez les anciens Aryens, dit le professeur Max Muller, « on trouverait aisément dans les nombreuses hymnes des Védas des passages où chacun des dieux pris à part est considéré comme suprême et absolu... Agni s'appelle le souverain de l'univers... Indra est glorifié comme le dieu le plus fort... et le refrain de l'un des chants... est... Indra est plus grand que tout... Il est dit que Soma est vainqueur de tout le monde [1]. » Même chose pour les dieux de l'Égypte. Le langage hyperbolique des fidèles attribue tantôt à l'un, tantôt à l'autre, et quelquefois à un roi vivant, une grandeur tellement transcendante que non seulement toutes les autres choses mais tous les dieux existent par sa volonté.

A la fin, le rôle de ce « père des dieux et des hommes » prend corps dans l'esprit des croyants. Si, par la suite, un usurpateur s'empare de ce rôle, la tendance vers le monothéisme n'en est pas pour cela ralentie; il en résulte au contraire l'idée d'une divinité plus puissante que celle à qui l'on croyait auparavant. Nous voyons dans l'histoire des anciens Péruviens comment l'idée de la supériorité d'une race conquérante et par conséquent celle de la supériorité de leurs dieux, une fois admise, amoindrissent les dieux des vaincus. On raconte, dit Garcilaso de la Véga, que des tribus indiennes s'étaient soumises aux Incas par admiration pour leur civilisation supérieure; l'une des conséquences de cette soumission était l'adhésion au culte rendu aux Incas [2]. Les Incas eux-mêmes n'agirent pas autrement. « Quand ils virent les Espagnols, dit Herrera, faire des arceaux cintrés et retirer les charpentes lorsque le pont fut fini, ils s'enfuirent, pensant que le pont allait tomber; mais quand ils virent qu'il restait

1. Max Muller, *History of Ancient Sanskrit Literature*, 1859, 533.
2. Garcilaso de la Véga, liv. III, ch. VIII.

debout, et que les Espagnols passaient dessus, un cacique s'écria qu'il était juste de les servir, parce qu'ils étaient des enfants du soleil[1]. » Évidemment, cette résolution les menait à accepter les croyances et le culte des Espagnols. De telles conquêtes mentales souvent répétées dans l'évolution des sociétés produisent l'absorption des agents surnaturels locaux et inférieurs par des agents surnaturels plus grands et plus généraux.

Une circonstance favorise surtout cette absorption. Quand un dieu, connu de son vivant pour sa passion de conquérir les autres peuples, a laissé à sa mort son œuvre inachevée, il y a un moyen de gagner sa faveur : c'est d'étendre ses domaines. Il en était ainsi du dieu assyrien Assur (§ 600) ; il en était aussi de même du dieu des Hébreux, Jéhovah, témoin le *Deutéronome* (xx, 10-18) : « Quand tu t'approcheras d'une ville pour la combattre, tu lui offriras la paix. Alors, si elle te fait une réponse de paix et t'ouvre ses portes, tout le peuple qui s'y trouvera te sera tributaire et te servira. Que si elle ne traite pas avec toi, mais qu'elle fasse la guerre contre toi, alors tu l'assiégeras, et quand l'Éternel, ton Dieu, l'aura livrée entre tes mains, tu feras passer tous les mâles au fil de l'épée... Mais tu ne laisseras vivre personne qui soit des villes de ces peuples que l'Éternel ton Dieu te donne en héritage. Tu ne manqueras point de les détruire. » Nous voyons depuis le commencement que tous les êtres surnaturels en général, depuis le double d'un mort vulgaire, ont pour attribut la jalousie. On croit que les esprits auxquels on n'a pas offert des sacrifices sont méchants et capables de se venger des survivants ; les dieux dont les tombeaux ont été négligés et dont les fêtes ne rapportent pas des offrandes convenables

1. Herrera, IV, 433.

sont censés irrités et auteurs de désastres; mais si l'un de ces dieux provient d'un chef dont l'ambition était insatiable et dont l'esprit passe pour un dieu jaloux, qui ne tolère pas qu'on ait d'autres dieux, son culte, si ses fidèles deviennent prépondérants, supprimera les autres.

Naturellement, avec ce progrès vers le monothéisme marche un progrès vers l'unification des sacerdoces. Les propitiateurs officiels des dieux inférieurs s'amoindrissent et disparaissent; au contraire, les propitiateurs de la divinité qui en est venue au point de passer pour la plus puissante, ou la seule puissante, prennent pied partout.

§ 614. Ces causes qui concourent à tirer le monothéisme du polythéisme trouvent une nouvelle force dans une autre cause, l'influence d'une civilisation en progrès et de la capacité spéculative qui l'accompagne. Molina raconte que l'Inca Yupanqui « avait une intelligence si éclairée » qu'il admettait que le soleil ne pouvait être le créateur, mais qu'il devait y avoir « quelqu'un qui le dirigeât [1] »; et qu'il faisait élever des temples à ce créateur supposé. Au Mexique, « Nezahuatl, seigneur de Tezcuco », déçu dans les espérances qu'il fondait sur ses prières aux idoles, en conclut qu'il « devait y avoir un dieu, invisible et inconnu, créateur de toutes choses [2] »; et il bâtit un temple « au Dieu inconnu, cause des causes ». Chez des peuples sans lien de parenté avec ces races américaines nous rencontrons des faits tels que ceux que nous offrent les Grecs. Platon, dans ses *Dialogues*, répudie les grossières conceptions admises par les gens sans culture, et donne des arguments qui supposent évidemment un pas vers le monothéisme. Enfin, quand on compare les idées des pro-

1. Molina, *Fables et Rites des Incas*, 11.
2. Brinton, *The Myths of the New World*. New-York, 1868, 56.

phètes hébreux avec celles des Hébreux primitifs, et celles de la plupart des Hébreux contemporains des prophètes, on voit bien que le progrès mental est une des causes du monothéisme juif.

On peut reconnaître aussi qu'une fois commencé, le changement qui mène au monothéisme marche d'un mouvement accéléré dans les intelligences supérieures. Une fois que la suprématie d'un agent surnaturel s'est établie, il s'ensuit que la puissance manifestée par les autres ne s'exerce qu'avec la permission du dieu suprême. Bientôt on ne les tient plus que pour des délégués chargés d'exercer une puissance qui ne leur appartient pas, et à mesure que la cause des causes devient plus prépondérante dans les croyances, les causes secondaires entrent dans l'ombre.

§ 615. Pour bien concevoir l'évolution du monothéisme et des institutions ecclésiastiques qui l'accompagnent, il faut faire attention à diverses influences qui la limitent.

Les premières tendances vers la formation d'une divinité suprême sont susceptibles d'avorter. De même que pendant les premiers temps de l'intégration sociale l'institution d'une autorité suprême n'est souvent que temporaire, et que la puissance acquise par un conquérant est souvent perdue par son successeur, de même l'autorité suprême attribuée à un dieu est rarement durable. Il y a pour cela plus d'une raison. D'abord on conçoit le double d'un mort comme existant pour un temps, plus tard on le conçoit comme existant d'une manière permanente, mais seulement quand les circonstances en favorisent le souvenir; de même, la suprématie d'un esprit ou d'un dieu ne peut se maintenir que si les traditions se conservent et si l'état social se prête à des observances réglées. Dans beaucoup d'endroits, ces conditions se trouvent insuffisamment remplies. Schoolcraft remarque l'oubli des traditions chez les Comanches. « Je me demande, dit-il, s'ils conservent le souvenir des noms des chefs appartenant à quatre générations en arrière [1]. » En 1770, Cook aborda dans la Nouvelle-Zélande à quinze milles de l'endroit visité par Tasman cent vingt ans auparavant; il n'y trouva aucun souvenir de cet événement [2]. En sorte que, quoique la tendance primitive à faire un dieu suprême du plus ancien ancêtre connu existe partout, il se peut néanmoins, comme pour l'Unkulunkulu des Zoulous, que la prééminence des êtres surnaturels s'efface de la mémoire, et que l'on donne seulement la prééminence à des êtres plus récents. Une autre cause qui s'oppose à l'immutabilité des panthéons, c'est l'avènement d'usurpateurs, c'est-à-dire d'hommes dont les succès à la guerre, ou d'autres exploits, font sur l'esprit du peuple une impression si durable que les impressions laissées par la tradition des anciens personnages divinisés s'en trouve affaiblie. C'est ainsi que Saturne s'empare de la suprématie possédée par Uranus, et Jupiter de celle de Saturne. On peut s'attendre à trouver entre les souverainetés célestes et les terrestres une autre analogie. Quand nous avons étudié les institutions politiques, nous avons vu que le pouvoir est susceptible de tomber des mains d'un chef suprême dans celles d'un premier ministre, à qui aboutissent tous les rapports et de qui émanent tous les ordres. Pareillement, un être surnaturel secondaire, considéré comme intercesseur auprès d'un être surnaturel souverain, et constamment invoqué à ce titre par les fidèles, semble susceptible de prendre le premier rang. Dans le catholicisme, la Vierge, invoquée habituellement dans les prières, tend à prendre le premier rang

1. Schoolcraft, *Information respecting the History of the Indian Tribes of United States*, 1853, I, 231.
2. Cook, *Hawkesworth's Voyages*, VII, 338.

dans l'esprit des fidèles; le titre de mère de Dieu ébauche l'idée d'une sorte de suprématie, et l'on peut voir aujourd'hui au Vatican un tableau où la Vierge est placée au-dessus des personnes de la Trinité.

Un autre fait concordant avec l'hypothèse qui fait venir les monothéismes par évolution des polythéismes, et qui ne s'accorde avec aucune autre, c'est que les monothéismes ne deviennent pas complets, ou au moins ne gardent pas leur pureté. Déjà nous avons fait remarquer un fait assez clair mais ordinairement ignoré, à savoir que la religion des Hébreux, monothéiste de nom, conservait une grande part de polythéisme. Les archanges exercent leur puissance dans leur sphère respective; ils sont même capables de se révolter; en fait ils sont des demi-dieux, et correspondent en réalité, sinon nominalement, aux dieux inférieurs des autres panthéons. De plus, parmi les croyances dérivées, celle qu'on appelle la trinité est un polythéisme partiel, et les traces de polythéisme étaient encore plus nettes dans les mystères du moyen âge. La croyance au diable, conçu comme un être surnaturel indépendant, suppose même la survie du polythéisme. Il n'y a que les unitaires et les théistes de nos jours qui professent le pur monothéisme.

En outre, nous pouvons remarquer que lorsque le polythéisme dans sa forme primitive a été remplacé par un monothéisme plus ou moins complet, il revit d'ordinaire sous une nouvelle forme. Sans doute les musulmans ont versé leur sang et celui des autres nations pour établir partout le culte d'un seul dieu, mais le culte de dieux inférieurs a poussé de nouveaux rejetons parmi eux. Non seulement les Bédouins font des sacrifices aux tombes des saints, mais les mahométans les plus civilisés rendent un culte aux saints morts et leur dressent des autels. Pareillement, durant le moyen âge, chez les chrétiens, les prêtres et les moines canonisés formèrent une nouvelle classe de divinités inférieures. De même qu'aujourd'hui, aux îles Fidji, « presque tous les chefs ont un dieu en qui ils placent particulièrement leur confiance [1] », de même, il y a quelques siècles, tout chevalier avait un saint patron vers lequel il se tournait pour implorer son secours.

Un fait qui montre bien que les modifications des institutions ecclésiastiques dérivent de causes analogues, fait bien connu, mais dont on ne remarque pas le sens, c'est que les églises portent des noms de saints ou sont dédiées à des saints, que celles de ces églises « qui étaient bâties sur le tombeau de quelque martyr, ou appelées de son nom, pour en perpétuer la mémoire, se distinguaient d'ordinaire par les titres de *Martyrium*, *Confessio* ou *Memoria*, qu'on leur donnait pour cette raison [2] ». On peut même assurer que cet usage était plutôt l'effet d'une survie que d'un réveil. En effet, dit Mosheim, les premiers évêques chrétiens l'adoptèrent résolument, parce qu'ils croyaient que « le peuple embrasserait plus vite le christianisme » s'il « voyait Christ et les martyrs adorés à la manière de leurs anciens dieux [3] ». Quoi qu'il en soit, les faits montrent que le monothéisme et les institutions sacerdotales qui lui sont propres ne sont jamais devenus complets.

1. Williams, *Fiji and the Fijians*, 185.
2. Rev. J. Bingham, *Works*, 1885, III, 13.
3. Mosheim, *Histoire ecclésiastique*, I, 283.

CHAPITRE VIII

HIÉRARCHIES ECCLÉSIASTIQUES

§ 616. Les institutions de chaque société présentent habituellement des caractères de structure analogues. Lorsque l'organisation politique est peu développée, l'organisation ecclésiastique ne l'est guère; au contraire, à côté d'un gouvernement civil coercitif centralisé existe un gouvernement religieux non moins centralisé et coercitif. Les changements apportés par les révolutions dans l'état politique et par les substitutions de croyances dans le domaine religieux ne contredisent point notre proposition. Dès que l'équilibre se retrouve, l'alliance reparaît entre les deux gouvernements.

Avant d'aborder le sujet des hiérarchies ecclésiastiques considérées en elles-mêmes, examinons d'une façon plus spécifique comment ces deux organisations, primitivement identiques, conservent longtemps le caractère commun qui découle de leur origine commune.

§ 617. Ce rapport s'exprime primitivement par des faits où l'on voit des institutions civiles non réglées accompagnées d'institutions religieuses non réglés. Les Nagas dont nous parlent Stewart et Buttler « n'ont aucune espèce de gouvernement intérieur [1] » et n'ont aucun sacerdoce apparent; dédaigneux de toute autorité humaine, ils montrent fort peu de respect pour des dieux qu'ils servent par mode : ils traitent les êtres du monde des esprits avec la même irrévérence que les vivants. Schoolcraft dit que, chez les Comanches, « l'autorité des chefs est plus nominale que réelle », mais il dit aussi qu'il « n'a vu chez eux aucun ordre de prêtres, et s'ils reconnaissent une autorité ecclésiastique quelconque, cette autorité réside chez leurs chefs [2] ». Évidemment, en l'absence d'une autorité politique établie, il ne saurait y avoir de chef dont la mort donne lieu à une apothéose : il n'y a donc pas place pour un propitiateur officiel.

Les deux autorités prennent leur forme initiale quand le type patriarcal s'organise. Si, dans les temps primitifs, le père, comme chef de la famille, fait les offrandes à l'esprit ancêtre; si le chef de clan, ou le chef de village, comme chef politique, adore l'esprit du chef mort au nom de tous aussi bien que pour lui-même, il est évident que les organes ecclésiastiques et politiques sont au début une seule et même chose, le sorcier, comme nous l'avons déjà vu, n'est pas un prêtre à proprement parler. Quand, par exemple, on nous apprend que chez les Slaves orientaux « l'usage était que le chef de famille ou de tribu offrît des sacrifices au nom de tous sous un arbre [3] », on nous montre que les fonctions civiles et religieuses ainsi que leurs agents sont confondus dans le principe. Lors même qu'il s'est formé quelque chose qui ressemble à un sacerdoce, s'il existe en même temps une fonction gouvernementale, les prêtres ne se distinguent

1. *Journal of the Asiatic Society of Bengal*, XXIV, 608. Major Butler, *Travels and Adventures in Assam*, 1855, 150.
2. Schoolcraft, *Information respecting*, etc., I, 231, 247.
3. Tiele, *Outlines of the History of Ancient Religion to the Spread of the universal Religion*. Trad. Carpenter, 1837, 188.

guère du reste et ne possèdent pas de pouvoir leur appartenant exclusivement : par exemple les Bodos et les Dhimals, dont les villages ont des chefs qui possèdent une autorité générale consentie plutôt qu'imposée, et chez qui les anciens « participent des fonctions des prêtres [1] ». Les habitudes nomades qui empêchent le développement d'une organisation politique empêchent aussi celui d'un sacerdoce, même quand les prêtres se distinguent par leur fonction propre. Chez les Arabes primitifs, dit Tiele, « les sanctuaires des divers esprits et fétiches ont leurs ministres héréditaires propres, qui pourtant ne forment pas une caste sacerdotale [2] ». De même, si les conditions matérielles de l'habitat et les caractères de l'occupant ne permettent pas aux petits groupes de se fondre pour en former de plus grands, ces groupes conservent la simplicité de la structure ecclésiastique comme celle de la structure politique. Chez les Grecs, par exemple, selon la remarque de M. Gladstone, le prêtre n'était jamais « un personnage important », et « le prêtre d'un temple ou d'une divinité ne se rattachait jamais par un lien organique au prêtre d'une autre ; de sorte que s'il y avait des prêtres, il n'y avait pas de clergé [3] ».

Réciproquement, en même temps que se développe le gouvernement civil par l'effet de l'intégration, se développe le gouvernement ecclésiastique.

Tahiti en est un exemple dans la Polynésie. A côté d'une hiérarchie où l'on voyait un roi, une noblesse, des propriétaires fonciers et un bas peuple, se formèrent des rangs parmi les prêtres, chacun exerçant sa fonction dans le rang auquel il appartenait ; enfin, « les prêtres des temples natio-

1. Hodgson, *Kocch, Bodo and Dhimal Tribes*, 1847, 159. — *Journal of the Asiatic Society of Bengal*, XVIII, 721.
2. Tiele, *Outlines, etc.*, 64.
3. Gladstone, *Juventus mundi*, 181.

naux formaient une classe distincte [1] ». Au Dahomey et chez les Achantis, à côté d'un gouvernement despotique et d'une organisation civile divisée en un grand nombre de degrés, il y a des ordres de prêtres et de prêtresses divisés en plusieurs classes. Dans les anciens États d'Amérique, aussi, nous trouvons des faits analogues. Leurs systèmes politiques centralisés et hiérarchisés s'accompagnaient de systèmes ecclésiastiques analogues par la complication et la subordination. Nous n'avons pas besoin d'entrer dans les détails pour faire voir que, dans les sociétés avancées, il y a eu quelque chose qui ressemblait à un parallélisme entre les développements des fonctions du gouvernement civil et de celles du gouvernement religieux

Pour éviter toute erreur, ajoutons que l'établissement d'une organisation ecclésiastique séparée de l'organisation politique, mais d'une structure analogue, paraît avoir été en grande partie déterminé par la formation d'une séparation tranchée dans la conception des affaires de ce monde et de celles d'un autre monde supposé. Lorsqu'on croit que ces deux ordres d'affaires sont unis par continuité, ou en relation étroite, les organisations appropriées à leurs administrations respectives demeurent identiques ou ne se distinguent qu'imparfaitement. Dans l'ancienne Égypte, où les liens supposés entre les morts et les vivants étaient très étroits et où l'union des fonctions civiles et des fonctions religieuses dans la personne du roi restait réelle, « un grand prêtre, environné d'un clergé nombreux, gouvernait chaque ville [2] ». Au Japon, « terre des êtres surnaturels ou royaume des esprits », où l'on croit que le mikado a le pouvoir de faire monter des morts à un rang supérieur dans l'autre vie (§ 347), nous

1. Ellis, *Polynesian Researches*, II, 208.
2. Sharpe, *History of Egypt*, 3e éd., 1852, I, 11.

savons que le mikado avait à sa cour six rangs ecclésiastiques, et que les fonctions sacrées et les civiles y étaient primitivement confondues. « Chez les anciens Japonais, dit Griffis, le gouvernement et la religion ne faisaient qu'un [1]. » Pareillement, en Chine, où les choses du ciel et celles de la terre sont si peu séparées dans les croyances et sont soumises à la même autorité, les fonctions de la religion officielle sont confiées à des hommes qui sont en même temps administrateurs des affaires civiles. Non seulement l'empereur est le souverain pontife, mais les quatre premiers ministres « sont des seigneurs spirituels et temporels [2] ». Si, comme le dit Tiele, « ce qu'il y a de remarquable chez les Chinois, c'est l'absence complète de toute caste sacerdotale [3] », cela vient de ce que leur culte des ancêtres, universel et vivant, leur a permis de continuer à comprendre les devoirs du prêtre dans ceux du chef politique, confusion que le culte des ancêtres sous sa forme simple nous présente.

§ 618. La ressemblance qui existe entre les organisations politique et ecclésiastique dans les pays où elles sont séparées s'explique en grande partie parce qu'elles tirent leur origine commune du sentiment du respect. L'obéissance prompte à un chef terrestre ne va guère sans l'obéissance prompte à un chef prétendu céleste; et la nature, qui favorise le développement d'une administration qui impose l'une, favorise aussi celui d'une administration qui impose l'autre.

Les anciennes sociétés américaines servent d'exemple à cette relation. Au Mexique, à côté d'un « despotisme odieux » et d'une soumission absolue du peuple, qui rend possible une organisation gouvernementale à ce point ramifiée qu'il existait

1. Griffis, *The Mikado Empire*. New-York, 1876, 99.
2. Gutzlaff, *China opened*, II, 331.
3. Tiele, *Outlines, etc.*, 29.

un sous-sous-souverain pour chaque groupe de vingt familles, il y avait un clergé très compliqué. Torquemada estime à 40 000 le nombre des temples de ce pays, et Clavigero pense que ce chiffre était au-dessous de la vérité. « Il n'est pas téméraire, dit ce dernier, d'affirmer qu'il n'y a pas moins d'un million de prêtres dans tout l'empire[1]. » Une phrase d'Herrera rend cette affirmation encore plus croyable : « Tout grand personnage, dit-il, a un prêtre ou un chapelain[2]. » De même au Pérou, où, à côté de l'absolutisme illimité des Incas et d'un fonctionnarisme politique si étendu et si compliqué que sur dix hommes il y en avait un qui avait le commandement sur les autres, florissait un fonctionnarisme religieux non moins étendu. « Si l'on fait le compte des fonctionnaires hauts et bas, dit Arriaga, on en trouve, en général, un pour dix Indiens ou pour moins[3]. » Évidemment, le caractère moral des Mexicains et des Péruviens explique ces analogies. Des peuples assujettis à la servitude politique des sujets de Montézuma, qui ne sortait que « porté sur les épaules des nobles » et qui défendait « qu'aucun vilain le regardât en face sous peine de mort[4] », ces peuples devaient naturellement être contents de fournir les innombrables victimes qu'on sacrifiait chaque année à leurs dieux, et s'empressaient de verser eux-mêmes leur sang en manière de propitiation. Naturellement, les dispositions sociales pour la conservation de la subordination terrestre et céleste qui s'organisaient chez ces peuples, trouvaient à chaque degré peu de résistance. Il en a été de même en Abyssinie. Selon Bruce, « les rois d'Abyssinie sont au-dessus des lois[5] »; et plus loin il ajoute qu'il n'y a

1. Clavigero, I, 269.
2. Herrera, III, 220.
3. Arriaga, *Extirpacion de la Idolatria del Peru*. Lima, 1621, 28.
4. Herrera, III, 203.
5. Bruce, *Travels to Discover the Source of the Nile*. Edinburg, 1805. 466, V, 1.

« aucun pays au monde où il y ait autant d'églises qu'en Abyssinie [1] ».

Nous n'avons pas besoin de nous arrêter à prouver la réciproque. Il suffira d'indiquer le contraste que nous offrent au double point de vue politique et ecclésiastique les Grecs et les sociétés contemporaines, pour donner à penser qu'un caractère social défavorable au développement d'une organisation grande et solide d'ordre politique est aussi défavorable au développement d'une organisation grande et solide d'ordre ecclésiastique.

§ 619. En même temps que les dimensions du clergé grandissent, il s'y opère une spécialisation qui en fait une hiérarchie. L'intégration s'accompagne de différenciation.

D'abord la simultanéité du progrès des deux organisations vient de ce que, tant que l'organisation ecclésiastique est dans le principe moins nettement différenciée de l'organisation politique qu'elle ne le devient plus tard, ses propres organes sont moins nettement différenciés les uns des autres. « Ce qui prouve, dit Tiele, que la religion égyptienne, comme la chinoise, n'était à l'origine rien de plus qu'un animisme organisé, ce sont les institutions du culte. Là aussi, il n'existait pas de caste sacerdotale exclusive. Les descendants sacrifiaient à leurs ancêtres, les fonctionnaires de l'État aux divinités locales, le roi aux dieux du pays entier. Plus tard seulement se forma un ordre de scribes et un clergé en règle, et même ces fonctions n'étaient point héréditaires [2]. » Nous lisons aussi que chez les anciens Romains « les prêtres ne formaient pas un ordre distinct des autres citoyens. Les Romains, même, n'avaient pas les mêmes règles que nous

1. Bruce, *Op. cit.*, V, 1.
2. Tiele, *Outlines, etc.*, 45.

pour le service public. Chez eux, la même personne pouvait diriger la police de la ville, les affaires de l'empire, proposer des lois, agir comme juge ou prêtre, et commander une armée[1]. » Enfin, si les conditions ne sont pas les mêmes sous le régime d'une religion adoptée, le même principe ne laisse pas de se révéler par le développement d'une organisation administrative. D'après Guizot, dans les premiers moments, la société chrétienne se présentait à nous sous la forme d'une simple association fondée sur une croyance et des sentiments communs. Nous n'y trouvons point de système de doctrines précises, point de règles, point de discipline, point de corps de magistrats. Mais à mesure que la société chrétienne progresse, on y voit apparaître un corps de doctrines, de règles, de magistrats : les uns s'appelaient anciens, qui devinrent les prêtres ; d'autres, inspecteurs, surveillants, qui devinrent les évêques ; d'autres, diacres, qui étaient chargés des soins des pauvres, de la distribution des aumônes, etc. Le corps des fidèles était le maître, tant du choix des fonctionnaires que de l'adoption des règles de la discipline, et même de la doctrine. Le gouvernement de l'Église et le peuple chrétien n'étaient pas encore séparés.

Dans ces faits, nous voyons en même temps s'établir peu à peu un organisme ecclésiastique, s'effectuer, dans l'Église comme dans l'État, la séparation de la partie gouvernante d'avec la partie gouvernée, qui est la plus grande, et s'effacer par degrés la puissance de cette dernière.

Dans le corps ecclésiastique comme dans le corps politique, diverses causes, agissant séparément et en même temps, opèrent la constitution d'autorités graduées. Même dans un groupe de petites sociétés unies ensemble par la parenté seu-

1. Smith (George), *Religion of Ancient Britain*. 1864, 105.

lement, lorsqu'il existe des prêtres, il s'établit peu à peu, entre l'influence qu'ils exercent, des différences. Chez les Bodos et les Dhimals, « un seul *dhami* préside un petit groupe de villages et possède une autorité vaguement définie, mais universellement reconnue sur les *déochis* de son district [1] ». Quand de petites sociétés se sont fondues en une plus grande par l'effet de la guerre, la suprématie politique du chef conquérant s'accompagne ordinairement de la suprématie ecclésiastique du grand prêtre de la société victorieuse. On le voit même quand les cultes respectifs des sociétés unies demeurent intacts. Ainsi, il semble que « les grands prêtres de Mexico ne fussent les chefs de leur religion que pour les Mexicains, et non pour les autres nations vaincues [2] ». Les prêtres de Huitzilopochtli étaient ceux de la tribu dominante et possédaient en conséquence une grande influence politique. Le Mexicatlteohuatzin avait une autorité sur tous les clergés autres que le sien. C'était plus fort encore dans l'ancien Pérou, où les peuples unis par le peuple conquérant étaient absolument subjugués. Un clergé hiérarchisé de la religion des vainqueurs s'élevait au-dessus des clergés des religions professées par les vaincus. D'après un récit relatif au clergé du soleil à Cuzco, nous savons que, « dans les autres provinces, où il y avait des temples du soleil en grand nombre, les naturels étaient les prêtres et étaient des parents des chefs. Mais le principal prêtre ou évêque dans chaque province était un Inca qui veillait à ce que les sacrifices et les cérémonies restassent conformes à ceux de la métropole [3]. » Un autre auteur nous apprend que « dans le grand temple de Cuzco les Incas plaçaient les dieux de toutes les provinces qu'ils avaient

1. *Journal of Asiatical Society of Bengal*, XVIII, 733.
2. Clavigero, I, 271.
3. Garcilaso de la Vega, liv. II, ch. IX.

conquises. Chaque idole y avait son autel particulier, auquel les gens de sa province offraient des sacrifices coûteux. Les Incas croyaient s'assurer la fidélité des provinces en gardant leurs dieux en otage [1]. » En un mot, l'ancien clergé péruvien se composait d'une hiérarchie supérieure placée au-dessus de plusieurs hiérarchies inférieures.

Mais cette subordination d'un système sacerdotal à un autre, résultat de la conquête, n'est pas la seule : il en est d'autres qui prennent naissance dans l'organisation de chaque culte. Il existait aussi en Égypte de telles différences de rang et de fonction. Outre les grands prêtres, il y avait les *prophètes*, les *justophores*, les *stolites*, les *hierogrammates* et d'autres encore [2]. De même chez les Accadiens. « On comptait à Babylone, dit Maury, divers ordres de prêtres ou interprètes sacrés, les *kakimim* ou savants, peut-être les médecins, les *khartumim* ou magiciens, les *asaphim* ou théologiens, et enfin les *kasdim* ou *gazrim*, c'est-à-dire les Chaldéens, les astrologues proprement dits [3]. » Rome possédait aussi une institution religieuse très riche et très compliquée : les pontifes, les augures, etc., le *rex sacrificulus*, les sacrificateurs, les vierges vestales, les saliens, les féciales, les curions et des confréries [4]. » Il en était ainsi chez les prêtres mexicains. « Quelques-uns étaient des sacrificateurs, d'autres des devins, d'autres composaient des hymnes, d'autres chantaient... Il y avait des prêtres chargés de veiller à la propreté du temple, d'autres avaient soin des ornements des autels ; d'autres avaient la charge d'instruire la jeunesse, de corriger le calendrier, d'ordonner les fêtes, de peindre des sujets mythologiques [5]. »

1. Herrera, IV, 344.
2. Kenrick, *Ancient Egypt under the Pharaohs*, 1860, I, 450.
3. Maury, *Histoire des religions, etc.*
4. Seely, *Tite Live, etc.*, 93.
5. Clavigero, I, 272.

Lorsque, au lieu de religions et de clergés existant en même temps, que nous observons dans les sociétés les plus composées produites par la guerre dans les temps primitifs, nous trouvons une religion importée par l'invasion, qui, monothéiste en théorie, n'en peut reconnaître ni tolérer d'autres, nous observons encore, à mesure que cette religion se répand, la formation d'une organisation semblable par la centralisation et la spécialisation à celles que nous venons de considérer. M. Guizot [1], décrivant le développement du gouvernement de l'Église en Europe, dit : « L'évêque était, dans l'origine, l'inspecteur, le chef de la congrégation religieuse de chaque ville... Quand le christianisme se répandit dans les campagnes, l'évêque municipal ne suffit plus. Alors parurent les chorévêques ou évêques des campagnes... Les campagnes une fois chrétiennes, les chorévêques, à leur tour, ne suffisent plus... chaque agglomération chrétienne un peu considérable devint une paroisse et eut pour chef religieux un prêtre... Dans l'origine, les prêtres des paroisses n'agissaient absolument que comme représentants, comme délégués des évêques et non en vertu de leur propre droit. « La réunion de toutes les paroisses agglomérées autour d'une ville, dans une circonscription longtemps vague et variable, forma le diocèse. Au bout d'un certain temps et pour porter dans les relations du clergé diocésain plus de régularité et d'ensemble, on forma de plusieurs paroisses une petite association connue sous le nom de *chapitre rural*... Plus tard, on réunit plusieurs chapitres ruraux dans une nouvelle circonscription appelée district et qui fut dirigée par un archidiacre... L'organisation diocésaine fut alors complète... Tous les diocèses compris dans la province civile formaient la

1. Guizot, *Histoire de la civilisation en France*, I, 377.

province ecclésiastique, sous la direction du métropolitain ou archevêque. »

Pour bien comprendre ce développement de l'organisation ecclésiastique, il est nécessaire de jeter un coup d'œil sur sa marche et d'examiner comment l'intégration croissante rendait nécessaire la différenciation croissante. « Durant une grande partie de ce siècle (le second), les églises chrétiennes furent indépendantes l'une de l'autre; elles n'étaient unies par aucune association, confédération, ou autre lien, sinon par celui de la charité... Mais, avec le temps, toutes les églises chrétiennes d'une province se groupèrent pour former un grand corps ecclésiastique qui, à l'exemple d'États confédérés, s'assemblaient à certaines époques afin de délibérer sur leurs intérêts communs... Ces *conciles*... changèrent la face de l'Église et lui donnèrent une forme nouvelle; ils diminuèrent grandement les anciens privilèges du peuple et augmentèrent beaucoup la puissance et l'autorité des évêques. Sans doute l'humilité et la prudence de ces pieux prélats ne leur permirent pas de prendre tout d'un coup la puissance dont ils furent revêtus par la suite... Mais ils changèrent bientôt de ton. Peu à peu ils étendirent les limites de leur autorité; au lieu d'user de la persuasion, ils commandèrent; au lieu de conseiller, ils dictèrent des lois... Ces conciles eurent un autre résultat; ce fut l'abolition de la parfaite égalité qui régnait entre les évêques durant les premiers temps. En effet, l'ordre et la décence de ces assemblées exigeaient que quelqu'un des évêques provinciaux réunis dans le concile fût investi d'une puissance et d'une autorité supérieures : c'est de là que les droits des métropolitains tirent leur origine... L'Église universelle avait alors l'aspect d'une grande république formée par la combinaison d'un grand nombre de petits états. Ceci fut cause de la création d'un nouvel ordre d'ecclésiastiques, qui furent institués dans les diverses parties du monde comme chefs de l'Église... Tels étaient le caractère et l'office des *patriarches*, dont l'ambition, parvenue enfin au comble de l'arrogance, créa une nouvelle dignité et investit l'évêque de Rome et ses successeurs du titre et de l'autorité de prince des patriarches. »

Pour compléter l'idée, il suffit d'ajouter que, tandis que la centralisation des charges les plus élevées s'opère, il se fait une différenciation plus délicate des charges inférieures. Dans le clergé anglo-saxon, dit Lingard, les « ministres étaient d'abord confinés dans trois ordres d'évêques, de prêtres et de diacres : mais, à mesure que le nombre des prosélytes augmentait, les services de fonctionnaires auxiliaires mais subordonnés furent nécessaires; bientôt nous trouvons, dans les églises les plus fameuses, des sous-diacres, des lecteurs, des chantres, des exorcistes, des acolytes et des portiers... Tous ces fonctionnaires étaient ordonnés, avec des formes appropriées par l'évêque [1]. »

§ 620. Parmi les grands traits du développement des institutions ecclésiastiques, il ne faut pas omettre la formation et l'établissement du monachisme.

Pour trouver l'origine des pratiques ascétiques, nous devons encore une fois remonter à la théorie spiritiste et à certaines idées, comme à certains actes qui en sont le résultat, et qu'on observe chez tous les peuples civilisés (§§ 103 et 140). Nous avons vu les usages des mutilations et de l'effusion de sang aux funérailles, les jeûnes après les sacrifices d'animaux et d'aliments sur les tombeaux, enfin quelquefois la pénurie de vêtements qui suit l'abandon des habits (toujours les meilleurs)

1. Mosheim, *Histoire ecclésiastique.*

en faveur des morts. Le plaisir des morts est donc invariablement associé dans la pensée à une peine des vivants. Cette relation s'accentue lorsque l'esprit dont on recherche la faveur est celui de quelque chef fameux pour sa gloutonnerie, sa soif de sang, et, dans certains cas, son goût pour la chair humaine. Lorsqu'un tel chef accroît sa puissance par la conquête et devient après sa mort un dieu très redouté, l'usage de cérémonies propitiatoires cruelles s'établit. C'est ainsi que dans l'ancien Mexique nous trouvons des divinités cannibales auxquelles on sacrifiait d'innombrables victimes humaines; c'est ainsi que nous observons chez les prêtres et chez d'autres gens l'usage des mutilations graves, de l'effusion fréquente de son propre sang, de flagellations, des jeûnes prolongés, etc. Le caractère accidentel mais frappant de ces actions usurpa dans l'esprit la place de leur caractère essentiel mais moins visible. Les souffrances avaient été l'accompagnement des sacrifices offerts aux esprits et aux dieux; on se prit à croire que les esprits et les dieux se plaisaient à voir les hommes s'infliger ces souffrances concomitantes des sacrifices, et enfin à voir subir des souffrances gratuites. Par tout le monde, les pratiques ascétiques ont pris naissance de la sorte.

Mais ce n'est pas la seule source de ces pratiques. Tous les peuples les ont adoptées dans le but de susciter les états anormaux supposés produits par la possession par les esprits ou la communion avec ces esprits. Les sauvages jeûnent pour avoir des rêves et obtiennent par là la direction surnaturelle que leur croyance attribue aux rêves. Les sorciers surtout et leurs apprentis pratiquent l'abstinence et se soumettent à diverses privations, dans l'intention de produire l'excitation maniaque qu'eux-mêmes et leur entourage prennent pour une inspiration. Ainsi se forme la croyance que, par des modifications persistantes, on peut fixer en soi un esprit divin; par suite, on en vient à regarder l'ascète comme un homme saint[1].

Sollicité à ce genre de vie par la double croyance que l'on plaît à Dieu en se soumettant volontairement à la souffrance, que l'inspiration est la récompense de la mortification de la chair, l'ascète apparaît au milieu des fidèles de toute religion qui atteint un certain développement. Il n'y a guère lieu de croire que les anciennes sociétés d'Amérique aient connu des anachorètes, mais nous savons qu'on y faisait des retraites religieuses, par exemple au Guatemala, où le grand prêtre, qui était quelquefois la même personne que le roi, jeûnait « quatre et même huit mois dans la retraite[2] » ; et au Pérou on se retirait de temps en temps dans la solitude et on y jeûnait. Dans l'ancien monde, le bouddhisme, le judaïsme, le christianisme et le mahométisme ont tous offert de nombreux exemples d'ascétisme. L'histoire biblique nous fait voir qu'aux « époques antérieures à l'Évangile, des prophètes et des martyrs, vêtus de peaux de mouton ou de chèvre, parcouraient les montagnes et les déserts et habitaient des cavernes[3] ». Cette discipline de la retraite et de l'abstinence, indiquée déjà à l'époque de Moïse par le « vœu du Nazaréen », révélée plus tard dans les pratiques des Esséniens, reparaît dans celle des ermites chrétiens, premiers moines ou solitaires, deux mots équivalents dans les premiers temps. Ils devinrent nombreux durant les persécutions du IIIe siècle, quand leurs retraites devinrent des refuges. « Depuis cette époque, jusqu'au règne de Constantin, le monachisme ne comprit que des ermites

1. Il est curieux de voir comment cette idée primitive se maintient sur son terrain. Dans le *Dictionnaire ecclésiastique* de Blunt, nous lisons un portrait flatteur du prophète Daniel; l'auteur le loue « parce qu'il suivait ces pratiques ascétiques comme moyen particulier pour s'élever à la lumière divine » ; l'auteur ignore probablement que dans le monde entier les sorciers ont toujours fait la même chose dans la même intention.

2. Ximénès, *Las historias del origin de los Indios de Guatemala*, 1857, 177.

3. Blunt, *Dictionary of Doctrinal and Historical Theology*, 1872, 487.

ou anachorètes, vivant dans des cellules au désert. Mais lorsque Pachonius eut bâti des monastères en Égypte, d'autres pays ne tardèrent pas à suivre cet exemple, et ainsi la vie monastique atteignit son plein épanouissement dans l'Église [1]. » D'après Lingard, « partout où demeurait un moine (un reclus) très renommé pour sa sainteté, le désir de profiter de ses avis ou de son exemple en porta d'autres à fixer leur résidence dans son voisinage : il devint leur abbé ou père spirituel, les autres devinrent ses sujets volontaires; et le groupe de cellules séparées qu'ils élevèrent autour de lui fut connu sous le nom de monastère [2] ».

Ainsi, au début, le monachisme apparaît sous une forme dispersée, inorganisée, puis sous celle de petits groupes tels que ceux des cénobites d'Égypte, gouvernés chacun par un supérieur doublé d'un économe, puis sous celle de corps de moines; il acquiert alors une organisation définie et peu à peu arrive, comme avec les bénédictins, à une règle ou mode de gouvernement commun, à une vie commune. Sans doute, dans les premiers temps, on considérait les moines comme des hommes plus saints que les membres du clergé, seulement ils n'exerçaient aucune fonction cléricale; mais au ve et au vi^e^ siècle ils en possédèrent quelques-unes et tombèrent par là sous l'autorité des évêques. Il en résulta une longue lutte en faveur de l'indépendance pour les uns et de l'autorité pour les autres, dont le résultat fut l'incorporation des moines dans l'Église. Ce résultat a pour effet naturel d'introduire une nouvelle complication dans la hiérarchie ecclésiastique, qu'il suffit d'indiquer sans la décrire en détail.

§ 621. Pour le moment, nous n'avons pas besoin de nous

1. Hook, *A Church Dictionary*, 1836, 5e édit., 718.
2. Lingard, *History and Antiquities of the Anglo-Saxon Church*, 1845, I, 149.

étendre davantage sur les hiérarchies ecclésiastiques. Nous ne nous occupons ici que des traits généraux de leur évolution.

Cet examen découvre une relation entre les gouvernements de l'Église et de l'État quant au degré. Lorsque l'un est rudimentaire, l'autre l'est aussi; et dans les sociétés où s'est organisé un gouvernement temporel fortement coercitif, on trouve aussi un gouvernement religieux fortement coercitif.

Nous avons fait voir que, sortis de la même racine et ne présentant que les différences légères de structure dans les sociétés primitives, les organisations politique et ecclésiastique restent longtemps sans se séparer que par des distinctions imparfaites.

Cette relation intime entre les deux formes de gouvernement, pareilles par leurs organes et leur étendue, a une origine morale. L'extrême docilité du caractère favorise le développement extrême des deux autorités politique et religieuse. Au contraire, le sentiment de l'indépendance gêne la croissance des organes qui accomplissent ces gouvernements; en même temps qu'il oppose un obstacle au despotisme des chefs vivants, il est défavorable à un excessif abaissement dans le culte des divinités.

Tandis que le corps qui conserve les observances du culte grandit en masse, il grandit aussi en structure; indigène ou importé par la conquête, le culte acquiert une hiérarchie de fonctionnaires sacerdotaux analogues dans ses principes généraux d'organisation au système hiérarchisé des fonctionnaires politiques. Dans un cas comme dans l'autre, la différenciation a pour point de départ un état où le pouvoir est réparti avec une uniformité apparente, pour aboutir à un état où la masse devient peu à peu assujettie entièrement, et où l'organe gouvernant opère en lui-même l'assujettissement du grand nombre à quelques-uns et plus tard à un seul.

CHAPITRE IX

CRÉATION D'UN LIEN SOCIAL PAR UN SYSTÈME ECCLÉSIASTIQUE

§ 622. Il faut revenir encore une fois aux formes rudimentaires de l'idée religieuse et des sentiments religieux pour trouver une explication du rôle joué par les systèmes ecclésiastiques dans le développement social.

Quoique le culte des ancêtres ait péri, il reste parmi nous un certain nombre d'idées et de sentiments appropriés à cette forme religieuse, et certaines observances qui en résultent, par où nous comprenons ses effets primitifs et les effets primitifs des cultes qui en dérivent directement. Je fais plus particulièrement allusion à la conduite des descendants après la mort d'un père et d'un aïeul. Trois caractères, dont nous allons voir la signification, sont à noter.

Quand une cérémonie funèbre a lieu, l'affection naturelle et l'usage qui lui servent d'appui provoquent la réunion de la famille ou clan : spécialement des enfants, des parents et des amis. Tous, participant à la cérémonie, s'unissent dans la même expression de respect qui constituait le culte primitif et reste encore une forme de culte restreint. L'enterrement d'un père devient une occasion où, plus qu'en toute autre, se réveillent les pensées et les sentiments appropriés à la parenté, et se fortifient les liens qui unissent les parents.

Un résultat accidentel, encore plus significatif, se produit assez souvent. S'il existe entre les membres de la famille des rivalités, on ne souffre pas qu'elles se fassent jour. Dominés par un sentiment commun envers le mort, et d'accord en cela, ceux qui étaient ennemis les uns des autres sentent leur animosité s'adoucir jusqu'à un certain point, et il n'est pas rare que des réconciliations s'ensuivent. De la sorte, la réunion des membres du groupe familial n'est pas la seule cause qui le fortifie, la réconciliation qui met fin aux ruptures favorise le même résultat.

Une autre cause plus active y concourt. On proclame les prescriptions des morts; et quand ces ordres se rapportent aux différends entre parents, l'obéissance restaure l'harmonie. Il est vrai que les prescriptions relatives à la distribution de la propriété sont souvent le point de départ de querelles nouvelles, mais pour ce qui regarde les anciennes, si l'on sait que le mourant a exprimé le désir qu'elles finissent, ce vœu est une cause efficace d'arrangement ou d'oubli; et s'il a fait connaître sa volonté qu'après sa mort on adoptât une ligne de conduite, cette volonté, ne fût-elle exprimée que de vive voix, peut devenir une loi pour ses descendants et produire entre eux l'unité d'action.

Si de nos jours ces causes ont une puissance considérable, elles ont dû en avoir une énorme à l'époque où florissaient les idées spiritistes, où l'on croyait que l'esprit d'un ancêtre pouvait s'irriter du mépris de ses vœux et punir ses descendants désobéissants. Il est certain que le culte familial dans les temps primitifs doit avoir beaucoup contribué à assurer le lien de la famille, soit en causant des réunions périodiques à l'occasion des sacrifices, soit en réprimant les dissensions, soit en obligeant les membres de la famille à se conformer aux mêmes prescriptions.

En passant du père ordinaire au patriarche qui commande à plusieurs familles, dont le culte s'impose à toutes, et plus loin à un chef de clans parents, qui les mène à la conquête et qui après sa mort devient un dieu supérieur local, plus redouté et plus obéi que les autres, nous pouvons nous attendre à trouver dans les cultes qui dérivent partout du culte des ancêtres la même influence que nous observons dans le culte des ancêtres sous sa forme la plus simple des premiers temps. Notre attente ne sera pas déçue. Chez des peuples aussi grossiers que les Ostyakes, nous remarquons que « l'usage du même lieu consacré, ou du même prêtre, est aussi un lien d'union [1] ». Les races supérieures nous en offrent des preuves encore plus claires.

§ 623. Les tribus primitives de l'Égypte, habitant des territoires qui sont finalement devenus des *nomes*, avaient chacune des cultes communs qui les tenaient unies. Le point central de chaque tribu « était toujours, en premier lieu, un temple autour duquel la cité se fondait [2] ». Puisque « des animaux sacrés dans une province étaient en horreur dans une autre [3] » ; que l'usage de donner des noms d'animaux à des chefs ancêtres révérés dans la tribu, mais détestés ailleurs, a naturellement produit le culte de ces animaux, nous avons lieu de conclure que partout le lien d'union était le culte d'un dieu ancêtre primitif.

L'ancienne civilisation grecque nous fait voir des causes analogues en action; et l'histoire nous permet d'en suivre les effets encore plus loin. « Le sentiment de fraternité, dit

1. Latham, *Descriptive Ethnology*, 1859, I, 456.
2. Heeren, *Historical Research in to the Politics, etc.*, II, 114.
3. Hérodote.

Grote, qui unissait deux tribus ou villages, s'exprima d'abord par l'envoi d'une députation religieuse, ou *théorie*, pour offrir un sacrifice aux fêtes des autres tribus et prendre part aux jeux qui suivaient... Quelquefois cette fraternité religieuse prenait une forme appelée amphictyonie, différant de la fête commune. Un certain nombre de villes contractaient une association exclusive, pour célébrer périodiquement des sacrifices au dieu d'un temple particulier, censé la propriété commune et placé sous la protection commune de tous [1]. » Curtius nous dit, en parlant de la plus importante de ces associations, que « tous les noms nationaux collectifs des Grecs s'attachent à des sanctuaires particuliers : ces sanctuaires sont les centres d'association, les points de départ de l'histoire... A ce point de vue, Apollon, le dieu de l'amphictyonie thessalienne, peut être regardé comme le fondateur de la nationalité hellénique, le créateur de l'histoire grecque [2]. » Ajoutons que les Doriens « appelaient Dorus, l'ancêtre de leur race, fils d'Apollon, et regardaient la propagation du culte de ce dieu comme leur propre mission historique [3] », et nous exprimons nettement la filiation qui rattache cette religion au culte des ancêtres. Enfin puisque les réunions périodiques en vue de sacrifices furent l'origine du conseil des amphictyons, dont les décisions, « inspirées par la religion d'Apollon », étaient acceptées avec respect par tous les États de la Grèce « dans toutes les affaires touchant aux droits communs à tous [4] », nous avons la preuve évidente que le lien fédéral prit naissance dans un culte commun.

La même chose arriva en Italie. Chez les Étrusques, dit Mommsen, « chacune des ligues se composait de douze com-

1. Grote, *Histoire de la Grèce*, II.
2. Curtius, *Histoire grecque*, II, 2.
3. *Id.*, *ibid.*, I, 112.
4. *Id.*, *ibid.*, II, 19.

munautés, qui reconnaissaient une métropole, spécialement pour les besoins du culte, et un chef fédéral ou plutôt un grand prêtre [1] ». De même chez les Latins. Albe était le chef-lieu de la ligue latine, et l'endroit où les tribus confédérées s'assemblaient pour célébrer leurs fêtes religieuses : leur union était sanctifiée par un culte où toutes s'unissaient. On nous dit une chose analogue de l'ancienne Rome. La plus ancienne constitution de Rome est religieuse dans toutes ses parties, dit Seeley : « Les institutions suggérées par le seul motif de l'intérêt viennent plus tard, elles supplantent sans les abolir les anciennes, qui se maintiennent à cause de leur caractère religieux [2]. »

La cause principale d'une fédération est en général dans des cas analogues le besoin de s'unir pour la défense commune; mais ce qui la détermine, c'est toujours la communauté des rites sacrés qui rassemble de temps en temps les fractions dispersées d'une même race, et qui y conserve bien vivante l'idée d'une origine commune aussi bien que le sentiment qui s'y lie.

Le christianisme n'a pas été une cause puissante d'union; son culte, une fois adopté, n'a pas remplacé le lien qui provient du culte d'un grand fondateur de tribu ou du dieu traditionnel d'une race; on ne saurait guère contester cependant que l'unité de croyance ou de rites n'ait servi jusqu'à un certain point de principe d'intégration. Sans doute la fraternité chrétienne n'a pas beaucoup brillé chez les peuples chrétiens, mais elle n'a pourtant pas été absolument un vain mot. Il est même évident que puisque la ressemblance des idées et la sympathie des sentiments favorisent nécessairement l'harmonie en diminuant le nombre des motifs

1. Mommsen, *Histoire romaine*, I, 141.
2. Seeley, *Tite Live*, 89.

de différends, l'accord sur le point de religion doit favoriser l'union.

§ 624. L'analogie de la suspension des haines de famille aux funérailles avec la cessation des hostilités entre les clans, à l'occasion des fêtes religieuses communes, est encore plus évidente.

Déjà nous avons fait voir (§ 144) que, chez quelques peuples barbares, les lieux de sépulture des chefs deviennent sacrés, au point qu'il est interdit d'y combattre : l'initiation des sanctuaires en est une conséquence. Naturellement l'interdiction des querelles devant les tombeaux, ou les lieux sacrés dans lesquels on se réunit pour accomplir des sacrifices, équivaut à l'interdiction des querelles entre ceux qui se rendent aux sacrifices. Les Tahitiens ne feraient aucun mal à un ennemi qui vient apporter des offrandes à l'idole nationale [1]. Chez les Chibchas, les pèlerins d'Iraca (Sogamoso) trouvaient une protection dans le caractère religieux du pays même en temps de guerre [2]. Ces faits nous en rappellent d'autres tirés de l'histoire de l'ancienne Europe. « Il y a des raisons de croire que durant les fêtes latines (sacrifices à Jupiter), à l'exemple des fêtes des ligues helléniques, une trêve de Dieu s'imposait au Latium tout entier [3]. La comparaison que fait Mommsen est très instructive, parce que le fait est beaucoup plus frappant chez les Grecs. L'assemblée amphictyonique ne servait d'abord qu'à régler le culte d'une divinité commune à tous les Grecs, mais elle ne tarda pas à assurer, en faveur des sacrifices et des jeux qui s'y rattachaient, « un passage libre et inviolable à travers les

1. Ellis, *Polynesian Researches*, I, 114.
2. Piedrahita, liv. II, ch. VII.
3. Mommsen, *loc. cit.*

États helléniques en guerre [1] ». Là aussi la suspension temporaire des hostilités engendrait des effets favorables à l'union. « Les fêtes des dieux honorés d'un culte en commun étaient des fêtes nationales. De l'institution régulière de ces fêtes à celle d'un calendrier il n'y avait qu'un pas. Pour conserver les bâtiments où l'on célébrait le culte et pour fournir aux sacrifices, il fallait une caisse; ce besoin rendit nécessaire la création d'une monnaie. A la caisse et aux trésors du temple il fallait des administrateurs; pour les choisir, il fallait s'assembler, et, pour surveiller leur gestion, il fallait une assemblée représentative des tribus confédérées. En cas de querelle entre les amphictyons, il fallait une autorité judiciaire qui maintînt la paix et en punît la violation au nom de Dieu. C'est ainsi qu'insignifiantes, au début, les fêtes communes de chaque année transformèrent peu à peu la vie publique tout entière; l'habitude de porter les armes sans cesse s'efface, le commerce trouve de la sécurité, et l'on reconnaît la sainteté des temples et des autels. Mais le résultat le plus important fut que les membres de l'amphictyonie apprirent à se regarder comme un corps uni contre ceux qui les entouraient; d'un groupe de tribus sortit une nation, à laquelle il fallut un nom qui la distinguât, ainsi que son système politique et religieux, de toutes les autres tribus [2]. » Enfin, si peu qu'elle ait agi, la foi chrétienne adoptée par les peuples de l'Europe en a favorisé l'union. Nous en voyons la preuve dans la suspension fréquente des luttes de la féodalité sous l'influence de l'Église, dans la suspension de plus longue durée de querelles plus importantes sous la garantie d'une promesse papale pendant les croisades, et dans la coalition de rois qui en d'autres temps demeu-

1. Grote, *Histoire de la Grèce*, IV, 91.
2. Curtius, *Histoire grecque*.

raient ennemis; c'est ainsi que l'on vit Philippe-Auguste et Richard Cœur de Lion combattre sous la même bannière.

A ces causes indirectes de l'union vient s'ajouter la cause directe des jugements censés venus de Dieu par le canal d'une personne inspirée : l'oracle de Delphes ou un grand prêtre catholique. « Censés en possession d'un privilège spirituel, les prêtres de Delphes avaient le pouvoir et la mission d'enseigner et de conseiller, au nom de leur dieu, sur toutes les matières, les enfants du pays. » On voit bien que dans la mesure où leurs jugements dans les questions intéressant deux tribus étaient respectés, leur rôle prévenait les guerres. De la même manière, la croyance qui faisait du pape un médiateur par lequel s'exprimait la volonté divine eut pour effet de faire accepter par les catholiques ses décisions sur les querelles internationales, et pour autant de diminuer les effets dissolvants des conflits perpétuels. Philippe-Auguste et Richard Cœur de Lion acceptèrent son arbitrage sous la menace d'une peine ecclésiastique. Innocent III n'eut qu'à menacer d'excommunication les rois de Castille et de Portugal pour leur faire observer la paix. Éléonore adresse au pape ces paroles : « Dieu ne vous a-t-il pas donné le pouvoir de gouverner les nations [1]? » expression formelle de la théorie que le pape est le souverain juge des querelles des princes.

§ 625. Les faits ne laissent pas de justifier l'analogie que nous avons indiquée plus haut entre le devoir reconnu comme tel d'obéir aux vœux d'un parent mort, et l'obligation impérieuse de se conformer à la loi établie par la divinité.

Deux fois en six mois dans le petit cercle de mes amis j'ai vu des exemples de la subordination de la conduite des hommes aux prétendues prescriptions d'un mort : c'était un

1. Hallam, *l'Europe au moyen âge*, 365.

fils qui, après avoir longtemps hésité, se décida à faire des changements dans une maison bâtie par son père, mais seulement d'après le plan que son père aurait approuvé; c'était encore un mari qui n'aurait eu aucune répugnance à jouer le dimanche, mais qui s'y refusait parce qu'il pensait que sa défunte femme en aurait été fâchée. Si, dans ces cas, les prétendus désirs des morts se transforment en règles de conduite, combien plus des injonctions formelles doivent-elles y arriver! Puisque la conservation de l'union dans la famille est une fin naturelle pour ces sortes d'injonctions, puisque les ordres exprimés au moment de leur mort par un patriarche, un chef conquérant ont naturellement pour but la prospérité du clan ou de la tribu qu'ils gouvernaient, les règles ou les lois que le culte des ancêtres crée auront ordinairement pour effet de favoriser matériellement la cohésion sociale et d'aider aussi à produire les idées d'obligation communes à tous.

Nous avons déjà indiqué (§ 529-530) que, chez les hommes primitifs, les coutumes qui tiennent lieu de lois incarnent les idées et les sentiments des générations passées, et, dans leur forme religieuse, expriment le gouvernement des vivants par les morts. Les usages des Veddahs, des Scandinaves et des Hébreux ont montré, dans certains cas, les esprits des morts invoqués; on leur demande une direction dans des conjonctures spéciales. Nous avons prouvé aussi que, plus généralement, les hommes divinisés, ou les dieux, sont l'objet d'invocations de ce genre. Nous avons cité des exemples tirés de l'histoire des Égyptiens, des Péruviens, des Tahitiens, des Tongans, des Samoans, des Hébreux et de divers peuples aryens. De plus, nous avons fait voir qu'on passe des commandements répondant à des invocations spéciales à des commandements généraux qui devenaient ensuite des lois permanentes : il y a en effet dans les corps de lois dérivées de cette origine un mélange de règles de tout genre, sacrées, politiques, publiques, domestiques, personnelles. Ajoutons un exemple à l'appui de ceux que nous avons déjà donnés. « On enseignait l'agriculture comme un devoir sacré au sectateur de Zoroastre, et on lui apprenait que tous les fidèles d'Ahouramazda devaient mener une vie sédentaire... On lui montrait ainsi, sous forme de devoirs religieux, tout ce qu'un nomade doit éviter... Les principes de Zoroastre, et des maîtres tels que lui, eurent pour effet la fédération de tribus sédentaires, qui furent le noyau des puissants empires de l'antiquité [1]. »

Il est évident que des corps de lois qui passent pour l'œuvre surnaturelle du dieu traditionnel d'une race, produite comme nous l'avons montré, ont pour effet habituel de réduire le cercle des actions antisociales des individus les uns envers les autres, et d'imposer les actions concertées dans les rapports d'une société avec les autres. Les deux causes produisent la cohésion sociale.

§ 626. L'influence générale des institutions ecclésiastiques est conservatrice à un double titre. Par plusieurs côtés, elles conservent et fortifient les liens sociaux, et par là conservent l'agrégat social; elles produisent cet effet en grande partie en conservant des croyances, des sentiments et des usages qui, formés par évolution durant les premiers âges de la société, survivent et prouvent par leur persistance qu'ils sont appropriés à peu près exactement aux besoins, et ils le sont encore aujourd'hui à beaucoup d'égards. Ailleurs (*Introduction à la sociologie*, ch. v), nous avons, en vue d'un autre but, donné des exemples de la résistance extrême que les institutions ecclésiatiques opposent au changement,

1. Robertson, *Historical Essays*, XXIII-IV.

et plus particulièrement à l'égard de tout ce qui touche à l'organisation ecclésiastique même. Ajoutons ici quelques exemples.

Les anciens Mexicains « se servaient de couteaux de silex pour leurs sacrifices [1] ». A San Salvador, le sacrificateur « ouvrait le ventre de la victime avec un couteau de silex [2] ». Les Chibchas, lorsqu'ils sacrifiaient un enfant, « le tuaient avec un couteau de roseau [3] ». De nos jours, chez les Karens, quand on sacrifie un porc aux ancêtres divinisés, « on ne le tue pas avec un couteau d'acier, mais en lui enfonçant dans le corps un bambou pointu [4] ». Dans beaucoup d'autres exemples, les instruments employés pour les usages sacrés sont tantôt des outils qui conservent le type le plus archaïque, ou du moins des formes relativement anciennes. A Rome, au temps du paganisme, même à l'époque la moins ancienne, « on ne pouvait se servir que de cuivre pour la charrue sacrée ou pour le couteau employé à tondre des prêtres [5] ». On ne mettait durant les cérémonies religieuses que des vêtements à formes antiques. Chez les Wagas, le feu qu'on emploie pour faire rôtir l'animal sacrifié s'obtient « en frottant l'un contre l'autre deux morceaux de bois [6] ». Dans les mêmes occasions, chez les Todas, « lors même qu'on pourrait se procurer aisément du feu, on crée le feu sacré en frottant des bâtons l'un contre l'autre [7] ». Les Damaras entretiennent un feu sacré perpétuel; et lorsque ce feu vient à s'éteindre, « ils le rallument à la façon primitive, à savoir par le frottement [8] ». Même en Europe, il y eut

1. Diaz del Castillo, *Mémoires*, ch. CCVIII.
2. D. G. de Palacio, *Carta al Rey de Espana*, 75.
3. P. Simon, *Noticias historiales*, 248.
4. *Journal of Asiatical Society of Bengal*, XXXIV, 207.
5. Mommsen, *Histoire romaine*.
6. *Journal of Asiatical Society of Bengal*, XXIV, 612.
7. Marshall, *A Phrenologist among the Todas*, 1873, 81.
8. Anderson, *Lake Ngami*, 224.

longtemps des rapports analogues d'idées et de pratiques. « Cette manière d'allumer le feu, dit Peschel, s'est conservée jusqu'à une époque récente en Allemagne ; en effet, la superstition populaire attribuait une puissance miraculeuse au feu engendré par cette ancienne méthode [1]. » Enfin, dans les îles d'Écosse, à la fin du XVIIe siècle, on se procurait encore du feu pour les sacrifices en frottant du bois, en cas d'épidémie ou d'épizootie [2]. Les choses se passent de la même manière pour les formes du langage. Des langues mortes sont en usage dans le culte chez les juifs et les catholiques romains; les Coptes conservent une langue ancienne à titre de langue sacrée; les prêtres d'Égypte employaient une écriture de forme archaïque; aujourd'hui les races barbares nous fournissent d'autres exemples aussi curieux. Chez les Cricks, nous dit Schoolcraft, « les femmes enseignent aux enfants comme un devoir religieux [3] » l'ancienne langue de la race, le séminole. Au Dahomey, le prêtre « prononce une allocution dans une langue hiératique inintelligible [4] ». Le bouddhisme japonais révèle encore de nos jours son origine « par l'usage de prières en langue inconnue, par la conservation d'un alphabet et d'une écriture indienne, le sanscrit ou devanagari, dans tous les écrits religieux du Japon [5] ». Chez les Hébreux, nous trouvons des exemples de la même tendance : la prescription de n'employer aucune pierre taillée pour l'autel (*Exode*, XX, 25-26), l'usage du pain sans levain pour les offrandes (*Juges*, VI, 19-21), et l'interdiction de bâtir un temple au lieu de la tente primitive et du tabernacle qu'on prétendait avoir été l'habitation du dieu dans les premiers temps (II *Sa-*

1. Oscar Peschel, *Les races humaines et leur distribution*, 144.
2. Martin, *A description of the Western Islands of Scotland*, 1716, 113.
3. Schoolcraft, *Information respecting the History*, etc., V, 260.
4. Burton, *Mission to Gelele*, II, 150.
5. Walter Dickson, *Japan*, 1869, 14.

muel, VII, 4-6). Même persistance des usages sacrés en Grèce. Les institutions religieuses, dit Grote, « se conservèrent longtemps sans altération à travers tous les changements politiques [1] ».

Naturellement la résistance que les fonctionnaires ecclésiastiques montraient au changement des usages, ils l'opposaient aussi aux changements de croyances, puisque toute révolution dans l'édifice traditionnel des croyances a pour effet d'en ébranler toutes les parties, en affaiblissant l'autorité de l'enseignement des ancêtres. Il est inutile de donner des exemples de cette face bien connue de l'esprit conservateur, qui s'accorde parfaitement avec les faces dont nous nous sommes déjà occupés.

§ 627. Ce n'est pas tout, la théorie spiritiste nous fournit l'explication nécessaire. Ainsi que nous l'avons déjà vu, on peut ramener toutes les observances religieuses à la même origine : les observances funéraires. Nous trouvons ici que l'influence exercée par les institutions ecclésiastiques a son germe dans l'influence exercée par les sentiments entretenus à l'égard du mort. Les funérailles d'un parent mort sont une occasion de réunion pour les membres de la famille, où ils retrempent le sentiment de leur parenté ; les différends qui les divisent s'y éteignent pour un temps ou pour toujours ; ils y trouvent de nouveaux motifs de s'unir en se soumettant tous ensemble aux désirs du défunt, et, par suite, ils se trouvent disposés à agir de concert. Le sentiment de la piété filiale qui s'exprime ainsi étend sa sphère quand le défunt est le patriarche, ou le fondateur de la tribu, ou le héros de la race. Mais qu'il s'agisse du culte d'un dieu ou des funérailles d'un

1. Grote, *Histoire de la Grèce*, III.

père, nous retrouvons toujours la même influence à triple effet, qui fortifie l'union, suspend les hostilités et donne une vigueur nouvelle aux ordres transmis. Dans les deux cas, la marche de l'intégration se trouve favorisée de plusieurs manières.

Au point de vue général, nous pouvons dire que l'ecclésiasticisme représente le principe de la continuité sociale. Il n'est pas de cause plus puissante de cohésion, non seulement entre les éléments coexistants de la nation, mais aussi entre la génération présente et les générations passées. Par ces deux moyens, l'institution conserve l'individualité de la société. A un point de vue un peu différent, nous pouvons dire que l'ecclésiasticisme incarne dans sa forme primitive l'autorité des morts sur les vivants, et, sous une forme plus perfectionnée, sanctifie l'autorité du passé sur le présent, que, par suite, sa fonction est de préserver le produit organisé des expériences primitives des effets altérants des expériences récentes. Évidemment ce produit organisé des expériences passées ne laisse pas d'avoir des titres à la confiance. C'est sous son autorité que la vie de la société s'est accomplie jusqu'à ce jour; et par suite il y a toujours une raison pour qu'elle résiste à toute déviation. Puisque d'ordinaire le chef ou souverain à l'esprit duquel on offrait un culte, origine de la religion locale, a conquis son titre par des succès d'un certain ordre, nous devons conclure que l'obéissance aux commandements émanés de lui et la conservation des usages qu'il a inaugurés sont, dans la plupart des cas, des causes de prospérité tant que les conditions restent les mêmes, et que par conséquent le conservatisme rigoureux des institutions ecclésiastiques n'est pas sans justification.

Lors même qu'on ne tient pas compte de l'adaptation relative du culte traditionnel aux circonstances sociales traditionnelles, il y a un avantage, sinon une nécessité, à accepter les croyances traditionnelles et par conséquent à se conformer aux coutumes et aux règles qui en dérivent. En effet, avant qu'un groupe d'hommes devienne une unité organisée, il faut que les hommes soient reliés entre eux et tenus toujours en face des conditions auxquelles ils ont à s'adapter; et, pour les y tenir, il faut que l'influence coercitive de leurs croyances traditionnelles soit forte. Le caractère antisocial du sauvage (§ 33-38) oppose de si grands obstacles à la cohésion sociale sans laquelle il n'y a pas de progrès possible, que la seule chose qui le puisse retenir dans les bornes nécessaires, c'est un sentiment qui porte à la soumission absolue, à l'autorité temporelle appuyée sur l'autorité sacrée avec laquelle autrefois elle ne faisait qu'un. De là la conséquence que nous avons retrouvée partout, en Égypte, en Assyrie, au Pérou, au Mexique, en Chine, que l'évolution sociale, quand elle commence, montre, aux premiers âges, non seulement la coutume d'une extrême subordination aux rois vivants, mais aussi des cultes organisés des divinités dont les rois morts sont l'origine.

CHAPITRE X

FONCTIONS MILITAIRES DES PRÊTRES

§ 628. Parmi les nombreuses erreurs qui proviennent de ce qu'on reporte dans le passé des idées et des sentiments avancés pour les faire servir à interpréter les institutions primitives, il en est peu qui soient plus profondes que celle qui consiste à lier les fonctions sacerdotales à des actions tenues pour appartenir à un ordre élevé, et à les séparer des actions sauvages et brutales. Si les idées préconçues ne rendaient pas l'homme incapable de voir l'évidence, la lecture seule de la Bible lèverait tous les doutes. D'autres lectures achèveraient de prouver que, dans toute l'étendue du genre humain, les prêtres ont manifesté et cultivé les plus basses passions des hommes au lieu des plus élevées.

Nous voyons tout de suite qu'il en doit être ainsi, dès que nous nous rappelons qu'au lieu d'adorer des dieux conçus comme possédant toutes les perfections morales et intellectuelles, la plupart des peuples ont adoré des dieux conçus comme de nature féroce, que rien ne distinguait souvent de la nature diabolique. Chez les anciens Mexicains, « les princes s'avertissaient les uns les autres d'avoir à se préparer à la guerre, parce que les dieux demandaient à manger[1] ». Leurs armées « ne combattaient que pour faire des prisonniers, qu'ils réservaient aux repas des dieux ». D'après Jackson, les prêtres fidjiens disent à ceux qui les entourent « que l'effusion du sang et la guerre, comme tout ce qui s'y rattache, sont choses agréables à leurs dieux[2] ». Pindare, il est vrai, répudie l'accusation de cannibalisme portée contre les dieux de la Grèce, mais le récit de Pausanias montre que, même de son temps, on sacrifiait parfois des victimes humaines à Jupiter; et l'*Iliade* attribue tacitement aux dieux grecs des caractères plus bas qu'aux hommes : ils sont menteurs, traîtres, altérés de sang, adultères, sans que rien pallie leurs vices. Ils prenaient part aux batailles des hommes en combattant dans leurs rangs; et, chez les Assyriens, on invoquait l'assistance divine dans les combats. Une inscription d'Esarhaddon dit : « Ishtar, reine de la guerre et des combats, qui aime ma piété, se tenait à mes côtés. Elle brisa leurs arcs. Elle rompit dans sa fureur leur ligne de bataille. Elle parla ainsi à leur armée : Je suis une déesse impitoyable[3]. » Le dieu des Hébreux était doté ostensiblement ou tacitement d'attributs analogues. Nous ne faisons pas seulement allusion aux sacrifices de victimes humaines, ou à des expressions telles que celles-ci : « le seigneur est un guerrier » et « Dieu lui-même est avec nous comme général » (II *Chr.*, XIII, 12); nous pensons plus particulièrement à l'ordre attribué à Dieu de tout tuer indistinctement, à l'opinion qui faisait d'une guerre religieuse une guerre naturellement sanguinaire; exemple, le passage des Chroniques (I *Chr.*, v, 22) : « beaucoup furent tués, parce que la guerre était celle de Dieu ». Ces caractères cruels

1. Herrera, III, 213.
2. Erskine, *Journal of a Cruize among the Islands of the Western Pacific*, 428.
3. *Records of the Past*, etc., III, 104.

attribués à leurs dieux autant par les peuples historiques primitifs que par les barbares de nos jours s'expliquent dès que nous admettons que les récits mythologiques des batailles que se livraient les dieux pour conquérir la suprématie, ne sont que des récits transfigurés des luttes des chefs primitifs, où le plus fort, le plus sanguinaire, le moins scrupuleux l'emportait d'ordinaire.

Pour bien comprendre le rapport primitif entre les exploits militaires et les devoirs religieux, il faut se rappeler que lorsque les dieux ne sont pas censés participer activement aux combats commandés ou favorisés par eux, on les croit présents dans les idoles qui les représentent, ou dans des objets équivalant aux idoles. Partout nous trouvons des faits analogues, à ce que nous raconte Cook des naturels des îles Sandwich, qui traînaient leurs dieux de guerre avec eux dans les batailles [1]. Les anciens Mexicains marchaient à l'ennemi « en plaçant sur le front de l'armée leurs prêtres et leurs idoles [2] ». Certaines peuplades du Yucatan avaient « des idoles qu'on adorait comme des dieux des batailles... Elles les portaient quand elles vinrent combattre les Chinamitas, leurs voisins et leurs ennemis mortels [3]. » Les Chibchas, selon Herrera, « avaient une si grande dévotion pour leurs dieux, que partout où ils allaient, ils portaient leur idole sur un bras et combattaient avec l'autre [4] ». Il n'en était pas autrement dans le vieux monde. Nous lisons dans la Bible (II *Samuel*, v, 21) que les Philistins menaient leurs dieux avec eux quand ils se battaient; et que l'arche, considérée par les Hébreux comme la demeure de Jéhovah, fut portée à la guerre assez souvent (II *Sam.*, XI). Nous lisons même

1. Cook, *Last Voyage*, 1781, 303.
2. Sahagun, *Historia general de las cosas de Nueva Espana*, liv. VIII, ch. XXIV.
3. Fancourt, *History of Yucatan*, 1854, 308.
4. Herrera, *op. cit.*, v, 90.

(I *Sam.*, IV) que les Hébreux, se voyant battus par les Philistins, envoyèrent l'arche en avant pour qu'elle les sauvât : « et quand l'arche de l'alliance du Seigneur entra dans le camp, tout Israël poussa de grands cris, de sorte que la terre en retentit... et les Philistins furent épouvantés, parce qu'ils disaient : Dieu est entré dans le camp ». Les sacrifices accomplis avant, après et quelquefois pendant les batailles par les peuples barbares ou à demi civilisés montrent encore une fois quelle étroite relation il y avait entre ces deux actes : tuer des ennemis et faire plaisir aux dieux.

Puisque les prêtres sont les propitiateurs officiels des dieux, la conséquence est évidente. Tandis qu'ils s'appliquent souvent à empêcher les guerres entre gens de même sang, ils sont les premiers les instigateurs de guerres avec des gens de sang différent qui adorent d'autres dieux. Les Mexicains, nous l'avons déjà dit, faisaient la guerre pour se procurer des victimes à immoler à leurs dieux. « Quand leurs prêtres le jugeaient à propos, ils allaient trouver les rois et leur disaient de ne pas oublier que les idoles mouraient de faim [1]. » Les prêtres assyriens avaient d'autres raisons. « Ils vivaient du revenu des temples... ils étaient intéressés à la guerre, puisqu'une partie du butin était consacrée aux temples [2]. » Mais, pour ne pas multiplier des exemples, il suffira de rappeler que chez les Hébreux eux-mêmes, tandis que le roi et le peuple inclinaient dans certains cas vers la clémence, les prêtres insistaient sur le *cherem*, le carnage sans distinction et sans merci. Samuel « cria au Seigneur toute la nuit » parce que Saül, bien qu'il eût « entièrement anéanti » les Amalécites, n'avait pas tué leur roi ni égorgé tout leur bétail. Un Fidjien qui n'avait pas tué autant qu'il aurait pu tomba

1. Herrera, III, 213.
2. Smith, *History of Assyria*, 13.

dans une « fureur religieuse », et ne cessait de crier : « le dieu est irrité contre moi [1] ».

Cet examen préliminaire rapide nous dispose à trouver que, dans les premiers âges de l'évolution sociale, les fonctions militaires ne se séparent pas des fonctions sacerdotales.

§ 629. Dans l'ordre normal, le chef qui est primitivement le plus grand guerrier est aussi le prêtre primitif : ce qui suppose l'union des fonctions militaires et sacerdotales dans la même personne. D'abord le chef de guerre est le chef propitiateur des dieux. Les peintures murales et les inscriptions de l'Égypte et de l'Assyrie, qui nous présentent le roi comme le chef de guerre et le chef du culte à la fois, sont un exemple de cette relation.

Cette relation est plus étroite même qu'elle ne le paraît d'abord; en effet, parmi les plus importants sacrifices offerts aux dieux par les rois, sont ceux qu'ils accomplissent avant la bataille pour gagner la faveur divine, ou après la victoire comme actions de grâces. Cela veut dire que le roi s'acquitte de sa fonction de propitiateur religieux de la manière la plus évidente, au moment où il exerce son autorité de chef militaire de la manière la plus évidente.

Nous retrouvons parfois cette relation avec quelques changements lorsque le personnage ou le corps qui gouverne n'exerce pas le commandement à la guerre, mais qu'il le fait remplir par un général délégué : dans ce cas en effet, les généraux s'acquittent des fonctions sacerdotales. Nous en trouvons un exemple chez les Mexicains. La charge de grand prêtre « supposait presque toujours les fonctions de Tlacochcalcatl,

1. Erskine, *Journal of a Cruize*, etc., 440.

ou commandant en chef de l'armée [1] ». Il en était de même chez les anciens peuples civilisés de l'Europe. A Rome. « avant de partir pour une expédition, l'armée étant assemblée, le général disait des prières et offrait un sacrifice; le même usage existait à Athènes et à Sparte ». Nous pouvons ajouter que chez les Romains l'armée en campagne était l'image de la cité, et sa religion l'accompagnait : « le feu sacré brûlait perpétuellement, il y avait des augures et des devins, et le roi ou le général sacrifiait avant et après la bataille. Même chez les Romains la fonction sacerdotale du général avait tant d'importance que, dans certains cas, il donnait plus d'attention aux sacrifices qu'à la bataille [2]. »

Ce n'est pas tout. Outre la réunion des fonctions militaires et sacerdotale dans le chef de guerre, nous voyons chez des peuples barbares des exemples où le prêtre joue un rôle actif dans les combats. Chez les Tahitiens, d'après Ellis, « les chefs et les prêtres comptaient parmi les plus fameux boxeurs ou lutteurs »... et « les prêtres n'étaient pas dispensés d'aller à la guerre; ils portaient les armes et marchaient avec les guerriers [3] ». Nous allons trouver des faits analogues où on les aurait le moins attendus.

§ 630. Nous avons reconnu qu'au début la fonction active de chef ecclésiastique est unie à la fonction active de chef militaire, qu'aux époques subséquentes ces deux fonctions ne sont unies que par un lien nominal à celle de chef de l'état; nous allons voir que de très bonne heure les prêtres cessent de jouer un rôle direct à la guerre et se bornent à y garder un rôle indirect.

Aux époques où le rôle du sorcier et celui du prêtre sont

1. Bancroft, *The Native Races*, etc., II, 201.
2. Fustel de Coulange, *Cité antique*, 218.
3. Ellis, *Polynesian Researches*, I, 293; II, 489.

vaguement représentés dans la personne de l'homme qu'on croit en possession d'un pouvoir sur les êtres surnaturels, nous voyons une ébauche des fonctions consultatives et administratives des prêtres à la guerre. Chez les Dacotahs cette action se montre dans sa forme la plus grossière. « Les chefs de guerre font souvent faire la guerre pour eux par des prêtres ou jongleurs. Un jongleur peut faire la guerre quand il lui plaît [1]. » Le sorcier des Abipones « leur apprend le lieu, le temps et la façon convenables pour attaquer des bêtes féroces ou l'ennemi. Au moment du combat, il chevauche dans les rangs; il frappe l'air avec une branche de palmier, prend une contenance fière, roule des yeux menaçants, et, avec des gestes affectés, il adresse des imprécations à l'ennemi [2]. » On nous dit que chez les Khonds « le prêtre, qui dans aucun cas ne porte les armes, donne le signal du combat après le dernier sacrifice, en brandissant une hache et en poussant des cris de défi [3] ». Le prêtre, chez les Spartiates, avait une fonction du même genre; il exaltait le courage des guerriers en leur promettant le secours des dieux. « Avant toute expédition et tout conseil de guerre on faisait un sacrifice. Un prêtre, appelé πυρφόρος, portait devant l'armée un tison brûlant, toujours enflammé, pris sur l'autel de Sparte, où le roi avait offert un sacrifice à Jupiter Agétor [4]. » Enfin les Hébreux se servaient d'un prêtre qui leur promettait un secours surnaturel, comme nous le voyons dans le *Deutéronome*. « Quand il faudra s'approcher pour combattre, le sacrificateur s'avancera et parlera au peuple, et leur dira : écoutez, Israël, vous marchez aujourd'hui pour combattre vos ennemis; que votre cœur ne devienne

1. Schoolcraft, *Information respecting the History of the Indian Tribes*, II, 184.
2. Dobrizhoffer, *The Abipones*, II, 76.
3. Macpherson, *Reports on the Khonds*, etc., 57.
4. Hase, *Vie publique et privée des anciens Grecs*, 194.

point lâche, ne craignez point, ne soyez point étonnés, et n'ayez aucune frayeur d'eux; car l'Éternel votre Dieu est celui qui marche avec vous, pour combattre pour vous contre vos ennemis, et pour vous préserver. » (*Deut.*, xx, 2, 3, 4.)

Sur la Côte d'Or de Guinée, « où les rois n'entreprennent jamais la guerre sans consulter les divinités nationales, le jongleur accompagne les guerriers en campagne [1] ». Herrera décrit les armées du Yucatan, qui ont, dit-il, « deux ailes et un centre, où se trouvent le seigneur et le grand prêtre [2] ». Mais les fonctions militaires du prêtre durant la guerre active sont ailleurs un peu différentes. Chez les Germains primitifs, « c'était surtout aux prêtres que revenait le rôle de faire observer la discipline sur le champ de bataille et dans le conseil de guerre; ils prenaient les auspices et donnaient le signal de l'attaque; ils avaient seuls le droit de punir, d'enchaîner ou de frapper [3] ». Dans d'autres cas, les fonctions appartiennent d'une façon encore plus exclusive au genre religieux. Les Samoans mènent avec eux un prêtre à la guerre « pour prier en faveur des leurs et maudire l'ennemi [4] ». Dans la Nouvelle-Calédonie « les prêtres vont au combat, mais ils se tiennent à distance, jeûnent et prient pour obtenir la victoire [5] ». Chez les Comanches, la fonction de l'invocation s'accomplissait avant le départ pour la guerre. « Le prêtre, dit Schoolcraft, ne paraît exercer aucune influence dans leur gouvernement; mais, une fois la guerre déclarée, ils en exercent une sur la divinité [6] ». Il semble que sur ce point les prêtres chrétiens comprennent leurs fonctions à la façon des prêtres comanches, à

1. Brodie Cruikshank, *Eighteen Years on the Gold Coast of Africa*, 1853, II, 172.
2. Herrera, IV, 16.
3. Stubbs, *The Constitutional History of England*, 1880, I, 34.
4. Turner, *Nineteen Years in Polynesia*, 303.
5. Id., *ibid.*, 427.
6. Schoolcraft, *op. cit.*, II, 131.

en juger par la prière prescrite au commencement de la récente guerre d'Égypte par l'archevêque de Cantorbéry. « O Dieu tout-puissant, disait le prélat, Toi à la puissance de qui nulle créature ne peut résister, garde, nous t'en supplions, nos soldats et nos marins qui partent maintenant pour la guerre ; ils sont armés pour ta défense; préserve-les de tous les périls, pour qu'ils te glorifient, Toi qui es le dispensateur de toute victoire, par les mérites de ton Fils unique, Jésus-Christ Notre-Seigneur. Amen[1]. » Une différence à noter, cependant, c'est que le prêtre païen cherche avant de partir un signe de l'approbation divine, tandis que le prêtre chrétien tient cette approbation pour acquise, même quand il s'agit d'attaquer un peuple soulevé contre une intolérable tyrannie.

Outre leur concours direct sur le champ de bataille, on a vu, dans d'autres cas, des prêtres employés dans l'administration militaire ou pris pour directeurs des opérations de guerre. En Afrique, chez les Eggarahs, un prêtre « remplit les fonctions de ministre de la guerre[2] ». Chez les anciens Mexicains, « les prêtres étaient des oracles que les rois consultaient dans toutes les affaires importantes de l'État, et l'on n'entreprenait jamais une guerre sans leur approbation[3] ». Prescott nous apprend que les prêtres péruviens donnaient des conseils au sujet des opérations de guerre[4]; et Torquemada raconte que, dans le Guatemala, les prêtres avaient une autorité décisive dans les questions de guerre[5]. Dans le San-Salvador, aussi, le grand prêtre et ses subordonnés, après avoir invoqué la puissance surnaturelle, « allaient voir le cacique et le chef militaire, les informait de l'approche de l'ennemi et les con-

1. *Daily News*, 7 août 1882.
2. Allen and Thomson, *Narrative of Expedition to the River Niger in 1841*, I, 327.
3. Clavigero, I, 271.
4. Prescott, *History of the conquest of Peru*, 174.
5. Torquemada, *Monarquia indiana*, 1723, liv. IX, ch. VI.

seillait sur le point de savoir s'il fallait l'aborder [1] ». Même chose chez les Hébreux. Nous lisons dans le premier livre des *Rois* (ch. XII) que les prophètes donnaient leur avis aux rois sur la convenance de la guerre. « Michée vint donc vers le roi. Et le roi lui dit : Michée, irons-nous à la guerre contre Ramoth de Galaad, ou nous en désintéresserons-nous? Et il lui répondit : Monte et tu seras heureux, et l'Éternel la livrera entre les mains du roi. »

§ 631. Celui qui serait assez simple pour croire que les hommes règlent leur conduite d'après leurs croyances pourrait penser que les nations chrétiennes, si leur foi nominale ne les détourne pas de la guerre, bornent le rôle de leurs prêtres à leurs fonctions purement religieuses ou du moins les excluent des affaires militaires. C'est une erreur complète.

Chacun sait que l'Europe chrétienne a vu, durant plusieurs siècles, les prêtres prendre une part active à la guerre, comme le font de nos jours les prêtres des sauvages. Au VIIe siècle, en France, les prêtres marchaient au combat, et, au milieu du VIIIe, le clergé fournissait le service militaire : « Sous Charles-Martel, on voyait communément les évêques et les clercs porter les armes [2]. » Les évêques, nous dit Guizot en parlant de l'état de l'Église à cette époque, prenaient part aux guerres nationales; ils entreprenaient même de temps en temps des expéditions de violence et de rapine contre leurs voisins pour leur propre compte [3]. Dans les siècles suivants, l'Allemagne et la France connurent des exemples de l'union du commandement militaire avec un rang élevé dans l'Église. En Allemagne, le chef spirituel « était devenu

1. Palacio, *Carta al Rey*, etc., 73.
2. Roth, *Feudalität and Unterthanenverband*. Weimar, 1863. — Leber, *Collection des meilleures dissertations relatives à l'histoire de France*, VII, 119.
3. Guizot, *Histoire de la civilisation*, III, 299.

un baron féodal »; il était le « chef des forces militaires dans ses diocèses [1] ». Orderic Vital nous montre les prêtres conduisant leurs paroissiens au combat, les abbés leurs vassaux, en 1094 et encore en 1108 ; en 1119 les évêques convoquent les prêtres avec leurs paroissiens. Même après le milieu du xve siècle, on voit le cardinal La Balue rassembler des troupes à Paris; à son appel « l'évêque, les chefs de l'Université, les abbés, les prieurs et les autres gens d'Église répondirent en amenant un certain nombre d'hommes [2] ». Ce ne fut qu'au milieu du xviie siècle qu'un édit exempta le clergé du service personnel dans les armées. De nos jours même, l'union de la fonction de tuer les hommes avec celle de sauver les âmes n'est pas sans exemple dans la chrétienté. On remarque que les Monténégrins forment « la seule société d'Europe qui soit gouvernée par un évêque militaire »; — « les prêtres, dit Denton, portent les armes, ils sont en général braves, les premiers au lieu du rendez-vous, et ils mènent leurs troupeaux de fidèles à la guerre [3] ».

A la participation directe à la guerre, exprimée par le service effectif dans l'armée, il faut ajouter la participation indirecte impliquée dans l'administration des corps organisés pour le combat. Le cardinal de Richelieu dirigeait à la fois la marine et l'armée. Bien plus, sa politique « ouvrit pour la France un ère de grandes guerres [4] ». Dans son testament politique, il rappelle avec orgueil la discipline qu'il avait établie dans l'armée d'Italie et parmi les troupes qui assiégeaient La Rochelle, « on obéissait comme des moines sous les armes [5] ».

Aujourd'hui on n'est plus accoutumé à ces relations; on

1. Dunham, *History of the Germanic Empire* (in Lardner's Cyclopædia), II, 121.
2. Monstrelet, *Chroniques*, III, ch. clviii.
3. Denton, *Montenegro, it People and their History*, 1877, 83.
4. Kitchin, *A History of France*, 1873, III, 61.
5. Chéruel, *Histoire de l'administration monarchique en France*. Paris, 1855, I, 299.

oublie qu'elles ont existé. Les devoirs militaires des prêtres chez nous se sont réduits à la bénédiction des drapeaux, à des allocutions d'aumôniers d'armées qui prescrivent le pardon des offenses à des hommes qui marchent à la vengeance, à des prières au Dieu d'amour pour qu'il bénisse des attaques à main armée provoquées ou non.

§ 632. L'examen des faits tirés de tous les pays et de tous les temps renverse l'association d'idées que les faits de nos jours produisent dans notre esprit. Nous savons que les dieux des sauvages et ceux des peuples en partie civilisés étaient jadis des chefs et des rois féroces dont les esprits ne pouvaient accorder leur faveur qu'aux ministres de leurs projets d'agression ou de vengeance. Nous voyons que leurs propitiateurs officiels, bien loin d'imprimer d'abord par la doctrine et par les actes le caractère le plus élevé de la nature humaine, exprimaient le plus bas. Il était donc naturel que dans les premiers âges ils eussent un rôle militaire.

Un fait nous montre, sous une forme plus concrète, cette union du rôle sacerdotal et du rôle guerrier. Dans l'ordre normal de l'évolution sociale, le chef politique est en même temps le chef à la guerre et le chef dans le culte. Évidemment cela suppose que ces deux fonctions, d'abord unies, ne peuvent acquérir des organes séparés que graduellement, et que ces organes séparés doivent montrer encore longtemps quelque caractère commun. Nous en trouvons un vestige chez les chefs d'état qui demeurent les chefs nominaux de l'église et de l'armée alors qu'ils ont cessé d'y exercer le vrai commandement.

On doit s'attendre que d'autres prêtres que le pontife prennent une part active à la guerre. Nous ne devons pas nous étonner de voir que, dans diverses sociétés barbares, les prêtres jouent un rôle dans les batailles quelquefois comme soldats, d'autres fois comme conseillers directeurs, d'autres fois comme conseillers inspirés par les dieux, et de temps en temps comme ministres de la guerre.

Bien plus, cette relation primitive ne s'efface pas facilement. L'histoire de l'Europe du moyen âge prouve d'une façon indéniable que les conditions qui causent une violente recrudescence du militarisme restaurent l'union primitive du soldat et du prêtre, en dépit d'une religion qui interdit l'effusion du sang, et la restaure aussi complètement que si le culte était de l'espèce la plus sanguinaire. Ce n'est qu'à mesure que la guerre devient moins permanente et que les causes civilisatrices de paix commencent à prédominer, que le prêtre perd son caractère demi-guerrier.

Pour finir, remarquons que la différenciation des deux fonctions de la lutte armée contre l'ennemi et de la propitiation des dieux, autrefois unies dans la personne du souverain de l'État, s'est tranchée le plus profondément dans les organisations religieuses qui sont séparées de l'État. A la différence des ministres de l'église d'État, qui appartiennent ordinairement aux familles d'où sortent les officiers de l'armée et de la marine, et qui montrent leur sympathie pour le militarisme, par exemple par le vote des évêques à la Chambre des Lords, les ministres dissidents, sortis des classes adonnées aux diverses formes de l'industrie, sont les moins militaires des fonctionnaires ecclésiastiques.

CHAPITRE XI

FONCTIONS CIVILES DES PRÊTRES

§ 633. Lorsque le chef de l'État, considéré comme issu des dieux, joue le rôle de prêtre comme propitiateur des dieux ancêtres, et, dans son autorité sans limite, gouverne tous les domaines, l'union des fonctions civiles et des fonctions sacerdotales est complète. Un bon exemple de cette condition au début du développement social nous est fourni par les Polynésiens. « Ce système de gouvernement civil, incohérent et mal agencé, impropre à toute fin de quelque importance, faisait étroitement corps avec leur système sanguinaire d'idolâtrie et subsistait protégé par l'autorité des dieux. Le roi ne s'élevait pas seulement à la tête du gouvernement; il était considéré comme un représentant des puissances surnaturelles qui président au monde invisible. Quand il montait sur le trône, on faisait des sacrifices humains. Chaque fois qu'un homme, cédant au chagrin d'avoir subi quelque perte par pillage ou quelque dommage, parlait irrévérencieusement de la personne du roi, il ne courait pas seul le danger de perdre la vie; il fallait des victimes humaines pour laver le pays de la souillure qui l'avait atteint [1]. » Diverses sociétés

1. Ellis, *Polynesian Researches*, II, 377.

éteintes montraient une fusion analogue des deux autorités civile et sacerdotale. En Assyrie, où le roi « passait pour investi d'attributs divins et pour un type de divinité suprême[1] », où l'on admettait que tous ses actes, en paix comme en guerre, se rattachaient à la religion nationale et s'accomplissaient sous la protection et l'autorité des dieux, le chef de l'État était représenté dans les sépultures comme le sacrificateur en chef. Même relation dans l'ancienne Égypte, l'ancien Mexique et l'ancien Pérou. Enfin, au Japon, jusqu'à une époque récente, cette relation a subsisté sous une forme nominale, sinon en fait.

Évidemment cette relation est normale dans les sociétés où s'est conservée la structure primitive dans laquelle, à côté du culte général des ancêtres, s'est établi le culte spécial du fondateur de la tribu conquérante, dont le descendant est à la fois le propitiateur en chef de ce dieu et l'héritier de son autorité civile aussi bien que de son autorité militaire.

§ 634. Cette union des deux autorités, très apparente lorsque la nature ou la filiation divine du roi est un article de foi, persiste encore lorsqu'on se borne à croire que le roi ne jouit que de la sanction divine. En effet, habituellement, dans ces cas, le roi est le chef nominal ou le chef réel de l'organisation ecclésiastique; s'il vaque d'ordinaire aux fonctions civiles, il prend dans les grandes occasions le rôle ecclésiastique.

Quand la religion est indigène, il y a lieu de s'attendre à la conservation de cette relation ; seulement, nous avons la preuve que lorsque la religion est imposée par une invasion, qui supprime la religion indigène, elle est susceptible de

1. Sir A. H. Layard, *Nineveh and its Remains*, 1849, II, 473.

restaurer cette relation. On le voit bien dans le développement de l'organisation ecclésiastique en Europe. D'abord diffuse et locale, elle marche vers une union centralisée de l'autorité religieuse et de l'autorité civile. Durant les IVe et Ve siècles, en France, des sénateurs, des gouverneurs de province, de grands propriétaires, des fonctionnaires de l'empire étaient élus évêques. Au Ve siècle, écrit Guizot, « les évêques et les prêtres deviennent les principaux magistrats municipaux [1] ». Les codes de Théodose et de Justinien sont remplis de règles qui confient les affaires municipales au clergé et aux évêques. La juridiction de l'évêque, en Allemagne, limitée d'abord à son propre clergé, « s'étendit par l'usage aux laïques, dans les cas où les droits ou la discipline de l'Église étaient en jeu, et l'exécution de ses décisions fut confiée à la justice locale [2] ». Lorsque, au Xe siècle, le développement du système féodal eut fait des évêques des « barons temporels, assujettis comme les simples laïques au service militaire, à la *juridictio herilis,* et aux autres obligations de la dignité », les prêtres devinrent des officiers de justice comme les barons séculiers, sauf cependant qu'ils ne pouvaient prononcer ni exécuter des sentences de mort. Pareillement, au XIIe siècle, en Angleterre, « les prélats et les abbés étaient tout à fait des nobles féodaux. Ils juraient fidélité pour leurs terres au roi et aux autres suzerains; ils recevaient l'hommage de leurs vassaux; ils jouissaient des mêmes immunités; ils exerçaient la même juridiction; ils conservaient la même autorité que les lords laïques parmi lesquels ils demeuraient [3]. »

A tous ces faits, il faut ajouter que, tandis que l'autorité

1. Guizot, *Histoire de la Civilisation*, I, 36.
2. Dunham, *History of the Germanic Empire*, I, 135.
3. Hallam, *l'Europe au moyen âge*, 101.

ecclésiastique locale acquiert l'autorité civile locale, l'autorité ecclésiastique centrale prend possession de l'autorité civile centrale. Le pape devient en quelque sorte l'arbitre des actes privés et publics des rois, de sorte que, au XIIIe siècle, on voit s'accomplir « la conversion des royaumes en fiefs spirituels [1] ».

§ 635. Un degré, qui bien souvent n'existe que de nom, nous fait passer des fonctions civiles du prêtre, souverain central ou local, aux fonctions civiles du prêtre réduit au rôle de juge, soit qu'il l'exerce en même temps que celui de chef politique, soit que ces deux rôles soient séparés.

La dévolution de la fonction judiciaire au sacerdoce, qui a souvent lieu aux premiers temps du développement social, provient de l'idée que la subordination au souverain mort divinisé est plus profonde que la subordination au souverain vivant, et aussi de l'idée que les hommes qui, comme prêtres, sont en communication avec l'esprit du souverain mort, sont les instruments de ses commandements et de ses décisions et par conséquent les vrais juges. C'est ainsi que s'expliquent divers faits qu'on observe chez des peuples barbares ou à demi civilisés. Chez les nègres de la Côte de Guinée, « à Badagry, les prêtres du fétiche sont les seuls juges du peuple [2] ». Dans l'ancien Yucatan, « les prêtres des dieux étaient vénérés à l'égal des seigneurs qui infligeaient des peines et octroyaient des récompenses [3] ». Déjà, quand nous avons parlé des institutions judiciaires (§ 525), nous avons rappelé les fonctions judiciaires des prêtres chez les Gaulois et les Scandinaves. La même raison explique l'existence de la même relation chez des peuples plus anciens. Nous savons que chez les Égyptiens, « outre leurs devoirs religieux, les

1. Hallam, *l'Europe au moyen âge*, 367.
2. Lander, *Records of Captain Clapperton's last Expedition*, etc., 1830, I, 281.
3. Bernardo de Liçana, *Historia de Yucatan*, 1633, 8.

prêtres remplissaient les importants offices de juges (Elien, *Hist. var.* libri XIV, c. XXXIV) et de législateurs aussi bien que celui de conseillers du monarque ; enfin les lois, comme chez beaucoup d'autres nations de l'Orient (les Juifs, les Musulmans, et autres), faisant partie des livres sacrés, ne pouvaient être appliquées que par des membres de l'ordre sacerdotal [1] ».

Sans doute dans le christianisme la relation du prêtre au souverain était différente à l'origine, mais quand on en vint à voir dans le prêtre chrétien, comme dans celui des religions indigènes, une personne divinement inspirée, on commença à reconnaître son autorité de juge. Dans les temps reculés de l'histoire d'Angleterre, l'évêque avait à « rendre la justice, à s'enquérir du parjure, à diriger les ordalies [2] ». D'abord simples participants à la fonction judiciaire des laïques, ils ne tardèrent pas à devenir usurpateurs. Les cours ecclésiastiques, qui n'étaient d'abord que des tribunaux destinés à faire subir aux prêtres inférieurs l'autorité des prêtres supérieurs, étendirent leur action aux affaires où des clercs et des laïques étaient impliqués en même temps, et finirent par connaître des affaires où les laïques étaient seuls intéressés. D'abord ils connurent des infractions dites spirituelles, puis, en étendant la définition de ces délits, « ils firent tomber sous la juridiction de l'Église toutes les questions testamentaires et matrimoniales, toutes les questions relatives aux banquiers, aux usuriers, aux Juifs, aux Lombards, tout ce qui impliquait des contrats ou des engagements par serment, toutes les affaires se rattachant aux croisades, l'administration des hôpitaux et d'autres institutions charitables, toutes les accusations de sacrilège, de parjure d'incontinence [3], etc. ».

1. Wilkinson, *Manners and Customs of the Ancient Egyptians*, I, 186.
2. Kemble, *The Saxons in England*, 1849, II, 393.
3. Jervis, *History of the Church of France*, 1872, I, 71.

En même temps se formait un code de lois canoniques dérivées des jugements des papes. Cet empiétement de la juridiction ecclésiastique sur la sphère de la juridiction civile conduisit finalement aux luttes pour la suprématie; enfin, au XIIIe siècle, la juridiction ecclésiastique commença à perdre du terrain, et, depuis lors, ses limites se sont bien réduites.

§ 636. En même temps que les prêtres possédaient une grande part de l'administration de la justice dans les pays et aux époques où ils passaient pour inspirés par la sagesse divine, ou pour les organes des ordres divins, ils possédaient aussi dans les mêmes pays et aux mêmes époques une grande part d'autorité dans les affaires de l'Etat comme ministres et comme conseillers.

Dans certains cas, le chef politique cherche l'assistance des prêtres non parce qu'il les croit en possession d'une sagesse surnaturelle, mais parce qu'ils sont utiles comme agents de gouvernement. « Parmi les nobles et les plus intelligents d'entre les naturels de la Côte d'Or, dit Cruikshank, il en est qui ont très peu de foi dans le fétiche et qui ne laissent pas de reconnaître sa valeur comme instrument de gouvernement civil [1]. » Les chefs fidjiens reconnaissaient « qu'ils avaient peu de respect pour le pouvoir des prêtres et qu'ils se servaient d'eux seulement pour gouverner le peuple [2] ». Lorsque, dit Williams, « il existe une bonne intelligence entre le chef et les prêtres, ces derniers ont soin de faire accorder les ordres des dieux avec les désirs du chef [3] ». Il est probable qu'une relation analogue subsiste en Abyssinie, puisque le roi

1. Cruikshank, *Eigtheen Yearson the Gold Coast of Africa*, II, 137.
2. *United states exploring expedition*, III, 89.
3. Williams, *Fiji and the Fijians*, 191.

du Choa gouverne son peuple « surtout au moyen de l'Église[1] ».

Pourtant, dans d'autres cas bien plus nombreux, le pouvoir des prêtres (ou du sorcier ou de l'homme qui unit les deux rôles) comme conseiller politique provient de la croyance qui lui assigne un savoir surnaturel. « Chez les Marutsis, dit Holub, il y avait autour du roi Sepoyo deux magiciens ou docteurs... qui exerçaient presque une autorité suprême sur les affaires de l'Etat[2]. » Boyle nous raconte que, chez les Dayaks, « à côté de la porte du *tuah* (chef) vivait le *manany* ou sorcier[3] ». Huc remarque que l'empereur tartare Mangou-Khan, « adonné à une foule de superstitions, faisait loger son devin en face de sa tente et lui confiait les chars qui portaient les idoles[4] ». Il en fut de même lorsque le caractère sacerdotal fut plus nettement accentué. Nous avons vu qu'au Mexique « les grands prêtres étaient les oracles que les rois consultaient dans toutes les affaires importantes de l'Etat[5] ». Il en était de même chez les anciens peuples d'Amérique, par exemple dans le Michoacan, où les prêtres « possédaient la plus grande influence dans les affaires temporelles aussi bien que dans les affaires ecclésiastiques[6] ». C'était la même chose dans l'ancienne Égypte. « Après le roi, les prêtres tenaient le premier rang, et c'était parmi eux que le roi choisissait ses confidents et ses conseillers responsables[7]. » Il en est encore ainsi en Birmanie, où, dit Sangermano, « tout se règle d'après l'opinion des bramines, de sorte que le roi lui-même ne se hasarderait pas à faire la moindre démarche sans leurs avis[8] ».

1. Harris, *Highlands of Œthiopia*, III, 25.
2. Hollub, *Seven Years in South Africa*, trad. 1881, II, 241.
3. Boyle, *Adventures among the Dyaks of Borneo*, 1865, 201.
4. Huc, *le Christianisme en Chine*, I, 232.
5. Clavigero, I, 281.
6. Bancroft, *The Native Races*, etc.
7. Wilkinson, *Manners*, etc., I, 168.
8. Sangermano, *Empire birman*, 53.

Il faut donc s'attendre à voir la fonction de conseiller dans les affaires civiles unie à la fonction sacerdotale, dans les sociétés qui ont des cultes dérivés de celui des chefs morts. Pourtant on voit que les prêtres mêmes d'une religion conquérante acquièrent à cet égard, comme à d'autres, la même situation essentielle que ceux des religions indigènes. L'histoire de l'Europe au moyen âge montre comment les prélats devinrent des agents du pouvoir civil, comme ministres, comme diplomates et comme membres des assemblées où se traitaient les affaires politiques.

§ 637. Mais le développement social, toujours suivi de la spécialisation des fonctions, réduit les fonctions civiles des prêtres comme leurs fonctions militaires.

A une extrémité, nous trouvons dans le roi primitif une fusion complète des deux groupes de fonctions; et dans les gouvernements des sociétés avancées nous voyons apparaître l'autre extrémité, où les prêtres, au lieu de jouer un grand rôle dans les affaires civiles, en sont à peu près exclus. En Angleterre, sauf dans certains cas exceptionnels, où le clergé exerce une magistrature, les pouvoirs judiciaire et exécutif, autrefois l'apanage des chefs du clergé, sont tombés de leurs mains; et, s'il reste aux évêques quelques débris du pouvoir législatif, il est probable qu'ils ne le conserveront pas longtemps. Cette différenciation a si bien établi son empire dans l'opinion générale, qu'on trouve inconvenant que les prêtres jouent un rôle actif en politique.

Il y a de bonnes raisons d'associer ce changement, ou au moins l'achèvement de ce changement, avec le développement du type social industriel. La résistance à l'autorité irresponsable des prêtres, comme la résistance à d'autres autorités irresponsables, provient en définitive de deux conséquences de la vie industrielle qui habitue chaque citoyen à défendre ses propres droits tandis qu'il respecte ceux des autres : c'est la conscience toujours plus claire de la liberté personnelle, et le droit qui l'accompagne de juger par soi-même. Mais ce rapport deviendra plus évident à mesure que nous entrerons plus avant dans la question au chapitre suivant.

CHAPITRE XII

L'ÉGLISE ET L'ÉTAT

§ 638. Nous avons montré de diverses façons que, dans le principe, l'Église et l'État se confondent. Nous ne voulons pas seulement parler des idées régnantes en Chine et au Japon, où les notions de ce monde et de l'autre sont tellement mêlées que les deux mondes ont le même maître vivant. Nous ne voulons pas seulement rappeler que le souverain primitif, vicaire de son ancêtre décédé, dont, en qualité de prêtre, il sollicite la faveur par des sacrifices et par la promulgation de ses volontés, unit dans sa personne l'autorité du mort à celle du vivant. Nous voulons dire que lorsque l'ordre normal n'a pas été rompu, le gouvernement sacré et le gouvernement séculier restent unis en fait, parce que le second demeure en grande partie l'instrument du premier. Sous une forme simple, voici un passage qui nous montre cette relation : « A Mangaïa, les rois étaient les... les orateurs, ou les prêtres de Rongo. Comme Rongo était la divinité tutélaire et la source de toute autorité, ils étaient investis d'un pouvoir terrible, il fallait que le seigneur temporel obéît comme la multitude, par crainte de la colère de Rongo [1]. » Ce type théocratique de gouvernement s'est complètement développé en divers endroits.

1. Gill, *Myths and Songs*, etc., 293.

En Égypte, il était encore plus prononcé que chez les Hébreux. « L'influence que les prêtres de Méroé tiraient de la croyance qui faisait d'eux les organes des dieux, se voit très bien dans Strabon et Diodore. Ces historiens disent que les prêtres avaient coutume d'envoyer au roi, quand ils le voulaient, l'ordre de mourir pour obéir à l'oracle qu'ils lui signifiaient; ils étaient si bien parvenus à assujettir l'esprit de ces princes par des terreurs superstitieuses, qu'on leur obéissait sans résistance [1]. » Dans d'autres cas, l'assujettissement du pouvoir temporel au spirituel, s'il est moins complet, est encore suffisamment marqué. « Le gouvernement du Bhoutan, comme celui du Thibet et celui du Japon, est une théocratie, où la première place appartient au chef spirituel. Si le chef est un reclus de profession, un délégué remplit les devoirs actifs de sa charge [2]. » Mais dans ces cas, ou dans quelques-uns, la suprématie du chef spirituel a en réalité fait place à celle du chef temporel : différenciation des deux formes de gouvernement qui s'est produite aussi en Polynésie, dans des conditions analogues.

Lorsque l'Église et l'État ne sont pas fondus au point de faire du souverain terrestre un simple délégué du souverain céleste, la fusion persiste cependant partout où les croyances primitives survivent dans toute leur force et où par conséquent les intercesseurs entre les dieux et les hommes gardent la toute-puissance et absorbent la loi civile dans la loi religieuse. En Égypte, par exemple, le sacerdoce avait le rôle prépondérant en tout. Rien n'échappait à sa juridiction : « le roi lui-même était sujet aux lois que les prêtres imposaient à sa conduite et même à sa manière de vivre [3] ». Dans l'ancienne

1. Rawlinson, trad. d'Hérodote.
2. Bogle, *Narrative of Mission to Thibet*. 1876, 33.
3. Wilkinson, *Manners and Customs of the Ancient Egyptians*, III, 654.

Amérique, où les croyances religieuses étaient aussi ardentes qu'en Égypte, il y avait aussi unité de l'Église avec l'État. Au Pérou, les gouvernements ecclésiastique et politique se confondaient complètement. Au Yucatan, l'autorité des prêtres rivalisait avec celle des rois. D'après la tradition des anciens Mexicains, les prêtres avaient dirigé l'immigration du peuple, ce qui explique la fusion des gouvernements civil et religieux, qui n'en faisaient pour ainsi dire qu'un.

La fusion de l'Église et de l'État n'est pas seulement le propre des sociétés où les dieux sont des souverains divinisés depuis plus ou moins longtemps ; l'histoire de l'Europe au moyen âge montre qu'on la retrouve encore dans les sociétés dont les religions ne sont pas indigènes, et qu'elle persiste aussi longtemps que les croyances religieuses n'ont pas subi l'effort de la critique.

Mais alors, comme toujours, diverses causes concourent pour produire la différenciation et creuser la séparation. Si les deux autorités coopèrent efficacement au début quand leurs intérêts sont les mêmes en grande partie, les organes du gouvernement céleste et ceux du terrestre finissent par se disputer la suprématie. Cette rivalité s'ajoute à la dissemblance toujours plus grande des fonctions pour séparer nettement les deux organisations.

§ 639. Si nous voulons comprendre la lutte pour la suprématie qui finit par éclater, et qui accentue de plus en plus la séparation de la structure ecclésiastique d'avec la politique, il faut jeter un coup d'œil sur l'origine du pouvoir sacerdotal.

Au début, le prêtre, représentant de la divinité, prétend sanctionner l'autorité du souverain civil. De nos jours, chez certaines races barbares, les Zoulous par exemple, nous voyons cette prétention reconnue. « Un chef, issu d'une ancienne lignée de rois, appelle à lui les fameux devins pour recevoir d'eux l'autorité de chef et devenir réellement le chef[1]. » Dans l'ancienne Égypte, le roi, placé entièrement dans la main des prêtres, ne pouvait être couronné qu'après avoir fait partie du sacerdoce. Chez les Hébreux, Saül reçoit de Samuel l'onction sacrée au nom de Dieu. Sans relater d'autres exemples, passons aux papes, dont la puissance devint si grande que des rois reçurent d'eux leur couronne et leur jurèrent obéissance. Le sacre des souverains, qui subsiste aujourd'hui comme une forme de cérémonie, était jadis une réalité et constituait un élément du pouvoir sacerdotal.

On peut citer ensuite la prétendue influence des prêtres sur les êtres surnaturels. Tant que la foi est absolue, le prêtre tire un avantage immense de la peur des maux qu'il peut infliger par ses invocations, ou de la confiance qu'on peut avoir en son habileté à procurer des événements heureux. Alors même que chacun pouvait offrir des sacrifices, les prêtres de profession tiraient profit de leur prétendu savoir. « Tout suppliant s'adressait directement à la divinité; la communauté avait naturellement le roi pour porte-parole, comme la curie le curion et les chevaliers leurs colonels..... Mais..... le dieu avait sa façon de parler..... Celui qui le comprenait bien savait non seulement comment constater la volonté du dieu, mais aussi comment s'en servir et même, en cas de besoin, le contraindre. Il était donc bien naturel que le fidèle du dieu consultât régulièrement des hommes aussi habiles et écoutât leurs avis [2]. » Naturellement lorsque l'organe sacerdotal seul pouvait procurer la faveur divine, « c'était toujours par les mains du prêtre, comme chez les Chibchas, par exemple, que devaient passer les offrandes ou les sacrifices,

1. Callaway, *The Religious Systems of the Amazulu*, 848.
2. Mommsen, *Histoire romaine*, I, 158.

publics ou privés [1] ». L'organisation ecclésiastique y gagnait une grande force.

A l'influence que les prêtres possédaient à titre d'intercesseurs s'en ajoutaient d'autres d'un ordre analogue et pareillement fondées sur des superstitions régnantes. Citons entre autres le prétendu pouvoir d'accorder ou de refuser le pardon des péchés. Puis c'est le prétendu besoin d'un passeport pour l'autre monde, que nous trouvons dans les usages de l'Ancien Mexique, du Japon et de la Russie. Ajoutons la peine redoutée de l'excommunication, qui, sous le régime du christianisme, comme sous celui des druides, fondait surtout sur les contempteurs de l'autorité ecclésiastique.

Aux pouvoirs que les prêtres tirent de leurs prétendues relations avec les dieux il faut ajouter des pouvoirs d'autre genre. Dans les sociétés primitives, les prêtres composent la classe cultivée. Le sorcier, chez les sauvages, est d'ordinaire un homme qui possède certaines informations ignorées de ceux qui l'entourent. Les sacerdoces avancés des Égyptiens et des Chaldéens nous font voir comment la connaissance des phénomènes extérieurs accumulés et transmis permettait aux prêtres de prédire les événements astronomiques et de faire des choses surprenantes qui exaltaient leur pouvoir aux yeux du vulgaire. A l'influence qui découlait de ce savoir s'ajoutait celle que leur donnait l'art d'écrire. Leur habileté à exprimer des idées par des hiéroglyphes, des signes idéographiques, etc., facilitait grandement l'action commune dans tout le corps ecclésiastique par la possession exclusive de moyens de communiquer la pensée. En Europe, au moyen âge, la faculté d'écrire et de lire, que les prêtres possédaient à peu près seuls, rendait leur assistance indispen-

1. Simon, *Noticias historiales*, 248.

sable dans les diverses affaires et assurait de grands profits à l'Église. N'oublions pas l'accroissement d'influence qui résultait du rôle que les prélats jouaient dans l'éducation des souverains temporels. Au moyen âge, les évêques « étaient ordinairement les précepteurs des princes »; et à Mandalay, de nos jours, le plus haut dignitaire de l'Église, dont l'autorité vient après celle du roi, « devient généralement patriarche pour avoir été le précepteur du roi durant la jeunesse du prince [1] ».

En dernier lieu, citons le pouvoir qui résulte de l'accumulation de la propriété. D'abord simple salaire des exorcistes et des devins chez les sauvages, puis dons en nature offerts aux prêtres sacrificateurs, plus tard oblations aux temples et cadeaux aux fonctionnaires ecclésiastiques, la richesse afflue de toutes parts vers l'organisation ecclésiastique. Dans l'Ancien Mexique, dit Zurita, « des villes nombreuses et beaucoup d'excellents domaines étaient réservés à l'entretien du culte public [2] ». Chez les Péruviens, on réservait « le tiers ou le quart [3] » du revenu annuel pour les services religieux. En Égypte, jadis « les prêtres vivaient dans l'abondance et le luxe. La portion du sol qui leur était attribuée, la plus grande des trois dans lesquelles la terre était partagée, était (à une certaine époque) affranchie de taxes [4]. » A Rome, « le service public des dieux n'était seulement devenu plus ennuyeux, il était surtout plus coûteux... L'habitude de faire des fondations, et en général de créer des obligations pécuniaires permanentes, pour des fins d'ordre religieux, prévalut chez les Romains, comme elle prévaut de nos jours

1. Fytche, *Burma, Past and Present*, 1878, II, 195.
2. Zurita, *Rapports sur les diverses classes de chefs de la Nouvelle-Espagne*. Ternaux-Compans, 1840, 387.
3. Ondegardo, *Rites et lois des Incas*, 157.
4. Kenrick, *Ancient Egypt under the Pharaohs*, 1860, II, 37.

chez les nations catholiques [1]. » Chacun sait qu'au moyen âge, indépendamment des oblations, des dîmes, etc., l'Église possédait le tiers de la propriété foncière.

§ 640. En possession de la puissance naturelle et surnaturelle, dans toute son étendue et sous toutes ses formes, l'organisation ecclésiastique paraît devoir être irrésistible, et dans bien des cas elle s'est trouvée irrésistible. Lorsque l'union primitive de l'Église et de l'État a fait place à la vague distinction qui résulte inévitablement de la spécialisation partielle des fonctions qui marche avec l'évolution sociale, il ne manque pas de se produire entre les deux puissances des différences de tendance. En conséquence, une question se pose, à savoir si le souverain vivant, appuyé sur son organisation civile et ses subordonnés militaires, cédera ou non à l'organisation des représentants des souverains morts, qui prétendent parler en leur nom. Si, dans toutes les couches de la société, la foi est illimitée et la terreur du surnaturel extrême, le pouvoir temporel devient sujet du spirituel.

On peut voir l'origine de cette lutte dans les temps les plus reculés. Le passage suivant nous donnera une idée de la considération dont les docteurs ès temps jouissent chez les Zoulous : « Il y a partout des docteurs de la grêle. Quoique chaque nation ait son chef, le peuple ne dit pas : c'est le pouvoir du chef qui nous donne du grain ; il dit : c'est le fils d'un tel qui nous donne du grain ; lorsque le ciel se couvre de nuages et que nous ne savons pas qu'il redeviendra clair, le docteur fait avec diligence tout ce qui est nécessaire, et nous n'avons plus peur [2]. » Il arrive aussi quelquefois que le chef, chez les Zoulous, habituellement jaloux du sorcier, le

1. Mommsen, *Histoire romaine*, II, 483.
2. Callaway, *The Religious Systems of the Amazulu*, 378.

tue. Nous trouvons à Samoa le conflit sous une autre forme. Dans un conseil de guerre tenu en vue des mesures à prendre pour tirer vengeance des naturels des îles Tonga, le grand prêtre, « homme orgueilleux, violent, sans scrupule, qui unissait dans sa personne le triple rôle de guerrier, de prophète et de prêtre », voulait qu'on mît à mort immédiatement les prisonniers tongans, le roi s'y opposa. Ce fut l'origine d'un conflit entre le prêtre et le roi qui aboutit à la guerre civile, à la chute et à l'exil du roi dont le prêtre usurpa la place. Cette lutte entre un roi miséricordieux et un prêtre impitoyable ne ressemble pas de tout point à celle qui s'élève entre Saül et Samuel, puisque Samuel n'usurpa pas la couronne, et se contenta de sacrer David, mais l'une et l'autre sont de bons exemples de la lutte pour l'autorité qui éclate entre le chef civil et le prétendu porte-voix des ordres divins. De même chez les Grecs. « Les prêtres, dit Curtius, au temps de l'*Iliade*, surtout les devins, faisaient aussi opposition au pouvoir royal; ils constituaient une autre autorité par la grâce de Dieu, bien plus tenace et dangereuse [1]. » Chez les Romains, il y a des traces de résistance au pouvoir civil. « Les prêtres, au moment même des plus graves embarras de l'État, prétendirent s'exonérer des charges publiques, et ce ne fut qu'après des débats fâcheux qu'ils se soumirent à payer les taxes arriérées [2]. » On retrouve ce conflit dans tous les pays et chez tous les peuples. Dikson écrit des prêtres japonais au XVIe siècle : « Par leur richesse, et avec leurs nombreux vassaux, ils pouvaient mettre sur pied un armée respectable; et leurs vassaux ne marchaient pas seuls; les prêtres combattaient dans leurs rangs [3]. » Chez les Nahuans de l'ancienne Amérique, les

1. Curtius, *Histoire de la Grèce*, I, 151.
2. Mommsen, *Histoire romaine*, II, 423.
3. Dikson, *Japan, Being a Sketch of the History, Governement and Officers of the Empire*, 1869, 41.

prêtres « possédaient une grande puissance temporelle aussi bien que sacerdotale. Yapao, l'une de leurs principales villes, obéissait à l'autorité absolue d'un pontife, rival redoutable des monarques zapotèques [1]. » La relation que nous signalons ici entre les souverains spirituels et les temporels nous rappelle celle qui a longtemps existé entre les souverains spirituels et temporels de la chrétienté, et les longs débats pour la suprématie que l'histoire de l'Europe a enregistrés, où les chefs politiques s'armaient des forces naturelles et les chefs ecclésiastiques se prévalaient d'une autorité et d'un droit surnaturels.

§ 641. Il y a des raisons de croire que le changement qui a transformé une prééminence primitive de la puissance spirituelle sur la temporelle en un assujettissement final de la première, provient principalement de la cause qui a souvent déterminé l'apparition des types les plus élevés de l'organisation sociale, à savoir le développement de l'industrialisme.

Nous avons déjà remarqué (§ 618) que l'extrême servilité du caractère des peuples de l'ancienne Amérique avait produit un double effet. En même temps qu'ils se soumettaient sans résistance à un despotisme politique absolu approprié au type social du militarisme, ils se courbaient humblement devant le sacerdoce énormément développé de leurs divinités sanguinaires. Nous avons retrouvé les mêmes relations chez les diverses races du vieux monde. A la différence d'autres peuples de l'antiquité, les Grecs (§ 484, 485, 498) purent, à la faveur des circonstances, résister à l'union de leur pays aux États d'un despote. En même temps, surtout à Athènes, l'industrialisme et les institutions qui lui sont propres firent

1. Bancroft, *The Native Races*, etc., II, 142.

de grands progrès parmi eux. Ces deux causes empêchèrent chez les Grecs la constitution d'une hiérarchie sacerdotale. L'histoire de l'Europe, à la fois dans l'espace et dans le temps, nous fournit partout des exemples de ce rapport exprimé déjà à l'époque classique entre les institutions relativement libres propres à l'industrialisme et l'arrêt des institutions sacerdotales.

La cause commune de ces changements simultanés est, comme nous l'avons déjà remarqué, la modification du caractère qui résulte de la substitution d'un genre de vie réglé par la coopération volontaire au genre de vie soumis à la coopération obligatoire, la transition d'un état social où l'obéissance à l'autorité est la vertu suprême, à un état social où c'est une vertu suprême que de résister à l'autorité quand elle franchit les limites prescrites. Cette modification du caractère provient de l'habitude quotidienne que prennent les hommes de faire respecter leurs droits tout en respectant ceux des autres, ce qui est le fond du régime du contrat. L'attitude d'esprit issue de cette discipline ne dispose pas à une soumission absolue, ni envers le chef politique et les lois qu'il promulgue, ni envers le chef ecclésiastique et ses dogmes. En même temps que cette disposition a pour effet de limiter l'action coercitive du chef civil, elle porte à braver l'autorité du prêtre. Une fois que l'esprit a acquis l'habitude de la critique, l'inspiration sacerdotale est mise en doute, et la puissance qui repose sur la foi commence à décliner.

A ce changement moral s'ajoute un changement intellectuel, autre résultat indirect de la vie industrielle. L'autorité grandissante de la connaissance de la causation naturelle, qui combat et affaiblit peu à peu la croyance à la causation surnaturelle, est la conséquence du progrès des arts industriels. Ce progrès fait faire à l'homme l'expérience toujours renouvelée de l'uniformité des relations qui unissent les phénomènes, et rend possible le progrès de la science. Dans les temps primitifs, il est vrai, ce sont les prêtres seuls qui amassent la connaissance de la nature, qui est en désaccord avec leur enseignement; mais, l'astronomie des Chaldéens par exemple en est la preuve, on ne croyait pas, à cette époque, que l'ordre naturel des choses fût incompatible avec l'action d'une puissance surnaturelle; donc, la connaissance de l'ordre naturel, tant que les prêtres seuls la possèdent, ne sert pas à réfuter leurs prétentions. C'est seulement lorsque la connaissance de l'ordre naturel devient assez familière et générale pour changer insensiblement les habitudes mentales de l'homme, qu'elle amoindrit l'autorité et la puissance sacerdotales; or, sous nos yeux mêmes, la diffusion de cette connaissance dans toutes les couches de la société grandit avec l'industrialisme.

CHAPITRE XIII

DISSIDENCE RELIGIEUSE

§ 642. Les sociétés des types primitifs ne nous offrent rien qui ressemble à ce que nous appelons de nos jours la dissidence religieuse. Dépourvu de la connaissance et des penchants mentals qui mènent à la critique et au scepticisme, le sauvage accepte passivement tout ce qu'affirment ses anciens. La coutume, sous la forme d'une croyance établie, aussi bien que sous celle d'un usage établi, est sacrée pour lui : un écart d'avec cette croyance est une chose inouïe. Pendant la longue durée des premiers âges de l'évolution sociale, ce trait du caractère mental de l'homme a, entre autres effets, pour résultat de conserver la fidélité aux religions traditionnelles. Sans doute, durant ces époques, on voit de nombreux cultes exister côte à côte; mais, issu du culte universel des ancêtres, le polythéisme ne rentre pas dans ce que nous appelons dissidence religieuse; en effet, les fidèles des divers autels ne nient pas les dieux des autres, ni ne contestent activement les idées régnantes qui concernent ces dieux. Quelquefois seulement, comme par exemple pour Socrate, qui exprimait une conception des agents surnaturels en désaccord profond avec les idées populaires, nous apercevons dans les sociétés anciennes la dissidence religieuse proprement dite.

Ce que nous appelons de ce nom s'observe surtout dans les sociétés qui sont au fond, sinon à la lettre, monothéistes, et où il existe de nom, sinon de fait, une croyance passablement uniforme servie par une hiérarchie consolidée.

La dissidence religieuse, même réduite à ces limites, comprend des phénomènes très différents. Pour la comprendre, il faut en séparer tout qui s'y trouve attaché par la forme extérieure et les circonstances. Sans doute, dans la plupart des cas, une secte dissidente adopte quelque version hérétique de la croyance admise, et la version qu'elle adopte n'est pas toujours dénuée de valeur; mais le point capital, c'est l'attitude prise à l'égard du gouvernement ecclésiastique. Il y a bien toujours un certain exercice du jugement individuel, mais aux époques primitives cet exercice ne se montre que dans le choix d'une autorité estimée supérieure à une autre. Ce n'est que plus tard que l'exercice du jugement individuel va jusqu'à nier l'autorité ecclésiastique en général.

Le développement de cette attitude mentale va ressortir de la comparaison de quelques-unes des époques successives.

§ 643. Les anciennes formes de dissidence opposent habituellement l'autorité du passé à celle du présent; et comme la tradition rapporte qu'à des époques plus barbares il existait des usages plus barbares de propitiation, les anciennes formes de dissidence sont d'ordinaire la restauration de pratiques plus antiques que celles de la religion régnante. On a vu (§ 620) que le monachisme primitif a pris naissance de la sorte. Le christianisme, tout en insistant sur des préceptes moraux plus élevés, préconisait la renonciation à la vie ordinaire et à ses séductions. Cette doctrine, dérivée, dit-on, de celle des Esséniens, produisit plus tard une continuelle floraison de sectes dissidentes dont le caractère commun était l'austérité.

D'autres genres de dissidence différant de ceux-ci, et différant aussi des genres plus modernes, se produisirent à l'époque où l'Église s'étendait et s'organisait.

En effet, avant que le gouvernement ecclésiastique se fût établi et eût acquis un caractère sacré, la résistance à ses empiètements enfantait naturellement des divisions. Depuis l'époque où l'autorité résidait dans les communautés chrétiennes mêmes, jusqu'à celle où elle se concentra dans la personne du pape, il se produisit nécessairement une succession d'usurpations d'autorité, dont chacune donna lieu à des protestations. De là naquirent du IIIe au VIIe siècle les sectes des Noétiens, des Novatiens et des Mélétiens, des Aériens, des Donatistes, des Joannites, des Hésitans, des Thimotéens et des Athingiens.

Glissons sur l'époque où le pouvoir ecclésiastique s'élevait à son apogée dans toute l'Europe, et arrivons au XIIe siècle; nous y rencontrons des dissidents d'un type plus avancé. Ceux-ci, qu'ils proclamassent ou non des différences de doctrine, se révoltaient avant tout contre le gouvernement ecclésiastique. Les sectes des Arnoldistes en Italie, des Pétrobusiens, des Capuciens et des Vaudois en France, et plus tard celles des Stedingiens en Allemagne et des Apostoliques en Italie, en sont des exemples, tous caractérisés par l'affirmation de la liberté individuelle aussi bien dans la pensée que dans l'action. Affirmant d'ordinaire des doctrines dites hérétiques, dont la profession était une négation tacite de l'autorité ecclésiastique (bien qu'une négation de ce genre reposât d'ordinaire sur la soumission à une autorité prétendue supérieure), ces sectes allèrent en grandissant au XIVe et au XVe siècle. C'étaient les Lollards en Angleterre, les Fraticelli en Italie, les Taborites, les frères Bohèmes, les Moraves et les Hussites en Bohême, tous soulevés contre la discipline de l'Église. Puis vinrent les révoltes de la Réforme, allumées par les Luthériens en Allemagne, les Zwingliens et les Calvinistes en Suisse, les Huguenots en France, les Anabaptistes et les Presbytériens en Angleterre, qui ne se bornèrent pas à répudier des doctrines, des cérémonies et des usages consacrés, mais qui affichèrent une plus grande hostilité contre le sacerdoce. Leur caractère commun était l'opposition à l'épiscopat protestant ou catholique. La plupart de ces sectes dissidentes firent en adoptant le gouvernement presbytéral un pas en avant vers la liberté de penser en matière religieuse et la négation de l'inspiration des prêtres. Plus tard les Indépendants prirent pour principe distinctif le droit de chaque congrégation à se gouverner elle-même ; progrès nouveau dans le mouvement antisacerdotal qui aboutit à son extrême limite avec les Quakers. Ceux-ci remontant directement à la source suprême de la foi, et poussant avec plus de logique que les autres sectes le droit reconnu du jugement privé, rejetèrent l'attirail entier du régime ecclésiastique.

Il est vrai que l'histoire des diverses sectes non conformistes, sans en excepter même celle des Amis, nous fait voir la renaissance d'un gouvernement coercitif de même famille que celui contre lequel la révolte s'était faite. Il en est des révolutions religieuses comme des révolutions politiques. Comme il n'y a pas, dans le caractère et l'éducation d'une même société et à la même époque, de différences suffisantes, les révolutions donnent naissance à des formes de gouvernement à peine meilleures que celles dont elles s'écartent. Calvin, infatué de son infaillibilité et des mesures qu'il prenait pour imposer sa dissidence ecclésiastique, était un pape ni plus ni moins qu'aucun de ceux qui lancèrent des bulles du haut du Vatican. La discipline des presbytériens d'Écosse était despotique, rigoureuse, inflexible autant que celle du catholicisme. Les puritains de la Nouvelle-Angleterre étaient aussi étroits dans leur dogmatisme, aussi cruels dans leurs persécutions que les ministres de l'Église qu'ils fuyaient. Quelques sectes dissidentes, même celle des Wesleyens, ont formé des églises à peine moins sacerdotales et, à certains égards, plus coercitives que celles dont ils se séparaient. Même chez les Quakers, en dépit de l'individualité prononcée que supposait leur doctrine, il s'est constitué une croyance définie et un corps exerçant l'autorité.

§ 644. La dissidence moderne en Angleterre manifeste plus nettement le caractère essentiel d'hostilité contre le sacerdoce, et le réalise par divers moyens secondaires aussi bien que par un moyen principal.

C'est d'abord la multiplication des sectes que les observateurs étrangers reprochent à l'Angleterre, mais où le philosophe voit une cause de supériorité. L'apparition d'une nouvelle secte est en effet une affirmation nouvelle du droit du jugement privé, un résultat collatéral du caractère qui rend possible les institutions libres.

La multiplication des sectes paraîtra encore plus significative si l'on considère les causes de la dissidence. Prenons par exemple les Wesleyens. En 1797, la Nouvelle Alliance méthodiste s'organise sur le principe de la participation des laïques au gouvernement de l'Église. En 1810, les Méthodistes primitifs se séparent du corps primitif : « ils voulaient avoir des représentants laïques à la conférence ». En 1834, poussée par l'opposition au pouvoir sacerdotal, l'Association méthodiste wesleyenne se forma : ses membres réclamèrent pour les laïques une plus grande part d'influence, et résistèrent à l'intervention de l'autorité centrale dans le gouvernement. Enfin en 1849 se produisit une autre division dans l'église méthodiste, toujours au nom de la résistance à l'autorité des ministres.

Naturellement, dans les sectes où le gouvernement est moins coercitif, il y a moins d'occasions de révolte contre l'autorité sacerdotale; mais les exemples ne manquent pas, même dans les petites congrégations libres des unitaires, de cette tendance à la division au nom du droit du jugement privé. Bien plus, lorsqu'il ne se fait pas de dissidence assez prononcée pour produire une séparation, on voit naître partout de nombreux désaccords exprimés sur des points secondaires parmi les adhérents d'une même croyance. Nous en trouvons l'exemple le plus curieux peut-être dans l'Église anglicane. Nous ne voulons pas parler de ces divisions appelées haute, basse ou large église, qui supposent plus ou moins d'esprit de dissidence, nous visons plus particulièrement à l'étrange anomalie que nous offrent les ritualistes, qui, au moment même où ils affirment l'autorité du prêtre, se révoltent contre l'autorité sacerdotale et, pour proclamer plus hautement la suprématie ecclésiastique, bravent leurs supérieurs ecclésiastiques.

La revendication universelle de la liberté religieuse affirmée de ces diverses manières se montre plus nettement encore dans un mouvement toujours plus accentué en faveur de l'abolition de l'Église d'État. En même temps qu'on nie toute autorité sacerdotale, on refuse au gouvernement même issu de la majorité le pouvoir d'imposer une croyance ou une pratique religieuse : c'est l'effet logique de la théorie protestante. La liberté de penser, longtemps proclamée et de plus en plus pratiquée, est près d'atteindre cette limite où personne ne sera plus obligé d'entretenir la foi d'autrui.

Évidemment cet état final complète la différenciation sociale qui a pris naissance quand le chef primitif a délégué pour la première fois sa fonction sacerdotale.

§ 645. Comme le fait supposer la dernière phrase, les changements que nous avons retracés ci-dessus s'accomplissent en même temps que les changements retracés dans le chapitre précédent. A côté du long conflit engagé entre l'Église et l'État, phénomène concomitant de leur différenciation, qui aboutit à la subordination de l'Église, des luttes secondaires prennent place, qui divisent l'Église et aboutissent à la séparation des membres récalcitrants.

Il y a autre chose encore. De même que l'assujettissement de l'Église à l'État, l'expansion de la dissidence est un résultat indirect de l'industrialisme. Le caractère moral propre à une organisation basée sur le contrat au lieu du statut personnel, c'est-à-dire le caractère moral qui se développe à la faveur de la vie sociale régie par la coopération volontaire au lieu de l'obligation, travaille à créer l'indépendance religieuse aussi bien que l'indépendance politique. Cette conclusion évidente *à priori* se vérifie *à posteriori* de diverses façons. On voit la dissidence grandir à mesure que l'industrialisme se développe, pour devenir finalement un des traits principaux des nations où le développement du type industriel est aussi l'un des traits principaux : par exemple l'Amérique et l'Angleterre. En Angleterre, le contraste que présentent les populations urbaines et rurales, aussi bien que celui qui sépare les populations des diverses parties du royaume, atteste la prépondérance de la dissidence partout où le type industriel prédomine.

CHAPITRE XIV

INFLUENCE MORALE DES SACERDOCES

§ 646. Nous l'avons dit quand nous parlions des fonctions militaires des prêtres, il existe dans la plupart des esprits une association erronée qui lie ensemble le ministère religieux et l'enseignement moral. Sans doute les prêtres inculquent habituellement des règles de conduite qui d'une façon ou d'une autre favorisent la conservation de la société; mais il arrive si souvent que cette conservation trouve un auxiliaire dans une conduite entièrement différente de celle que nous appelons morale aujourd'hui, que l'influence sacerdotale est bien des fois une cause de dégradation plutôt que d'élévation morale.

On rapporte que le dieu tahitien Oro « trouvait une vive satisfaction dans la guerre la plus sanguinaire [1] ». Le roi du Mexique, Montézuma, évitait de subjuguer les Tlascalèques ses voisins « afin d'avoir des hommes à sacrifier [2] ». Tlascala lui servait de garenne où il entretenait les victimes de ses dieux. Les sacrifices qui passaient chez les Chibchas pour les

1. Ellis, *Polynesian Researches, etc.*, II, 478.
2. Herrera, III, 212.

plus agréables à leurs dieux « étaient des offrandes de sang humain [1] ». Les prêtres qui accomplissent les cérémonies propitiatoires devant les divinités cannibales et des divinités infâmes à d'autres titres (divinités presque toujours adorées dans les temps primitifs) sont bien loin d'avoir favorisé le progrès d'une conduite élevée. Le vol et le meurtre ont reçu et reçoivent encore en certains lieux la consécration religieuse. Les Béloutchis, nous dit Burton, « pieux voleurs, ne pillent jamais qu'au nom d'Allah [2] ». Piedrahita raconte qu'une tribu pillarde des Chibchas « considérait comme le sacrifice le plus agréable à certaines de leurs idoles d'argile, d'or ou de bois qu'elle adorait, une part prélevée sur le produit du pillage [3] ». Aujourd'hui même, dans l'Inde, les Domras, tribu de maraudeurs, « ne manquent jamais de célébrer un vol heureux par un sacrifice » à leur principal dieu Gandak. Ce n'est pas seulement parce qu'ils encouragent le mépris de la vie et de la propriété, que divers cultes, et par conséquent leurs prêtres, ont contribué à démoraliser les hommes plutôt qu'à les moraliser. « Dans les îles des Amis, le grand prêtre passait pour trop saint pour se marier, mais il avait le droit de prendre autant de concubines qu'il en voulait. » Chez les Caraïbes, « une fiancée était obligée de passer la première nuit de ses noces avec le prêtre; c'était une formalité nécessaire à la légalité de son mariage [4] ». Chez certaines tribus brésiliennes, « le pajé (prêtre), comme nos seigneurs féodaux d'autrefois, jouissait du *jus primæ noctis* [5] ». On sait combien était répandue chez les peuples de l'Orient la pratique religieuse de la prostitution dans les tem-

1. Piedrahita, *Historia del Nuevo Regno de Granada*, liv. II, chap. III.
2. Cap. R. F. Burton, *Sind Revisited*, 1877, II, 169.
3. Piedrahita, *loc. cit.*, liv. I, ch. II.
4. Heriot, *Travels through the Canada*, 335.
5. *Journal of the Royal Geographical Society of London*, II, 198.

ples. Tous ces faits nous prouvent d'une autre manière qu'il n'y a aucun lien nécessaire entre la direction sacerdotale et une action bonne, si l'on donne au mot bon le sens que nous y attachons aujourd'hui.

Ces réserves faites, voyons quelle influence les institutions ecclésiastiques ont exercée sur le caractère des hommes. Nous allons voir qu'elles ont contribué à produire ou à développer d'importants changements.

§ 647. En parlant d'un système ecclésiastique comme d'un lien social, nous avons fait voir qu'un culte commun a pour effet d'unir les divers groupes qui le pratiquent, et que, par voie de conséquence, les prêtres de ce culte jouent d'ordinaire le rôle de pacificateurs. Quoiqu'ils soient souvent les instigateurs des guerres contre des sociétés issues d'un autre sang et adorant d'autres dieux, en somme ils tiennent en échec l'esprit d'hostilité entre les tribus qui appartiennent à la même race et adorent les mêmes dieux. Par là ils sont des auxiliaires de la coopération sociale et du progrès.

Seulement cette fonction n'est qu'un côté de leur rôle fondamental, qui consiste à conserver la subordination, d'abord à l'ancêtre divinisé, ou au dieu reconnu, ensuite au descendant vivant ou au représentant de cette divinité. On ne saurait trop redire que, depuis les temps les plus reculés jusqu'à nos jours, l'action constante et essentielle des sacerdoces, en tout temps, en tout lieu, au nom de toute croyance, a été d'inculquer l'obéissance. Pour que les hommes primitifs acquièrent l'aptitude à la vie sociale, il faut qu'on les maintienne unis, et, pour les maintenir unis, il faut les assujettir à l'autorité des lois. Ce n'est que par la contrainte la plus rigoureuse que le sauvage au caractère effréné et explosif s'habitue à coopérer d'une façon permanente avec ses semblables. Le plus puissant de ces moyens de contrainte, celui qui paraît le plus indispensable, c'est la peur de la vengeance du chef de la tribu, si l'on désobéit à ses ordres, répétés par son successeur. On voit bien la force des institutions ecclésiastiques pour imposer les institutions politiques, dans le passage suivant d'Ellis sur les effets de la décadence des religions locales en Polynésie. « Les sacrifices humains aux idoles, dit-il, furent les plus puissants instruments aux mains du gouvernement; ils se faisaient toujours sur l'ordre du souverain à qui les prêtres s'adressaient quand les dieux en demandaient. Le roi envoyait alors un héraut aux chefs des villages, qui choisissaient les victimes. Le choix tombait d'ordinaire sur ceux qui s'étaient montrés mécontents du gouvernement, ou qui avaient encouru le déplaisir du roi et des chefs. On le savait, et l'on obéissait avec le plus grand empressement. Depuis la destruction de l'idôlatrie, ce motif avait cessé d'être efficace, et bien des gens, affranchis de la contrainte que la peur leur imposait jadis, inclinaient à refuser l'obéissance et les services prescrits légalement [1]. » L'ordre social, d'après Ellis, en était profondément troublé.

La conservation de la soumission, assurée par le système ecclésiastique, a été l'auxiliaire indirect d'autres disciplines indispensables. Aucune vie sociale avancée n'aurait été possible faute d'aptitude à soutenir un labeur continu : sans une contrainte longtemps et rigoureusement exercée, le sauvage paresseux et imprévoyant ne serait jamais devenu un citoyen industrieux. La sanction religieuse qui consacrait ordinairement dans les sociétés primitives les distinctions rigides des castes et l'esclavage, doit être considérée comme l'instrument d'un changement de caractère qui a favorisé le progrès de la civilisation.

1. Ellis, *Polynesian Researches*, II, 378.

Une discipline analogue, bien que différente, à laquelle les institutions ecclésiastiques ont soumis les classes supérieures autant que les inférieures, est celle de l'ascétisme. Au point de vue abstrait on ne saurait justifier l'ascétisme. Il provient (§§ 140 et 620) du désir de capter la faveur des esprits malins et des divinités infernales. De nos jours même, tel que nous le voyons, il laisse percer la croyance que Dieu se plait aux mortifications volontaires des hommes, et s'irrite de leurs plaisirs. Mais si, au lieu de regarder la souffrance volontaire du corps ou de l'esprit au point de vue d'une morale absolue, nous l'examinons au point de vue d'une morale relative, comme un régime d'éducation, nous y trouverons une utilité et peut-être une grande utilité. Le caractère commun de tous les actes ascétiques est la soumission à une peine présente en vue d'éviter une peine plus grande à venir, en d'autres termes le renoncement à un plaisir présent en vue d'un plaisir plus grand à venir. Dans l'un et l'autre cas, c'est le sacrifice de l'immédiat au lointain, sacrifice que le sauvage ne saurait faire, que le barbare ne saurait faire qu'imparfaitement et que l'homme d'une civilisation supérieure seul peut accomplir pleinement. Nous pouvons admettre dès lors que la discipline qui commence par exiger le sacrifice d'aliments, de vêtements, etc., à l'esprit ancêtre, qui va jusqu'à faire souffrir volontairement la faim, le froid, la douleur, pour gagner la faveur des dieux, a grandement contribué à subordonner le présent au futur. Un seul motif, celui de la terreur inspirée par le surnaturel, pouvait être assez puissant pour donner à l'habitude du renoncement la force nécessaire, et nous savons que cette habitude est un facteur essentiel de la bonne conduite envers les autres, aussi bien que d'une bonne règle de conduite en vue des avantages personnels.

Donc, indépendamment des caractères particuliers du culte,

les institutions ecclésiastiques ont, par ces diverses causes, contribué puissamment à façonner la nature humaine pour la rendre propre à l'état social.

§ 648. Parmi les résultats moraux spéciaux des institutions ecclésiastiques, il en est un qui, comme ceux que nous venons de mentionner, s'est produit plutôt incidemment que par l'effet d'une intention. Nous voulons parler du respect des droits de propriété.

Il est curieux de voir comment certaines formes de propitiation ont favorisé ce sentiment. Mariner peut être dans le vrai ou se tromper quand il dit que le mot *tabou*, usité aux îles Tonga, signifie à la lettre « sacré » ou « consacré à un dieu [1] » ; mais il est certain que les choses frappées de tabou, là et ailleurs, étaient d'abord des choses consacrées ; par suite, l'inobservation du tabou était un vol aux dépens du dieu. C'est pour cela que, dans toute la Polynésie, « les prohibitions et les réquisitions du tabou étaient appuyées sur des mesures rigoureuses, et que toute infraction entraînait la peine de mort [2] ». On sacrifiait le délinquant au dieu dont il avait violé le tabou. Dans la Nouvelle-Zélande, « les dieux et les hommes punissaient les violateurs du tabou. Les dieux leur infligeaient des maladies, les hommes la mort, la perte des biens et l'exclusion de la société. La crainte des dieux, plus que celle des hommes, protégeait le tabou [3]. »

Mais le caractère sacré d'une chose marquée du signe qui en fait la propriété d'un dieu, peut être aisément simulé. Quoique la marque d'un animal ou d'un fruit signifie que cet animal ou ce fruit sera finalement offert au dieu, il peut

1. Mariner, *An Account of the Natives of the Tonga Islands*, II, 220.
2. Ellis, *Narrative of a Tour through Hawaïi*, 394.
3. Thomson, *The Story of New-Zealand*, I, 103.

arriver, le temps des sacrifices n'étant pas spécifié, qu'on l'ajourne indéfiniment, ce qui mène peu à peu à une prétendue consécration de choses qui ne sont jamais sacrifiées, qui portent néanmoins le signe de la consécration, et sur lesquelles personne n'ose mettre la main. Aux Nouvelles-Hébrides, « le tabou sert dans tout le pays de protection aux personnes et aux choses [1] ». Dans la Nouvelle-Zélande, le tabou qui était jadis une chose consacrée est devenu une chose défendue. Les îles Fidji, Tonga et Samoa nous présentent des faits semblables. Dans les dernières, le mot tabou signifie une espèce de malédiction que le propriétaire de la chose tabou veut faire tomber sur le voleur. Dans l'île de Timor, « quelques feuilles de palmier plantées au dehors d'un jardin comme signe de *pomali* (tabou) en préservent les fruits mieux que la menace de pièges à loup, de pistolets à ressort, ou un chien sauvage ne peuvent faire chez nous [2] ». Bastian rapporte que les naturels du Congo font usage du fétiche pour protéger leurs maisons contre les voleurs; il dit la même chose des nègres du Gabon [3]. Livingstone attribue aussi aux Balondas cet usage. Des faits analogues s'observent chez les Malgaches et les Santals.

Comme dans le principe la consécration d'une chose à un dieu s'opère par la main du prêtre, ou par celle du chef en qualité de prêtre, il faut la ranger au nombre des institutions ecclésiastiques; et le profit qui en revient sous forme de respect pour les droits de propriété compte au nombre des disciplines favorables au progrès que les institutions ecclésiastiques ont créées.

§ 649. Il est difficile d'ériger en loi la relation qui existe

1. *Journal of the Ethnological Society*, III, 62.
2. Wallace, *The Malay Archipelago*, 176.
3. Bastian, *Afrikanische Reissen*, 78; *Id.*, *Der Mensch, etc.*, III, 223.

entre les prétendus commandements surnaturels et la bonne conduite en général. Bon nombre de faits rapportés dans les chapitres précédents concourent à montrer que tout dépend du prétendu caractère de l'être surnaturel dont il faut gagner la faveur. Les Dacotahs, dit Schoolcraft, « ont une crainte superstitieuse des esprits des morts : ils croient, en effet, que l'esprit d'un mort peut leur faire du mal à volonté. Cette superstition a, jusqu'à un certain point, un effet salutaire; elle agit sur eux aussi fortement que chez nous la loi qui condamne au gibet les meurtriers [1]. » Mais il arrive souvent qu'un homme, au moment de mourir, prescrit à son fils, comme David à Salomon, de tirer vengeance de ceux qui l'ont outragé; alors la crainte de l'esprit du mort n'est plus une influence moralisante, mais plutôt démoralisante, si l'on se sert de ces mots dans leur acception moderne. Deux divinités de Mangaïa, « le cruel Kereteki, deux fois fratricide, et son frère Utahia, étaient adorées comme des dieux dès la génération suivante [2] ». Nous pouvons penser que l'exemple, sinon les préceptes des dieux poussaient au crime plutôt qu'à la vertu. Mais, en somme, c'est l'effet contraire qu'on peut attendre. Il faut supposer que le chef divinisé avait à cœur la durée et l'expansion de sa tribu; il est donc probable que la plupart de ses injonctions avaient pour but la conservation de l'ordre qui pouvait conduire au succès des siens. Par suite, les règles que la tradition fait dériver de ces ordres sont probablement des mesures restrictives des violences intestines. Si féroces que fussent les Mexicains, si sanguinaires que fussent leurs rites religieux, ils avaient, au rapport de Zurita, un code moral qui ne souffrait pas la comparaison avec celui

1. Schoolcraft, *Information respecting the History of the Indian Tribes of U. S.*, II, 195.
2. Rev. W. Gill, *Myths and Songs from the South Pacific*, 1770, 26.

des chrétiens. L'un comme l'autre se réclamaient de l'autorité divine. Les Péruviens, comme d'autres peuples à demi civilisés, avaient la confession. « Le péché dont ils s'accusaient le plus souvent était d'avoir tué quelqu'un en temps de paix, d'avoir volé, d'avoir ravi la femme d'un autre, d'avoir fait prendre des herbes, ou employé des charmes pour nuire à autrui. Le plus grand péché était de négliger le culte des huacas (dieux)... d'outrager l'inca, ou de lui désobéir [1]. » Ici, comme dans beaucoup d'autres religions, nous voyons que le premier et le plus grand péché est l'insubordination à l'égard de la divinité, et que les autres, ceux qui ne sont que des infractions aux lois de la conduite utile à la concorde sociale, ne viennent qu'en seconde ligne.

Évidemment, durant les longues époques de l'évolution individuelle et sociale, la croyance à l'origine divine de ces lois produit de bons effets. Les châtiments surnaturels promis aux violateurs des lois divines ajoutent une sanction utile aux menaces de châtiments terrestres. On peut citer des exemples où l'on voit que le code moral nécessaire à chaque époque, à mesure que la civilisation grandit, tient son autorité divine de quelque prêtre inspiré et devient plus efficace qu'il n'aurait pu l'être sans cela. Moïse et les Hébreux peuvent servir d'exemple.

§ 650. Il y a cependant beaucoup d'exceptions, qui semblent ne pouvoir être expliquées tant qu'on ne reconnaît pas que dans tous les cas la chose dont l'importance prend le pas sur les injonctions spéciales d'un culte, c'est la conservation du culte et des institutions dans lesquelles il s'incarne. Aussi le devoir qui prime partout les devoirs proprement appelés moraux est-il celui de l'obéissance à une prétendue volonté

1. Acosta, *Historia natural y moral de las Indias*, liv. V, ch. XXV.

divine, quelle qu'elle soit. Aussi les membres d'une hiérarchie sacerdotale et leurs adhérents regardent-ils l'autorité de leur église comme une fin qui ne le cède en importance qu'à l'autorité de la volonté divine elle-même. Aussi les histoires ecclésiastiques nous montrent-elles le mépris que les prêtres font des préceptes moraux quand ils gênent leur suprématie.

Naturellement les atrocités commises par l'inquisition et les crimes des papes se présentent à toutes les mémoires. Mais il y a des exemples encore plus saisissants. C'est contre les dissidents qui cherchaient à accomplir avec le plus de perfection les préceptes du christianisme que les églises d'État ont montré la plus grande animosité. Les Vaudois prenaient pour modèle de leur discipline morale le sermon de Jésus sur la montagne, mais, en même temps, ils se révoltaient contre le gouvernement de l'Église; aussi souffrirent-ils pendant trois siècles des persécutions sanglantes. Les quakers, parmi les protestants, voulurent obéir aux commandements de la foi chrétienne, non à quelques-uns, mais à tous; on les persécuta avec une telle rigueur qu'avant l'avènement de Jacques II, malgré leur petit nombre, quinze cents d'entre eux furent mis en prison. Évidemment la morale distinctive d'une religion ne retient guère ses administrateurs officiels, quand ils sentent leur autorité contestée.

Non seulement le principal intérêt du système sacerdotal est de consacrer la subordination des hommes à une divinité et à ses serviteurs, et les principes régulateurs de la vie suivant les principes de la religion en vigueur ne sont que des points secondaires, mais le sacerdoce s'inquiète peu d'encourager à bien vivre, même quand cela ne contrarie pas la suprématie ecclésiastique. Durant des siècles, les prêtres chrétiens ont si peu recommandé la vertu du pardon des offenses, que leurs fidèles n'ont pas cessé de regarder les guerres, les duels, les vengeances comme des devoirs impérieux. Ce n'est pas le clergé qui a pris en main la cause de l'abolition de l'esclavage; ce n'est pas lui qui a flétri les mesures qui haussaient le prix du blé pour maintenir le taux de la rente foncière. Les ministres de la religion, sauf quelques exceptions individuelles, ne dénoncent pas les attaques injustes que nous faisons subir sans cesse aux sociétés faibles; on n'entend pas leur voix tonner pour repousser des atrocités telles que celles de la traite du Pacifique (*Times*, 18 juin 1885). Quand les prêtres sont seuls maîtres du gouvernement, le niveau de leur justice et de leur pitié est plus bas, non plus haut, que celui de leurs fidèles. Sous l'autorité ecclésiastique, les écoles publiques furent jadis le théâtre d'atrocités inouïes dans les écoles soumises à l'autorité laïque. Enfin, tout récemment, une scène de sauvagerie s'est passée au Collège du roi : un petit garçon est mort à la suite de coups que lui avaient portés sans provocation, par pure brutalité, de lâches drôles abusant de leur force; or le Collège du roi est dirigé par des prêtres, au contraire de ce qui se passe dans le collège de l'Université, où l'administration n'a rien de clérical et où l'enseignement est laïque.

§ 651. Lorsqu'on regarde les institutions ecclésiastiques au point de vue général, indépendamment des cultes particuliers qui s'y rattachent, il faut reconnaître que leur présence dans les sociétés qui ont réalisé des progrès considérables, et leur immense prépondérance dans les sociétés qui sont parvenues à un niveau relativement élevé de civilisation, fournissent la vérification inductive de notre conclusion déductive, à savoir que ces institutions sont des éléments indispensables de la structure sociale depuis le commencement jusqu'à nos jours, puisque les groupes sociaux où l'on n'en constate pas la formation n'ont pas réussi à progresser.

Les sacerdoces ont favorisé la croissance et le développement des sociétés, parce qu'ils leur ont fourni un principe de cohésion en conservant le culte propitiatoire commun de l'esprit du chef mort, et par suite en faisant échec aux tendances qui portaient aux guerres intestines. Ce n'est pas seulement de cette manière que les sacerdoces ont produit le même résultat : ils ont favorisé l'esprit conservateur qui maintient la durée des institutions sociales, en ce qu'ils ont donné au système régulateur politique l'appui d'un système régulateur complémentaire, imposé l'obéissance d'abord aux dieux, ensuite aux rois, fourni une base à la contrainte qui a permis de développer la faculté d'application, et fortifié l'habitude de se refréner soi-même.

Cette discipline, commune à toutes les croyances, produit dans le caractère des modifications d'un ordre plus ou moins élevé selon la nature de l'histoire des dieux objets du culte, et les conditions sociales. L'obéissance religieuse est le premier devoir, et cette obéissance, dans les premiers temps, aggrave souvent la férocité. A mesure que l'état militaire fait place à l'état industriel, apparaît une croyance morale réformée qui grandit ou décroît selon que les fonctions sociales demeurent pacifiques ou redeviennent guerrières. Si peu que cette croyance morale réformée, censée d'origine divine, manifeste son action aux époques où la guerre entretient les sentiments d'hostilité au lieu des sentiments de paix, elle est un avantage, parce qu'elle demeure en réserve et qu'elle s'affirmera dès que les conditions sociales le permettront.

Seulement, l'affirmation par le clergé de cette croyance morale réformée demeure sous la dépendance des besoins appa-

rents du temps. Aujourd'hui, comme au commencement, c'est sur la subordination religieuse et civile que le clergé insiste partout. « Crains Dieu et honore le roi », tel est le précepte du prêtre, et, pourvu qu'il obtienne la subordination sans réserve, le prêtre pardonne les défaillances morales.

CHAPITRE XV

PASSÉ ET AVENIR DES INSTITUTIONS ECCLÉSIASTIQUES

§ 652. Entre tous les phénomènes sociaux, les institutions ecclésiastiques sont des exemples frappants de la loi générale de l'évolution.

La soumission que le chef de la famille obtenait durant sa vie continue après sa mort : on offre à son double les choses qu'il aimait, et l'on fait ce qu'il désirait. Lorsque la famille en s'étendant se transforme en une tribu, les cadeaux qu'on offrait au chef en lui présentant des requêtes ou des compliments restent après sa mort en usage sous la forme d'oblations, d'actions de grâces, de prières adressées à son esprit. Cela veut dire que la subordination domestique, civile et religieuse a une origine commune, et dérive des mêmes forces opérant de la même manière.

Toutefois la différenciation commence bientôt. C'est d'abord une différence entre le culte privé propre à chaque famille et le culte public propre à la famille du chef. Le chef réunit alors dans sa personne les fonctions de chef civil et de chef spirituel, à titre de propitiateur de son ancêtre pour le compte de la tribu et pour son propre compte. Le développement de la tribu, rendant plus grandes et plus lourdes les fonctions politiques et militaires, oblige de plus en plus le chef à déléguer ses fonctions sacerdotales, qu'il confie d'ordinaire à un parent. Celles-ci acquièrent ainsi, avec le temps, une organisation séparée.

L'intégration de la société effectuée par la conquête permet l'existence simultanée de cultes différents dans les diverses parties de la même société ; on voit alors se former des clergés délégués chargés du plus important de ces cultes dans les diverses localités. De là les sacerdoces polythéistes, qui deviennent hétérogènes, parce que les uns grandissent plus que les autres. A la fin, dans certains cas, l'un d'entre eux grandit tellement qu'il parvient à exclure les autres.

En même temps que la fusion de sociétés simples pour former des sociétés composées, et de sociétés composées pour en former de doublement composées, entraîne la croissance de certains clergés, chaque clergé se différencie des autres et subit en lui-même une différenciation. Il se développe et s'organise en un corps subordonné à un souverain pontife et formé de membres hiérarchisés et chargés de fonctions spéciales.

A mesure que la hiérarchie ecclésiastique devient dans son organisation intime plus étroitement intégrée et plus nettement différenciée, elle perd lentement la structure et la fonction qui lui était commune dans le principe avec les autres parties du corps politique. Il y a déjà longtemps que le prêtre existe à titre de prêtre, et il prend encore une part active, directement ou indirectement, à la guerre ; seulement, quand le développement social atteint les degrés élevés, le prêtre perd ce qui lui restait de son rôle militaire. Ses fonctions civiles ont le même sort. Sans doute, dans les premiers temps, il exerce le pouvoir comme chef, ministre, conseiller du chef, juge, mais, ensuite, il le perd graduellement, jusqu'à ce qu'il n'en retienne plus que des vestiges.

Tandis que le développement des institutions ecclésiastiques rend la société en général plus nettement hétérogène et l'organisation ecclésiastique elle-même plus hétérogène dans sa structure, il se complique par les sectes qui viennent s'y ajouter successivement. Celles-ci grandissent séparément, s'organisent et rendent plus multiformes les corps destinés à l'administration religieuse et au gouvernement religieux.

Naturellement les conflits perpétuels qui divisent les sociétés, aboutissant tantôt à l'union tantôt à la séparation, tantôt brisant de vieilles institutions, tantôt superposant de nouvelles formes aux anciennes, ces conflits ont fait progresser les institutions ecclésiastiques irrégulièrement. Mais à travers toutes ces perturbations se dégage une marche au fond semblable à celle que nous avons indiquée.

§ 653. Aux différenciations de structure s'ajoute une différenciation fonctionnelle profondément significative. Deux fonctions sacerdotales qui faisaient d'abord partie de la même se sont séparées lentement; celle des deux qui d'abord n'était pas apparente, mais qui est aujourd'hui prééminente, devient indépendante en grande partie. La fonction primitive est celle du culte, la fonction dérivée est celle qui inculque les règles de conduite.

Le culte commence, comme la série entière des phénomènes religieux, par la propitiation du parent ou du chef mort; les actes propitiatoires dépendent des désirs de l'esprit, qu'on suppose semblables à ceux de l'homme durant sa vie. Le culte a donc pour but, dans sa forme primitive, de gagner la bienveillance d'êtres qui sont la plupart du temps cruels; aussi a-t-il pour caractère des observances atroces. Au début, il n'y a dans le culte aucun élément moral; aussi voyons-nous les races les plus inférieures accorder une importance extrême aux rites religieux plutôt que les races ou les sociétés supérieures. Renouf remarque que les « Égyptiens étaient au nombre des nations les plus religieuses de l'antiquité; sous une forme ou sous une autre, la religion dominait tous les rapports de leur existence [1] ». Selon Maury, l'Égyptien ne vivait en réalité que pour pratiquer son culte [2]. Chez les anciens Péruviens, les sacrifices aux ancêtres, ou aux dieux dérivés des ancêtres, étaient si onéreux, qu'on pouvait dire que les vivants étaient les esclaves des morts. De même, les Mexicains sanguinaires, dont la religion reposait en quelque sorte sur le cannibalisme, « étaient, de toutes les nations créées par Dieu, les plus rigoureux observateurs de leur religion [3] ». Chez les Aryens, nous voyons ce caractère dans les temps primitifs et aux époques d'arrêt. « Les Védas nous montrent les anciens Indo-Aryens éminemment religieux dans toutes leurs actions. Tout acte de la vie devait s'accompagner d'une ou de plusieurs mantras; personne ne pouvait quitter son lit, se laver la figure, se brosser les dents, boire un verre d'eau, sans accomplir tout un ensemble de purification, de salutations et de prières [4]. » De même chez les Romains : « la religion enveloppait la vie publique du Romain par ses fêtes, et imposait un joug pareil à sa vie privée par ses exigences sous forme de sacrifices, de prières et d'augures [5] ». L'Hindou de nos jours, dit le rév. M. A. Sherring, « est un être religieux merveilleusement

1. Renouf, *Origin and Growth of Religions, etc.*, 26.
2. Maury, *Revue des Deux-Mondes*, 1857.
3. Ternaux-Compans, *Recueil de pièces relatives à la conquête du Mexique*, I, 86.
4. Rajendralala Mitra, *Indo-Aryans*, I, 123.
5. Clarke, *Ten Great Religions*, 334.

sérieux et opiniâtre. Son amour de la religion est une passion, une frénésie, un feu qui le consume; il fascine sa pensée, il domine son esprit sur toute chose [1]. » Nous trouvons partout des relations analogues : chez le Thrace de l'antiquité, dont le caractère cruel se plaisait aux « rites religieux extatiques et portant au délire » [2]; chez le musulman, qui répète chaque jour ses prières et ses ablutions. Même quand nous comparons les Européens modernes avec ceux du moyen âge habitués aux jeûnes et aux pénitences, parmi lesquels vivaient de nombreux anachorètes et des hommes qui s'infligeaient des tortures, qui faisaient des pèlerinages, bâtissaient des églises, et comptaient leurs nombreuses prières sur leurs chapelets, nous reconnaissons que le progrès social s'est accompagné d'une diminution marquée des observances religieuses. L'histoire d'un grand nombre de peuples à diverses époques nous prouve que l'élément propitiatoire, c'est-à-dire l'élément primitif, s'efface à mesure que la civilisation progresse, et que l'élément éthique, en se développant, réduit l'importance de l'élément rituel.

L'élément éthique, comme tous les autres éléments de la religion, est propitiatoire par son origine et son caractère. Il commence par l'accomplissement des désirs et des commandements du père mort, du chef décédé ou du dieu traditionnel. Il n'y a d'abord, dans l'élément éthique, aucun autre devoir que celui de l'obéissance. Montrer la subordination dans cet acte comme dans tous les autres actes religieux, c'est la chose principale; le caractère des commandements observés est la chose secondaire. L'obligation d'y obéir n'est pas considérée comme intrinsèque, mais comme dérivée

1. Sherring, *The natural History of Hindu Caste. Calcutta Review*, XXI, 1880, 33.
2. Grote, *Histoire de la Grèce*. IV.

intrinsèquement de leur prétendue origine. Mais, peu à peu, l'expérience impose des conceptions éthiques, auxquelles des sentiments privés et l'opinion publique se rattachent et donnent une autorité indépendante. C'est surtout quand une société est moins adonnée aux occupations de la guerre, et plus absorbée dans la production et la distribution, que l'on voit grandir et s'éclairer dans la conscience de tous les règles de conduite dont l'observation est nécessaire à l'harmonie de la coopération industrielle.

Qu'une prétendue révélation enseigne ces règles à un homme inspiré, et elles acquièrent une autorité surnaturelle; longtemps on impose l'obligation d'y obéir par la raison qu'elles sont des commandements de Dieu. La prédication des préceptes moraux censés dictés par Dieu prend une place de plus en plus grande dans les services religieux. Aux offrandes, aux louanges, aux prières qui forment la partie directement propitiatoire, s'ajoutent des homélies et des sermons, partie indirectement propitiatoire, surtout composée de prescriptions et d'exhortations morales. Enfin le caractère de l'homme, modifié par une longue application de la discipline sociale, produit avec le temps la conception d'une éthique indépendante, indépendante à ce point qu'elle en vient à s'appuyer sur des fondements qui lui sont propres et qui n'ont rien de commun avec les fondements théologiques qu'on préconisait autrefois. Il y a plus. L'autorité de la conscience morale s'élève si haut, qu'elle juge les dogmes de la théologie, et souvent les repousse parce qu'elle les blâme. Chez les Grecs, Socrate est un exemple de la manière dont un sentiment moral avancé mène à la négation des croyances reçues sur les dieux et leurs actions. De nos jours, nous voyons souvent citer les croyances religieuses admises au tribunal de la conscience, nous les voyons condamnées comme fausses, parce qu'elles attribuent à une divinité, en faveur de laquelle on demande un culte, des traits de caractère qui sont le contraire de qualités respectables. Il y a plus, pendant que, chaque jour, l'esprit critique approuve ou condamne la conduite de l'homme comme bonne ou mauvaise intrinsèquement, indépendamment des prétendus commandements divins, un autre effet se produit : la prédication moderne prend de plus en plus le caractère moral. La théologie dogmatique, avec ses promesses de récompenses et de menaces de damnation, cède graduellement la place aux instances en faveur de la justice, de l'honnêteté, de la bonté, de la sincérité, etc.

§ 654. Si l'on admet que l'évolution continuera dans le même sens, on peut se demander d'après le passé quel sera l'avenir. Bien que les institutions ecclésiastiques tiennent moins de place dans les sociétés supérieures que dans les inférieures, il ne faut pas en conclure qu'elles disparaîtront dans l'avenir. Si, dans l'avenir, il reste des fonctions à remplir d'une manière analogue aux fonctions actuelles, il faut conclure que ces fonctions survivront sous une forme ou sous une autre. La première question est de savoir quelle sera cette forme.

On peut s'attendre à la réalisation complète de la séparation des institutions ecclésiastiques d'avec les politiques, séparation qui s'ébauche dans les sociétés simples quand le chef civil se prend à déléguer de temps en temps sa fonction sacerdotale, et qui s'accentue avec divers changements suivant le type social à mesure que les sociétés progressent. De nos jours, il est vrai, indépendamment des raisons que nous avons déjà données, la réalisation de cette séparation, déjà effectuée dans quelques pays, n'est plus dans d'autres considérée que comme une question de temps. Bornons-nous à remarquer que la séparation est la fin d'une évolution, en partie effectuée dans les sociétés du type plus militaire, où dominent les appareils sociaux conservateurs de la subordination, et réalisée plus encore dans les sociétés plus avancées dans le type industriel, où les appareils régulateurs sont moins coercitifs.

Les mêmes modifications émotionnelles et intellectuelles, qui produisent la diminution de la puissance des églises d'État, et sont les causes de la multiplication des églises indépendantes de l'État, continueront par la suite à produire les mêmes effets. Nous pouvons prévoir la formation de corps religieux toujours plus nombreux, différant les uns des autres par les croyances et les pratiques. Sans doute le progrès des idées rapprochera toutes ces sectes de l'unité de croyance sur les points essentiels; mais l'analogie permet de supposer que les nuances de dissidence, au lieu de disparaître, deviendront beaucoup plus nombreuses. Des différences d'opinion, semblables à celles qui, dans notre génération, surgissent dans l'église de l'État, se produiront dans tous les corps religieux actuels et dans ceux qui se formeront plus tard.

En même temps, des changements dans le gouvernement de l'Église continueront à se faire dans le même sens que jusqu'ici. Le développement du type social industriel favorise l'individualité; il doit donc favoriser l'indépendance locale des organisations religieuses. En même temps que chaque corps religieux acquerra l'autonomie complète, il est probable que ses ministres perdront complètement le caractère sacerdotal. La répudiation de l'autorité du prêtre, déjà si avancée chez les dissidents, deviendra absolue.

Seulement, ces conclusions découlent de l'hypothèse que le type industriel progressera dans l'avenir comme il a progressé dans les temps récents; il est possible, et même probable, que cette condition ne se réalisera pas dans l'époque où nous entrons. Si la recrudescence du militarisme continue, elle ramènera les idées, les sentiments et les institutions qui lui sont propres, ce qui suppose le renversement des changements que nous avons décrits ci-dessus. Si, au lieu de nouveaux progrès sous le régime de la coopération volontaire qui constitue l'industrialisme proprement dit, on doit voir reparaître le système de production et de distribution sous l'autorité de l'État, reproduisant sous une nouvelle forme le régime de la coopération obligatoire, pour aboutir à un nouveau type de gouvernement coercitif, les changements indiqués ci-dessus, déterminés par l'individualité du caractère, s'arrêteront probablement, et des changements inverses commenceront à se produire.

§ 655. Laissons là les organes et passons aux fonctions. Il nous reste à savoir quelles fonctions ont des chances de survivre dans l'hypothèse où l'ordre que l'évolution a suivi jusqu'ici sera renversé. On peut s'attendre que chacune des deux fonctions religieuses dure en changeant de forme.

Sans doute, puisque le théisme dogmatique fait place à l'agnosticisme, toutes les observances inspirées par l'idée de la propitiation doivent disparaître, mais il ne s'ensuit pas que toutes les observances qui tendent à réveiller la conscience du rapport que nous soutenons avec la cause inconnue, et à donner une expression au sentiment qui en résulte, devront disparaître. Le besoin restera de restreindre l'influence trop prosaïque et trop matérielle d'une vie absorbée dans le travail quotidien. Il y aura toujours place pour les hommes capables de ravir leurs auditeurs par un sentiment élevé du mystère qui enveloppe l'origine et la signification de l'univers. On peut supposer aussi que l'expression musicale de ce sentiment non seulement survivra, mais qu'elle se développera davantage. Déjà, dans les cathédrales protestantes, la musique, plus impersonnelle que partout ailleurs, exprime fort bien les sentiments suggérés par l'idée d'une existence passagère, pour l'individu comme pour la race, d'une existence qui n'est qu'un produit infinitésimal d'une puissance à laquelle nous ne pouvons trouver ni rêver de limite ; dans l'avenir, la musique d'église exprimera mieux encore ces sentiments.

En même temps, on peut s'attendre que la prédication des devoirs, qui est devenue un élément considérable du ministère religieux, y occupe une place toujours plus grande. Déjà le sermon s'est emparé de certaines parties de la conduite de l'homme ; il la soumettra sans doute tout entière dans l'avenir à ses enseignements. Aujourd'hui, les idées de bien et de mal ne s'appliquent guère qu'à des actions d'un certain genre ; elles s'appliqueront à tous les genres d'actions. On en viendra à s'occuper de tout ce qui touche au bonheur individuel et social, et le rôle principal d'un ministre de la religion ne sera pas tant d'insister sur des préceptes déjà acceptés, que de développer le jugement et les sentiments de l'homme relativement aux questions de conduite plus difficiles qui résultent de la complexité toujours croissante de la vie sociale.

En résumé, on peut dire que, tant que nos relations avec l'invisible et nos relations entre hommes continueront, il n'est pas improbable qu'on voie survivre des représentants de ceux qui, dans le passé, vaquaient aux observances et à l'enseignement que ces relations rendaient nécessaires, alors même que ces représentants n'offriraient plus aucune ressemblance avec leurs prototypes.

CHAPITRE XVI

PASSÉ ET AVENIR DE LA RELIGION

§ 656. De même qu'avant de décrire l'origine et le développement des institutions ecclésiastiques il a été nécessaire de décrire l'origine et le développement de la religion, de même on ne saurait prévoir l'avenir probable des institutions ecclésiastiques sans indiquer l'avenir probable de la religion. Il était donc inévitable que le dernier chapitre anticipât en partie sur le contenu de celui-ci. Maintenant que nous avons récapitulé brièvement les traits principaux de l'évolution religieuse, nous allons exposer les raisons qui justifient nos conclusions sur la forme finale de la religion.

A la différence de la conscience ordinaire, la conscience religieuse s'occupe de ce qui dépasse la sphère des sens. La brute ne pense que des choses qu'on peut toucher, voir, entendre, goûter, etc. ; il en est de même du petit enfant, du sourd-muet non instruit, et du sauvage le plus arriéré. Mais l'homme en progrès a des idées d'êtres qu'il considère comme échappant ordinairement au toucher, à l'ouïe, à la vue, et qu'il croit cependant capables d'exercer leur influence sur lui. D'où vient cette notion d'êtres actifs qui échappent à la perception? Comment ces idées sur le surnaturel dérivent-elles d'idées concernant le naturel? Des unes aux autres il ne saurait y avoir de transition brusque. Pour rendre compte de la genèse de la religion, il faut commencer par décrire les étapes que la religion traverse.

La théorie spiritiste nous les montre clairement. Nous voyons, grâce à cette lumière, que les êtres invisibles et intangibles se différencient dans l'esprit d'avec les êtres visibles et tangibles d'une façon lente et par degrés inappréciables. L'autre soi, supposé détaché du soi dans le rêve, est censé voir et faire réellement tous les détails du rêve. L'autre soi, séparé du soi après la mort, mais dont le retour est attendu, est censé un double tout aussi matériel que l'original. Nous voyons dans ces deux faits que l'agent surnaturel dans sa forme primitive s'écarte très peu de l'agent naturel, qu'il est l'homme original armé d'un nouveau pouvoir, celui d'aller et de venir en secret et de faire du bien ou du mal. Enfin, quand le double du mort n'apparaît plus dans les rêves à ceux qui l'ont connu, on croit qu'il est réellement mort. Cela veut dire que ces agents surnaturels primitifs ne possèdent qu'une existence temporaire : les premiers efforts pour concevoir le surnaturel permanent avortent.

Dans bien des cas, la différenciation ne va pas plus loin. Le monde des esprits, peuplé d'une part par la mort, et d'autre part vidé à mesure que la mémoire ou le rêve ne les représentent plus à l'esprit du vivant, ne s'agrandit pas. Les individus qui le composent ne parviennent pas à la dignité de puissances surnaturelles reconnues par un grand nombre de générations. C'est ainsi que l'Unkulunkulu, ou le vieux-vieux des Zoulous, le père de la race, est définitivement et complètement mort. Il n'y a de propitiation que pour les esprits plus modernes. Mais, lorsque les circonstances favorisent la continuation des sacrifices sur les tombeaux, en présence des membres d'une génération nouvelle, à qui les anciens parlent du mort, et confient la tradition, la conception d'un esprit en possession d'une existence permanente finit par se former. Par là s'établit entre les idées sur les êtres surnaturels et les idées sur les êtres naturels une différence plus tranchée. En même temps, le nombre des prétendus êtres surnaturels s'accroît, puisque désormais de nouveaux esprits viennent sans cesse s'ajouter aux anciens; et l'homme est toujours plus enclin à se croire entouré de tous côtés par les esprits, et à penser qu'ils sont les auteurs de tout ce qui se passe.

Bientôt apparaissent des différences entre les pouvoirs attribués aux esprits. Ces différences dérivent naturellement de celles qu'on avait observées chez les individus durant leur vie. Il en résulte que si les esprits ordinaires ne reçoivent un culte propitiatoire que de leurs descendants, on croit prudent de temps en temps de gagner la faveur des esprits des individus les plus redoutés, alors même qu'on ne se rattache point à eux par les liens du sang. C'est donc tout à fait dans les premiers temps que prend naissance la hiérarchie des êtres surnaturels dont les rangs deviennent à la fin si fortement tranchés.

Les guerres habituelles, qui font plus que toutes les autres causes pour créer ces différenciations primitives, continuent à en créer de nouvelles et de plus tranchées. En effet, à mesure que, par l'effet de la guerre, les petites sociétés se fondent entre elles pour en former de plus grandes, et que celles-ci se refondent à leur tour pour en composer de plus grandes encore, et que les degrés de la hiérarchie du pouvoir se multiplient chez les vivants, l'idée vient à ceux-ci de multiplier les degrés du pouvoir chez les esprits. C'est ainsi qu'au cours du temps naissent les idées des grands esprits ou dieux, des nombreux esprits secondaires ou demi-dieux, et ainsi de suite, de tout un panthéon. Toutefois ces esprits ne se distinguent encore par aucune différence générique essentielle, comme nous le voyons dans les noms de dieux-*manes* donnés par les Romains aux esprits ordinaires, et d'*élohim* chez les Hébreux. De plus, comme l'autre vie répète dans l'autre monde la vie de celui-ci, dans ses besoins, ses occupations, son organisation sociale, ce n'est pas seulement au sujet des pouvoirs des êtres surnaturels que la différenciation s'établit, c'est aussi au sujet de leur caractère et du genre d'activité qui leur est propre. De là l'origine des dieux locaux, des dieux qui président à tel ou tel ordre de phénomènes et des bons et des mauvais esprits. Enfin lorsque la conquête a superposé une société à une autre, et que chacun conserve les croyances qu'elle a dérivées de la théorie spiritiste, il se forme un composé compliqué de toutes ces croyances, c'est-à-dire une mythologie.

Puisque les esprits primitifs sont les doubles de leurs originaux en tout, et que les dieux (quand ils ne sont pas les membres vivants d'une race conquérante) sont les doubles des hommes dont la puissance surpasse celle des autres, il en résulte qu'on se les figure primitivement comme non moins humains que les autres esprits dans leurs caractères physiques, leurs passions et leur intelligence. A l'exemple des doubles des morts vulgaires, on admet qu'ils se nourrissent des offrandes de viande, de sang, de pain et de vin qu'on leur apporte. D'abord on suppose qu'ils consomment ces objets en nature, plus tard, par une interprétation plus spiritualiste, on admet qu'ils en consomment l'essence. Non seulement ils apparaissent comme des personnes visibles et tangibles, mais ils entrent en lutte avec les hommes, qui leur font des blessures et leur infligent de la douleur. Le seul privilège qui les distingue des hommes, c'est qu'ils ont le pouvoir miraculeux de guérir et que par là ils possèdent l'immortalité. Ici pourtant nous devons faire une restriction. Non seulement, en effet, divers peuples pensent que les dieux subissent une première mort, événement naturel quand ils appartiennent à une race conquérante, et qu'on ne les appelle dieux qu'à cause de leur supériorité, mais des peuples, parmi les plus civilisés, ont admis qu'un dieu pouvait mourir, comme Pan par exemple, une seconde fois et pour toujours, de même que les sauvages de nos jours croient qu'un homme peut mourir une seconde fois et définitivement. A mesure que la civilisation progresse, la séparation s'accentue entre l'être surnaturel et l'être naturel. Rien ne vient mettre obstacle à la dématérialisation graduelle et de l'esprit et du dieu; et cette dématérialisation progresse grâce à l'effort qu'on fait pour arriver à des idées cohérentes de l'action surnaturelle: le dieu n'est plus tangible, plus tard il ne sera plus accessible ni à la vue ni à l'ouïe. En même temps que s'opère cette différenciation des attributs matériels de la divinité d'avec ceux de l'humanité, une différenciation des attributs mentals s'opère, mais plus lentement. Le dieu du sauvage n'a qu'une intelligence à peine supérieure à celle de l'homme vivant; aussi est-il facile de le tromper. Chez les peuples à demi civilisés même, les dieux sont trompés; ils commettent des erreurs, ils se repentent. Ce n'est qu'avec le temps qu'on voit naître la conception d'un dieu qui voit tout et qui sait tout. La nature émotionnelle subit simultanément une transformation analogue. Les passions grossières, qui frappent chez les dieux primitifs, et dont les fidèles se font les ministres attentifs, s'effacent peu à peu, et il ne reste que les passions moins liées aux appétits du corps; à la fin, celles-ci perdent en partie leurs caractères humains.

Les caractères assignés aux divinités se plient aux besoins de l'état social par un travail continu d'adaptation. Pendant l'époque militaire, on admet que le dieu principal tient l'insubordination pour le plus grand des crimes, qu'il est implacable dans sa colère, qu'il punit sans miséricorde. Les attributs d'un genre plus doux n'occupent que peu de place dans la conscience sociale. Mais quand le régime militaire décline, et que le gouvernement despotique qui y correspond subit peu à peu les limites que lui impose le régime correspondant à l'industrialisme, les traits du caractère divin compatibles avec la morale de paix envahissent de plus en plus le premier plan de la conscience : on ne parle plus que d'amour de miséricorde, de pardon divins.

Pour bien comprendre les effets du progrès mental et des changements de la vie sociale, que nous venons de retracer en termes abstraits, examinons-les dans les faits concrets. Si nous considérons, sans nous laisser guider par les conclusions ci-dessus, les traditions, les documents et les monuments des Égyptiens, nous voyons que de leurs idées primitives des dieux, des bêtes et de l'homme, se sont dégagées des idées spiritualisées de dieux et finalement d'un dieu ; arrivés là, les prêtres plus modernes répudient les idées primitives où ils ne voient plus que des idées corrompues, parce qu'ils obéissent sans le savoir à l'influence universelle visible encore dans les théories des théologiens de nos jours, qui fait considérer l'état primitif comme l'état supérieur. Mettons de côté toute conjecture sur la valeur historique de l'*Iliade*, cherchons-y la première idée que les Grecs se firent de Jupiter, comparons cette idée avec celle des dialogues de Platon, et nous reconnaîtrons que la civilisation grecque a profondément modifié, au moins chez les meilleurs esprits, la conception anthropomorphique du père des dieux : ses attributs humains ont disparu, et ses attributs supérieurs se sont transfigurés. De même, si nous comparons le dieu des Hébreux tel que les antiques traditions nous le présentent, anthropomorphe par l'extérieur, les appétits et les émotions, avec le dieu des Hébreux représenté par les prophètes, nous y voyons une puissance qui grandit immensément, en même temps que sa nature s'éloigne toujours plus de celle de l'homme. Enfin, dans les idées qu'on se fait de ce dieu aujourd'hui, nous constatons une transfiguration totale. Grâce à un habile usage de la faculté d'oublier, on a fait d'un dieu, jadis représenté comme endurcissant les cœurs des hommes pour leur faire commettre des actes coupables, et leur envoyant un esprit de mensonge pour les décevoir, un dieu en qui se résument toutes les vertus épurées au delà de ce que l'imagination peut concevoir.

Si donc l'esprit de l'homme primitif ne contient ni idée, ni sentiment religieux, c'est que les idées et les sentiments désignés par ce mot naissent au cours de l'évolution sociale et de l'évolution intellectuelle qui l'accompagne, et plus tard, sous l'influence de causes faciles à reconnaître, traversent les phases qui les mènent, chez les races civilisées, à leurs formes actuelles.

§ 657. Pouvons-nous préjuger la marche de l'évolution des idées et des sentiments religieux dans les âges à venir? D'une part, la raison ne permet pas de supposer l'arrêt soudain des changements par lesquels la conscience religieuse a passé pour arriver à sa condition présente. D'autre part, la raison repousse la supposition que l'idée religieuse, produite par les causes naturelles que nous avons rapportées, s'évanouira et laissera un vide béant. Evidemment, cette idée subira de nouveaux changements; et, quels que soient ces changements, elle ne cessera pas d'exister. Quelles sont donc les transformations qu'on peut prévoir? Réduire le procès que nous avons décrit à ses termes les plus simples, c'est préparer la réponse.

L'évolution (*Premiers principes*, § 96) est dans son cours souvent traversée par une dissolution qui en détruit l'œuvre. Les changements que l'on peut voir ne sont ordinairement que les résultats différentiels de tendances antagonistes vers l'intégration et la désintégration. Pour bien comprendre la genèse et la décadence des systèmes religieux et l'avenir probable de ceux qui existent encore, il faut tenir compte de ce fait. Tout le temps que s'opèrent les changements primitifs d'où sort la hiérarchie des dieux, des demi-dieux, des mânes, des esprits de tout ordre et de tout rang, l'évolution marche à peu près sans dérangement. A mesure que la mythologie prend corps en ordonnant la masse des êtres surnaturels qui la composent, elle devient plus hétérogène, en même temps que l'arrangement de ses parties et les attributs de ses membres deviennent plus nets. Mais alors l'élément antagoniste, la dissolution, finit par prendre le dessus. La découverte de la causation naturelle oppose un obstacle à l'évolution mythologique, et peu à peu affaiblit les croyances qui s'écartent le plus des résultats dus au progrès des sciences. Les démons et les divinités secondaires préposés aux divisions de la nature occupent d'autant moins de place dans la pensée que les phénomènes placés sous leur autorité paraissent à tous suivre un ordre plus constant. Dès lors, les éléments mineurs de la mythologie s'évanouissent peu à peu. En même temps, à mesure que s'impose la suprématie du dieu supérieur, qui tient la tête de la hiérarchie, ce dieu absorbe de plus en plus les attributs répartis autrefois sur un plus grand nombre d'êtres surnaturels. C'est l'intégration du pouvoir. Dans la mesure où grandit l'idée d'une divinité omnipotente et omniprésente, les attributs humains dont l'imagination la dotait s'effacent. La dissolution atteint la personne suprême et la dépouille de la forme et de la nature qui étaient ses attributs.

Nous avons vu déjà que l'évolution en est arrivée, chez les sociétés les plus avancées et surtout chez les membres les plus cultivés de ces sociétés, au point d'absorber tous les pouvoirs surnaturels mineurs dans un seul pouvoir surnaturel ; et déjà ce pouvoir surnaturel unique a, par l'effet de ce que M. Fiske appelle désanthropomorphisation, perdu les plus grossiers attributs de l'humanité. Si, dans l'avenir, les choses doivent marcher comme dans le passé, nous devons supposer que la disparition des attributs humains continuera. Quels changements positifs en faut-il attendre?

Ces changements seront les effets nécessaires de deux facteurs : d'abord le progrès des sentiments élevés qui ne supportent plus que l'imagination dote la divinité de sentiments inférieurs; ensuite le progrès intellectuel qui dégoûte des interprétations grossières admises auparavant. Naturellement, en indiquant les effets de ces facteurs, il faut en mentionner quelques-uns qui soient familiers, mais il faut les examiner en compagnie des autres.

§ 658. La cruauté d'un dieu fidjien, qui dévore les âmes des morts, et qui en les dévorant leur inflige un tourment, est peu de chose au prix de la cruauté d'un dieu qui condamne l'homme à des tortures éternelles. C'est en vain que les formules ecclésiastiques consacrent encore cette cruauté, que les sermons la rappellent et que la peinture nous en présente quelquefois l'image, l'idée en est devenue tellement intolérable que des théologiens la nient, et que d'autres la font disparaître sans bruit de leur enseignement. Évidemment, ce changement ne saurait s'arrêter tant que la croyance à l'enfer et à la damnation n'a pas disparu [1]. L'opposition toujours plus vive à l'injustice contribue à la faire disparaître. Les peines terribles infligées aux descendants d'Adam durant des centaines de générations pour une contravention légère qu'elles n'avaient point commise, la damnation de tous les hommes qui ne recourent pas, pour gagner leur paradis, à un procédé dont la plupart d'entre eux n'ont jamais entendu parler, la réconciliation au prix du sacrifice d'un fils parfaitement innocent pour satisfaire à la prétendue nécessité d'une victime expiatoire, voilà des actes qui soulèveraient des clameurs d'exécration contre le souverain d'ici-bas à qui on les imputerait. Aussi devient-il impossible de les attribuer à la Cause première des choses, maintenant que l'on sent toutes les difficultés de ce problème. Pareille fin est réservée à la croyance qui nous montre, dans des mondes innombrables répandus dans l'espace infini, une Puissance omniprésente qui, durant des millions d'années de l'existence primitive de la Terre, n'ayant jamais eu besoin du culte des habitants de ce globe, s'enflamme tout d'un coup d'un ardent désir de louange, crée le genre humain, et s'irrite de voir l'homme ne pas lui répéter sans cesse combien il la trouve grande. Dès que l'homme échappe à ce sortilège des impressions primitives qui l'empêchent de penser, il refuse de doter son dieu d'un trait de caractère qui est le contraire d'un attribut adorable.

Il en est de même d'autres croyances que la logique condamne à mesure que l'intelligence se perfectionne. Passons sur les difficultés bien connues soulevées par plusieurs traits

1. Pour répondre à une critique possible, il est bon de faire remarquer que les arguments de Butler contre ces croyances, quelle que soit leur force contre les déistes, et cette force n'est pas grande, ne prouvent rien contre les agnostiques.

du caractère des dieux en contradiction avec d'autres attributs divins : par exemple quand un dieu se repent de ce qu'il a fait, ce qui implique un défaut de puissance ou de prévoyance; quand il se met en colère, ce qui suppose un événement qui le contrarie, preuve d'un défaut dans les mesures qu'il a prises. Abordons la difficulté bien plus grande que soulèvent ces sentiments de regret et de colère. Ces émotions comme toutes les autres ne sauraient exister que dans une conscience limitée. Toute émotion a pour antécédent une idée, et les idées antécédentes sont censées exister en Dieu : on dit qu'il voit et qu'il entend telle ou telle chose, et qu'en conséquence il en éprouve des émotions. Cela veut dire que la conception de ce dieu demeure anthropomorphique, non seulement dans le sens que les émotions qu'on lui attribue sont semblables à celles des hommes, mais aussi en ce qu'elles font partie d'une conscience qui, semblable à la conscience humaine, se compose d'états successifs. Mais comment une conscience divine ainsi faite peut-elle être immuable, comme on le prétend d'autre part, et s'accorder avec l'omniscience, autre attribut divin? En effet, une conscience, formée d'idées et de sentiments causés par des objets et des événements, ne peut être en même temps le théâtre de tous les objets et de tous les événements de l'univers. Pour croire à une conscience divine, il faut s'abstenir de se demander ce que signifie le mot conscience, il faut se contenter d'un mot; mais les mots que l'homme ne peut traduire par des idées sont de moins en moins susceptibles de le contenter. Naturellement des difficultés analogues se dressent dès qu'on parle de la volonté de Dieu. Tant que nous nous passons de donner un sens défini au mot volonté, on peut dire que la cause de toutes choses a une volonté. C'est aussi facile que de dire qu'un cercle aime à être approuvé. Mais dès que des mots on passe aux idées qu'ils représentent, il est impossible d'unir dans la conscience les termes de l'une de ces propositions plus que ceux de l'autre. Celui qui conçoit une volonté autre que la sienne la conçoit en fonction de la sienne, la seule qu'il connaisse, puisque toutes les autres ne sont pour lui que des thèses d'induction. Mais la volonté, telle que chaque homme l'aperçoit en lui-même, suppose un motif, un désir moteur d'un certain genre. L'indifférence absolue est incompatible avec l'idée de volonté. De plus, la volonté, en tant qu'elle implique un désir moteur, connote quelque fin considérée comme but à atteindre, et cesse d'être dès que le but est atteint, pour céder la place à quelque autre volonté en relation avec une autre fin. C'est-à-dire que la volonté, comme l'émotion, suppose nécessairement une série d'états de conscience. L'idée d'une volonté divine, dérivée de l'idée d'une volonté humaine, implique comme celle-ci une localisation dans l'espace et le temps. La volonté d'une fin exclut de la conscience, pour un instant, la volonté d'autres fins, ce qui la rend incompatible avec une activité omniprésente travaillant en même temps à réaliser une infinité de fins.

Nous dirons la même chose de l'attribut de l'intelligence. L'intelligence, la seule que nous puissions concevoir, suppose des êtres indépendants et objectifs pour elle. L'intelligence se compose de changements dont le point de départ est une force extérieure, c'est-à-dire d'impressions engendrées par des choses existant en dehors de la conscience et d'idées dérivées de ces impressions. Parler d'une intelligence qui existe en l'absence de ces forces extérieures, c'est employer un mot dénué de sens. Il faut conclure que la cause première, considérée comme intelligente, doit subir sans cesse l'impression de forces objectives indépendantes, et si l'on objecte que ces forces sont devenues objectives et indépendantes par un acte de création, et qu'avant cet acte elles étaient renfermées dans la cause première, on peut répondre que, dans ce cas, la cause première ne pouvait, avant cette création, rien rencontrer qui engendrât en elle les changements qui constituent l'intelligence, et par conséquent qu'elle a dû être inintelligente au moment où il était le plus nécessaire qu'elle fût intelligente. Il est donc évident que l'intelligence attribuée à Dieu ne répond à rien de ce que nous appelons de ce nom. C'est une intelligence vidée de tout ce qui constitue l'intelligence.

Ces difficultés et d'autres encore, dont quelques-unes souvent discutées et toujours embarrassantes, forcent l'homme à rejeter peu à peu les caractères anthropomorphiques supérieurs attribués à la cause première, comme il a depuis longtemps rejeté les inférieurs. La conception qui s'est élargie depuis le commencement doit continuer à s'élargir, jusqu'à ce que, par la suppression de ses limites, elle fasse place à une conscience qui dépasse les formes de la pensée distincte, quoiqu'elle reste toujours une conscience.

§ 659. « Mais comment se fait-il qu'une conscience de l'Inconnaissable finalement obtenue, et tenue tacitement pour vraie, soit le produit d'une conception absolument fausse transformée par des modifications successives? La théorie spiritiste du sauvage ne repose sur rien. Le double matériel du mort auquel il croit n'a jamais possédé l'existence. Si la dématérialisation de ce double a produit la conception de l'agent surnaturel en général, si la conception d'une divinité, formée par la disparition de certains attributs humains et la transfiguration des autres, est le produit de cette opération incessante, l'idée avancée et épurée qu'on obtient en poussant l'opération jusqu'à sa dernière limite est-elle aussi une fiction? Assurément, si la croyance primitive était absolument fausse, toutes les croyances dérivées devraient aussi être absolument fausses. »

Cette objection paraît décisive, et le serait si elle découlait de bonnes prémisses. Que la plupart des lecteurs s'y attendent ou non, la réponse est que dans le principe la conception primitive contenait un germe de vérité, à savoir que la puissance qui se manifeste dans la conscience n'est qu'une forme, conditionnée différemment, de la puissance qui se manifeste au delà de la conscience.

Tout acte volontaire est pour l'homme primitif la preuve qu'il existe en lui une source de force. Ce n'est pas qu'il réfléchisse à ses expériences internes; mais cette notion est à l'état latent dans ses expériences. Quand il produit du mouvement dans ses membres, et par leur intermédiaire du mouvement dans d'autres choses, il perçoit le sentiment concomitant de l'effort. Ce sentiment de l'effort, antécédent perçu des changements produits par lui, devient l'antécédent conçu des changements non produits par lui, c'est-à-dire qu'il lui fournit un terme idéal pour représenter la genèse de ces sentiments objectifs. Au début, l'idée des forces musculaires considérées comme antécédents d'événements insolites qui se passent autour de l'homme entraîne tout l'ensemble des idées associées. Les efforts qu'il suppose par induction, il les regarde comme produits par des êtres semblables à lui. Avec le temps, la conception des doubles des morts censés auteurs de tous les changements, à l'exception des plus familiers, se modifie. Ils deviennent moins grossiers, mais quelques-uns grandissent pour devenir des personnages plus importants tenant en leur pouvoir des ordres de phénomènes qui, relativement réguliers dans leur cours, suggèrent la croyance à des êtres qui sont à la fois beaucoup plus puissants que l'homme et plus constants dans leurs modes d'action. En sorte que l'idée d'une force mise en action par ces êtres se détache peu à peu de l'idée de l'esprit d'un homme mort. De nouveaux progrès, qui absorbent des agents surnaturels inférieurs dans un agent général, et rendent vague la personnalité de cet agent général parce qu'ils lui donnent une étendue immense, ont encore pour effet de dissocier la notion de force objective d'avec la force connue à ce titre dans la conscience; enfin la dissociation touche à son maximum dans la pensée du savant qui interprète en fonction de force non seulement les changements visibles des corps sensibles, mais tous les changements matériels quelconques, y compris les ondulations de l'éther. Néanmoins cette force (soit sous la forme statique qui constitue la résistance de la matière, soit sous la forme dynamique qu'on appelle énergie) est toujours dans la pensée fonction de l'énergie interne révélée dans la conscience de l'effort musculaire. L'homme est forcé de symboliser la force objective en fonction de force subjective faute d'un autre symbole.

Voyons maintenant les conséquences. L'énergie interne qui était toujours dans les expériences de l'homme primitif l'antécédent immédiat des changements qui sont son œuvre, cette énergie qu'il pense, quand il veut interpréter les changements externes, accompagnés des attributs de la personne humaine qu'il porte en lui-même, cette énergie est la même qui, dépouillée de tout accessoire anthropomorphique, se pose comme la cause de tous les phénomènes externes. La dernière étape consiste à reconnaître que la force, telle qu'elle existe hors de la conscience, ne saurait ressembler à ce que nous connaissons comme force dans la conscience, et que, néanmoins, puisque chacune de ces forces est capable d'engendrer l'autre, elles doivent être des modes différents de la même chose. En conséquence, le produit final de la spéculation dont l'homme primitif est le point de départ, c'est que la puissance manifestée partout dans l'univers matériel est la même puissance qui jaillit en nous sous la forme de conscience.

Ce n'est pas à dire que le raisonnement rapporté plus haut prétende tirer une croyance vraie d'une croyance entièrement fausse. Au contraire, la forme finale de la conscience religieuse est le développement final d'une conscience qui, au début, contenait le germe d'une vérité obscurcie par d'innombrables erreurs.

§ 660. Ceux qui croient que la science dissipe les croyances religieuses paraissent ignorer que tout ce qu'elle peut ravir de mystère aux anciennes interprétations s'ajoute aux nouvelles. Il serait même plus vrai de dire qu'en passant des anciennes aux nouvelles, le mystère devient plus profond. En effet, la science substitue à une explication qui semblait probable, une explication qui ne fait que nous reporter un peu plus loin pour nous mettre en présence d'un fait incontestablement inexplicable.

Par un certain côté, le progrès des sciences est une transfiguration graduelle de la nature. Tandis que la perception ordinaire voyait une simplicité parfaite, le progrès révèle une grande complexité ; où semblait régner une inertie absolue, il découvre une activité intense ; où il paraissait n'exister que le vide, le progrès montre un jeu merveilleux de forces. A chaque génération de physiciens, on découvre dans la prétendue *matière brute* des puissances que, peu d'années auparavant, les physiciens les plus instruits auraient jugé incroyables, par exemple l'aptitude d'une simple lame de fer à recueillir les vibrations aériennes compliquées produites par la parole, qui, traduites en d'innombrables vibrations électriques, puis retraduites à des milliers de milles de là par une autre plaque fer, se font entendre à l'oreille sous la forme du langage articulé. Le savant qui interroge la nature voit bien autour de lui des solides qui lui paraissent en repos, mais il découvre en eux une sensibilité telle que des forces d'intensité infinitésimale les affectent; le spectroscope lui fait voir que les molécules de la terre vibrent au harmonie avec celles des étoiles; il est forcé d'admettre que tout point de l'espace tressaille d'une infinité de vibrations dans toutes les directions. Il ne peut dès lors éviter de conclure que l'univers se compose bien moins de matière inerte que de matière partout vivante, vivante sinon au sens strict, au moins dans le sens le plus général.

Cette transfiguration, que les recherches des physiciens font progresser sans cesse, profite du progrès d'une autre transfiguration résultant des recherches métaphysiques. L'analyse subjective nous force à admettre que les interprétations scientifiques que nous donnons aux phénomènes présentés par les objets, ont pour expression les noms des diverses combinaisons de nos sensations et de nos idées, c'est-à-dire des éléments de notre conscience qui ne sont que des symboles de quelque chose hors de la conscience. Quoique l'analyse ramène ensuite nos croyances primitives au point de montrer que, derrière chaque groupe de manifestations phénoménales, il y a toujours un *nexus*, réalité permanente au milieu des apparences variables, nous voyons que ce *nexus* de réalité est pour jamais inaccessible à la conscience. Nous n'oublions pas que les actes constituant notre conscience sont rigoureusement bornés, et ne peuvent faire rentrer dans leur cercle des actes qui dépassent les limites de la conscience, qui semblent par conséquent n'être pas des objets de conscience, encore que la production de l'un de ces ordres d'actes par l'autre paraisse impliquer qu'ils sont de même nature au fond. La nécessité qui nous est imposée de penser l'énergie externe sous la forme de l'énergie interne, fait voir l'univers plutôt sous le point de vue spiritualiste que sous le matérialiste; mais si nous allons plus loin, nous sommes obligés de reconnaître qu'une conception exprimée sous forme de manifestations phénoménales de cette énergie fondamentale ne peut en aucune façon nous apprendre ce qu'elle est.

Tandis que les croyances inspirées par la science analytique ne détruisent point l'objet de la religion, mais simplement la transfigurent, la science dans ses formes concrètes agrandit la sphère du sentiment religieux. Depuis le commencement, le progrès de la connaissance a toujours marché de pair avec l'accroissement de l'aptitude à admirer. Parmi les sauvages, les plus grossiers sont ceux que les remarquables produits de l'art civilisé surprennent le moins. Leur indifférence étonna les voyageurs. Ils sentent si peu ce qu'il y a de merveilleux dans les plus grandioses phénomènes de la nature, qu'ils regardent les recherches des savants comme des amusements puérils. La différence de l'attitude mentale des hommes les plus inférieurs avec celle des hommes supérieurs de notre temps a son pendant dans les degrés qui séparent ces êtres supérieurs les uns des autres. Ce ne sont ni le paysan, ni le marchand, qui aperçoivent quelque chose d'étonnant dans l'incubation du poulet; c'est le biologiste qui pousse à l'extrême son analyse des phénomènes vitaux, et se trouve le plus embarrassé quand un fragment de protoplasme placé sous le microscope lui fait voir la vie dans sa forme la plus simple, et sentir qu'il a beau mettre en formule les opérations de la vie, le jeu réel des forces qui la constituent dépasse toujours les efforts de l'imagination. Ce n'est pas dans l'esprit d'un touriste ou d'un chasseur de chamois qu'un vallon dans les régions alpestres éveille des idées plus élevées que celle de l'exercice ou du pittoresque; c'est chez le géologue. Le géologue observe que le rocher arrondi par l'action du glacier, sur lequel il s'assied, n'a perdu qu'un demi-pouce de sa surface depuis une époque beaucoup plus reculée que le commencement de la civilisation humaine, il essaye de concevoir la lente dénudation qui a creusé la vallée, et il arrive à des idées de temps et de puissance étrangères au touriste et au chasseur de chamois. Bien que ces idées soient complètement inadéquates à leur objet, il les trouve encore plus vaines quand il considère les strates contournées du gneiss, qui lui parlent d'une époque énormément plus lointaine, alors qu'au-dessous de la surface de la terre ces couches étaient encore à l'état demi-fluide, et d'une époque qui dépasse immensément celle-ci par l'antiquité, où les éléments du gneiss gisaient à l'état de sable et de boue sur le rivage d'une ancienne mer. Ce n'est pas non plus chez les peuples primitifs, qui s'imaginaient que le ciel reposait sur le sommet des montagnes, pas plus que chez les modernes, héritiers de leur cosmogonie, pour qui « les cieux proclament la gloire de Dieu », que nous trouvons les plus vastes conceptions de l'Univers, ou le plus d'admiration à la contemplation de ses merveilles. C'est bien plutôt chez l'astronome qui voit dans le soleil une masse tellement vaste que la terre pourrait passer dans l'une de ses taches sans en toucher les bords, et à qui chaque perfectionnement du télescope fait voir une multitude toujours plus grande de ces soleils, dont plusieurs sont beaucoup plus grands que le nôtre.

Dans l'avenir comme dans le passé, l'accroissement des forces de l'esprit et de l'étendue des connaissances élèvera plutôt qu'il n'abaissera ce sentiment. A présent, l'esprit le plus puissant et le mieux informé n'a assez de savoir ni assez de puissance pour symboliser dans la pensée la totalité des choses. Adonné à l'étude de l'une ou de l'autre des divisions de la nature, l'homme de science sait trop peu de choses des autres divisions pour concevoir, même d'une façon grossière, l'étendue et la complexité de leurs phénomènes. A supposer même qu'il eût une connaissance suffisante de chacune de ces divisions, il est incapable de les concevoir comme un tout. Une intelligence plus étendue et plus forte peut dans l'avenir lui permettre de s'en faire une idée vague dans leur totalité. Une faculté musicale rudimentaire, capable seulement d'apprécier une simple mélodie, ne saurait saisir les motifs diversement mêlés et les harmonies d'une symphonie; mais le compositeur et le chef d'orchestre en sentent l'unité dans les effets compliqués qui éveillent en eux des sentiments plus profonds que n'en peut éprouver l'homme qui n'a pas d'éducation musicale. De même, dans l'avenir, des intelligences plus développées pourront embrasser dans son ensemble le cours des choses qu'on ne peut embrasser qu'en partie aujourd'hui, et éprouveront des sentiments aussi supérieurs à ceux de l'homme civilisé d'aujourd'hui que ceux-ci sont supérieurs aux sentiments du sauvage.

Il est probable que ce sentiment grandira plutôt qu'il ne diminuera par l'effet de l'analyse de la connaissance qui d'une part le porte à l'agnosticisme, mais qui d'autre part le pousse à rechercher toujours le mot de la grande énigme, à laquelle il sait bien qu'il ne saurait trouver de solution. Ce sentiment grandira surtout à la pensée que les notions même d'origine, de cause et de dessein sont des notions relatives, propres à l'intelligence humaine, qui n'ont probablement rien de commun avec la Réalité première qui dépasse l'intelligence humaine; et quand l'homme se sentira forcé de penser qu'il doit y avoir une explication de cette réalité première, encore qu'il soupçonne que le mot d'explication n'a aucun sens quand on l'applique à cette réalité.

Seulement il est une vérité qui doit devenir toujours plus lumineuse : c'est qu'il existe un Être inscrutable partout manifesté, dont on ne peut concevoir le commencement ni la fin. Au milieu des mystères qui deviennent d'autant plus obscurs qu'on les fouille plus profondément par la pensée, se dresse une certitude absolue, à savoir que nous sommes toujours en présence de la Force infinie et éternelle, d'où procèdent toutes choses.

FIN

TABLE DES MATIÈRES

DU QUATRIÈME VOLUME

SIXIÈME PARTIE

INSTITUTIONS ECCLÉSIASTIQUES

COULOMMIERS. — Typ. P. BRODARD et GALLOIS.

LIBRAIRIE FÉLIX ALCAN

EXTRAIT DU CATALOGUE

PHILOSOPHIE ANGLAISE CONTEMPORAINE

Herbert Spencer. — PRINCIPES DE BIOLOGIE. 2 forts volumes in-8, 2e édition . . . . 20 fr.
— LES PREMIERS PRINCIPES. 1 fort vol. in-8 4e édition. . . . . 10 fr.
— PRINCIPES DE PSYCHOLOGIE. 2 vol. in-8. . . . . 20 fr.
— INTRODUCTION A LA SCIENCE SOCIALE. 1 vol. in-8 cartonné, 7e édition . . . . 6 fr.
— PRINCIPES DE SOCIOLOGIE. 4 vol. in-8. . . . . 36 fr. 25
— CLASSIFICATION DES SCIENCES. 1 vol. in-18, 2e édition . . . 2 fr. 50
— DE L'ÉDUCATION INTELLECTUELLE, MORALE ET PHYSIQUE. 1 vol. in-8, 5e édition. . . . . 5 fr.
— ESSAIS SUR LE PROGRÈS. 1 vol. in-8, 2e édition. . . . . . 7 fr. 50
— ESSAIS DE POLITIQUE. 1 vol. in-8, 2e édition. . . . . 7 fr. 50
— ESSAIS SCIENTIFIQUES. 1 vol. in-8. . . . . 7 fr. 50
— LES BASES DE LA MORALE ÉVOLUTIONNISTE. 3e édition. 1 vol. in-8, cartonné. . . . . 6 fr.
— L'INDIVIDU CONTRE L'ÉTAT. 1 vol. in-18. . . . . 2 fr. 50

Stuart Mill. — LA PHILOSOPHIE DE HAMILTON. 1 fort vol. in-8 . . . . 10 fr.
— MES MÉMOIRES. Histoire de ma vie et de mes idées. 1 vol. in-8. . . . . 5 fr.
— SYSTÈME DE LOGIQUE déductive et inductive. 2 vol. in-8 . . 20 fr.
— ESSAIS SUR LA RELIGION. 1 vol. in-8, 2e édition . . . . 5 fr.
— AUGUSTE COMTE et la philosophie positive. 1 vol. in-18. . 2 fr. 50
— L'UTILITARISME, traduit par M. Le Monnier. 1 vol. in-18 . 2 fr. 50

Bain. — DES SENS ET DE L'INTELLIGENCE. 1 vol. in-8. . . . . 10 fr.
— LA LOGIQUE INDUCTIVE ET DÉDUCTIVE. 2 vol. in-8 . . . . . . 20 fr.
— L'ESPRIT ET LE CORPS. 1 vol. in-8, cartonné, 4e édition. . . 6 fr.
— LA SCIENCE DE L'ÉDUCATION. 5e édition. 1 vol. in-8, cartonné. 6 fr.
— LES ÉMOTIONS ET LA VOLONTÉ. 1 vol. in-8. . . . . 10 fr.

Darwin. — Ch. Darwin et ses précurseurs français, par M. de Quatrefages. 1 vol. in-8 . . . . 5 fr.

— Descendance et Darwinisme, par Oscar Schmidt. 1 vol. in-8, cart. 4e édit . . . . 6 fr.

— Le Darwinisme, par E. de Hartmann. 1 vol. in-18 . . . 2 fr. 50

— Les récifs de corail, structure et distribution, par Ch. Darwin. 1 vol. in-8 . . . . 8 fr.

Bagehot. — Lois scientifiques du développement des nations. 1 vol. in-8, cart. 3e édit. . . . . 6 fr.

Charlton Bastian. — Le cerveau, organe de la pensée chez l'homme et les animaux. 2 vol. in-8, cartonnés . . . . 12 fr.

Carlyle. — L'idéalisme anglais, étude sur Carlyle, par H. Taine, 1 vol. in-18 . . . . 2 fr. 50

Draper. — Les conflits de la science et de la religion. 7e édition. 1 volume in-8, cartonné . . . . 6 fr.

Ferrier. — Les fonctions du cerveau. 1 vol. in-8. . . . . 10 fr.

Flint. — La philosophie de l'histoire en France et en Allemagne. 2 vol. in-8 . . . . 15 fr.

Guyau. — La morale anglaise contemporaine. 1 vol. in-8 . 7 fr. 50

Huxley. — Hume, sa vie, sa philosophie. 1 vol. in-8. . . . . 5 fr.

Matthew Arnold. — La crise religieuse. 1 vol. in-8 . . 7 fr. 50

Maudsley. — Le crime et la folie. 1 vol. in-8, cart. 5e édit. . . 6 fr.

— La pathologie de l'esprit. 1 vol. in-8 . . . . 10 fr.

Liard. — Les logiciens anglais contemporains (Herschel, Whewell, Stuart Mill, G. Bentham, Hamilton, de Morgan, Beele, Stanley Jevons). 1 vol. in-18. 2e édit. . . . . 2 fr. 50

Ribot (Th.). — La psychologie anglaise contemporaine (James Mill, Stuart Mill, Herbert Spencer, A. Bain, G. Lewes, S. Bailey, J.-D. Morell, J. Murphy), 2e éd. 1 vol. in-8. . . . . 7 fr. 50

James Sully. — Le pessimisme. 1 vol. in-8 . . . . 7 fr. 50

— Les illusions des sens et de l'esprit. 1 vol. in-8, cart. . . 6 fr.

Ruskin (John). — L'esthétique anglaise, étude sur J. Ruskin, par Milsand. 1 vol. in-18 . . . . 2 fr. 50

Envoi franco contre mandat-poste.

ANCIENNE LIBRAIRIE GERMER BAILLIÈRE ET Cie
FÉLIX ALCAN, ÉDITEUR

CATALOGUE
DES
LIVRES DE FONDS
(PHILOSOPHIE — HISTOIRE)

TABLE DES MATIÈRES

On peut se procurer tous les ouvrages qui se trouvent dans ce Catalogue par l'intermédiaire des libraires de France et de l'Étranger.

On peut également les recevoir *franco* par la poste, sans augmentation des prix désignés, en joignant à la demande des TIMBRES-POSTE FRANÇAIS ou un MANDAT sur Paris.

PARIS
108, BOULEVARD SAINT-GERMAIN, 108
Au coin de la rue Hautefeuille.

JUILLET 1886

Les titres précédés d'un *astérisque* sont recommandés par le Ministère de l'Instruction publique pour les Bibliothèques et pour les distributions des prix des lycées et collèges. — Les lettres V. P. indiquent les volumes adoptés pour les distributions de prix et les Bibliothèques de la Ville de Paris.

BIBLIOTHÈQUE DE PHILOSOPHIE CONTEMPORAINE

Volumes in-12 brochés à 2 fr. 50.

Cartonnés toile. 3 francs. — En demi-reliure, plats papier. 4 francs.

Quelques-uns de ces volumes sont épuisés et il n'en reste que peu d'exemplaires imprimés sur papier vélin; ces volumes sont annoncés au prix de 5 francs.

ALAUX, professeur à la Faculté des lettres d'Alger. **Philosophie de M. Cousin.**
AUBER (Ed.). **Philosophie de la médecine.**
BALLET (G.), professeur agrégé à la Faculté de médecine. **Le Langage intérieur** et les diverses formes de l'aphasie.
* BARTHÉLEMY SAINT-HILAIRE, de l'Institut. **De la Métaphysique.**
* BEAUSSIRE, de l'Institut. **Antécédents de l'hégélianisme dans la philosophie française.**
* BERSOT (Ernest), de l'Institut. **Libre Philosophie.** (V. P.)
* BERTAULD, de l'Institut. **L'Ordre social et l'Ordre moral.**
— **De la Philosophie sociale.**
BINET (A.). **La Psychologie du raisonnement**, expériences par l'hypnotisme.
BOST. **Le Protestantisme libéral.**
* BOUTMY (E.), de l'Institut. **Philosophie de l'architecture en Grèce.** (V. P.)
* CHALLEMEL-LACOUR. **La Philosophie individualiste**, étude sur G. de Humboldt.
COIGNET (Mme C.). **La Morale indépendante.**
COQUEREL FILS (Ath.). **Transformations historiques du Christianisme.**
— **La Conscience et la Foi.**
— **Histoire du Credo.**
COSTE (Ad.). **Les Conditions sociales du bonheur et de la force.** 3e édit. (V. P.)
* ESPINAS (A.), professeur à la Faculté des lettres des Bordeaux. **La Philosophie expérimentale en Italie.**
FAIVRE (E.), professeur à la Faculté des sciences de Lyon. **De la Variabilité des espèces.**
FONTANÈS. **Le Christianisme moderne.**
FONVIELLE (W. de). **L'Astronomie moderne.**
FRANCK (Ad.), de l'Institut. **Philosophie du droit pénal.** 2e édit.
— **Des Rapports de la Religion et de l'Etat.** 2e édit.
— **La Philosophie mystique en France au XVIIIe siècle.**
* GARNIER. **De la Morale dans l'antiquité.** Papier vélin. 5 fr.
GAUCKLER. **Le Beau et son histoire.**
HAECKEL, professeur à l'Université d'Iéna. **Les Preuves du transformisme.** 2e édit.
— * **La Psychologie cellulaire.**
HARTMANN (E. de). **La Religion de l'avenir.** 2e édit.
— **Le Darwinisme**, ce qu'il y a de vrai et de faux dans cette doctrine. 3e édit.
HERBERT SPENCER. **Classification des sciences**, traduit par M. Cazelles. 2e édit.
— **L'Individu contre l'État**, traduit par M. Gerschel.
* JANET (Paul), de l'Institut. **Le Matérialisme contemporain.** 4e édit.
— * **La Crise philosophique.** Taine, Renan, Vacherot, Littré.

— * **Philosophie de la Révolution française.** 3e édit.
— * **Saint-Simon et le Saint-Simonisme.**
— **Les Origines du Socialisme contemporain.**
* LAUGEL (Auguste). **L'Optique et les Arts.** (V. P.)
— * **Les Problèmes de la nature.**
— * **Les Problèmes de la vie.**
— * **Les Problèmes de l'âme.**
— * **La Voix, l'Oreille et la Musique.** Papier vélin. 5 fr.
LEBLAIS. **Matérialisme et Spiritualisme.**
* LEMOINE (Albert), maître de conférences à l'École normale. **Le Vitalisme et l'Animisme.**
— * **De la Physionomie et de la Parole.**
— * **L'Habitude et l'Instinct.**
* LIARD, directeur de l'Enseignement supérieur. **Les Logiciens anglais contemporains.** 2e édit.
LEOPARDI. **Opuscules et Pensées**, traduit par M. Aug. Dapples.
LEVALLOIS (Jules). **Déisme et Christianisme.**
* LÉVÊQUE (Charles), de l'Institut. **Le Spiritualisme dans l'art.**
— * **La Science de l'invisible.**
* LOTZE (H.). **Psychologie physiologique**, traduit par M. Penjon.
MARIANO. **La Philosophie contemporaine en Italie.**
* MARION, chargé de cours à la Faculté des lettres de Paris. **J. Locke, sa vie, son œuvre.**
* MILSAND. **L'Esthétique anglaise**, étude sur John Ruskin.
ODYSSE BAROT. **Philosophie de l'histoire.**
PI Y MARGALL. **Les Nationalités**, traduit par M. L. X. de Ricard.
* RÉMUSAT (Charles de), de l'Académie française. **Philosophie religieuse.**
RÉVILLE (A.), professeur au Collège de France. **Histoire du dogme de la divinité de Jésus-Christ.**
RIBOT (Th.), direct. de la *Revue philos.* **La Philosophie de Schopenhauer.** 3e édit.
— * **Les Maladies de la mémoire.** 4e édit.
— **Les Maladies de la volonté**, 3e édit.
— **Les Maladies de la personnalité.**
ROISEL. **De la Substance.**
SAIGEY. **La Physique moderne.** 2e tirage. (V. P.)
* SAISSET (Émile), de l'Institut. **L'Âme et la Vie.**
— * **Critique et Histoire de la philosophie** (fragm. et disc.).
SCHMIDT (O.). **Les Sciences naturelles et la Philosophie de l'inconscient.**
SCHŒBEL. **Philosophie de la raison pure.**
SCHOPENHAUER. **Le Libre arbitre**, traduit par M. Salomon Reinach. 3e édit.
— **Le Fondement de la morale**, traduit par M. A. Burdeau. 2e édit.
— **Pensées et Fragments**, traduit par M. A. Burdeau. 6e édit.
SELDEN (Camille). **La Musique en Allemagne**, étude sur Mendelssohn. (V. P.)
SICILIANI (P.). **La Psychogénie moderne.**
STRICKER. **Le Langage et la Musique**, traduit par M. Schwiedland.
* STUART MILL. **Auguste Comte et la Philosophie positive**, traduit par M. Clémenceau. 2e édit. (V. P.)
— **L'Utilitarisme**, traduit par M. Le Monnier. (V. P.)
TAINE (H.), de l'Académie française. **L'Idéalisme anglais**, étude sur Carlyle.
— * **Philosophie de l'art dans les Pays-Bas.** 2e édit.
— * **Philosophie de l'art en Grèce.** 2e édit.
— * **De l'Idéal dans l'art.** Papier vélin. 5 fr.
— * **Philosophie de l'art en Italie.** Papier vélin. 5 fr.
— * **Philosophie de l'art.** Papier vélin. 5 fr.

TARDE. **La Criminalité comparée.** 2 fr. 50
TISSANDIER. **Des Sciences occultes et du Spiritisme.** Pap. vélin. 5 fr.
* VACHEROT (Et.), de l'Institut. **La Science et la Conscience.**
VÉRA (A.), professeur à l'Université de Naples. **Philosophie hégélienne.**
ZELLER. **Christian Baur et l'École de Tubingue,** traduit par M. Ritter.

BIBLIOTHÈQUE DE PHILOSOPHIE CONTEMPORAINE

Volumes in-8.

Brochés à 5 fr., 7 fr. 50 et 10 fr.
Cart. anglais, 1 fr. en plus par volume. Demi-reliure. 2 francs.

* AGASSIZ. **De l'Espèce et des Classifications.** 1 vol. 5 fr.
* BAIN (Alex.). **La Logique inductive et déductive.** Traduit de l'anglais par M. Compayré. 2 vol. 2e édit. 20 fr.
— * **Les Sens et l'Intelligence.** 1 vol. Traduit par M. Cazelles. 10 fr.
— * **L'Esprit et le Corps.** 1 vol. 4e édit. 6 fr.
— * **La Science de l'Éducation.** 1 vol. 4e édit. 6 fr.
— **Les Émotions et la Volonté.** Trad. par M. Le Monnier. 1 vol. 10 fr.
* BARDOUX, sénateur. **Les Légistes, leur influence sur la société française.** 1 vol. 5 fr.
* BARNI (Jules). **La Morale dans la démocratie.** 1 vol. 2e édit. précédée d'une préface de M. D. Nolen, recteur de l'académie de Douai. 5 fr.
BEAUSSIRE (Émile), de l'Institut. **Les Principes de la morale.** 1 vol. 5 fr.
BERTRAND (A.), professeur à la Faculté des lettres de Lyon. **L'Aperception du corps humain par la conscience.** 1 vol. 5 fr.
BUCHNER. **Nature et Science.** 1 vol. 2e édit. Traduit par M. Lauth. 7 fr. 50
CLAY (R.). **L'Alternative, contribution à la psychologie.** 1 vol. Traduit de l'anglais par M. A. Burdeau, député, ancien professeur au lycée Louis le Grand. 10 fr.
EGGER (V.), professeur à la Faculté des lettres de Nancy. **La Parole intérieure.** 1 vol. 5 fr.
ESPINAS (Alf.), professeur à la Faculté des lettres de Bordeaux. **Des Sociétés animales.** 1 vol. 2e édit. 7 fr. 50
FERRI (Louis), correspondant de l'Institut. **La Psychologie de l'association,** depuis Hobbes jusqu'à nos jours. 1 vol. 7 fr. 50
* FLINT, prof. à l'Université d'Edimbourg. **La Philosophie de l'histoire en France.** Traduit de l'anglais par M. Ludovic Carrau, directeur des conférences de philosophie à la Faculté des lettres de Paris. 1 vol. 7 fr. 50
— **La Philosophie de l'histoire en Allemagne.** Traduit de l'anglais par M. Ludovic Carrau. 1 vol. 7 fr. 50
* FOUILLÉE (Alf.), ancien maître de conférences à l'École normale supérieure. **La Liberté et le Déterminisme.** 1 vol. 2e édit. 7 fr. 50
— **Critique des systèmes de morale contemporains.** 1 vol. 7 fr. 50
FRANCK (A.), de l'Institut. **Philosophie du droit civil.** 1 vol. 5 fr.
* GUYAU. **La Morale anglaise contemporaine.** 1 vol. 2e édit. 7 fr. 50
— **Les Problèmes de l'esthétique contemporaine.** 1 vol. 5 fr.
— **Esquisse d'une morale sans obligation ni sanction.** 1 vol. 5 fr.
— **L'irréligion de l'avenir.** 1 vol. (*Sous presse.*)

HERBERT SPENCER. **Les premiers Principes.** Traduit par M. Cazelles. 1 fort volume. 10 fr.

— **Principes de biologie.** Traduit par M. Cazelles. 2 vol. 20 fr.

— * **Principes de psychologie.** Trad. par MM. Ribot et Espinas. 2 vol. 20 fr.

— * **Principes de sociologie :**

Tome I. Traduit par M. Cazelles. 1 vol. 10 fr.

Tome II. Traduit par MM. Cazelles et Gerschel. 1 vol. 7 fr. 50

Tome III. Traduit par M. Cazelles. 1 vol. 15 fr.

— * **Essais sur le progrès.** Traduit par M. A. Burdeau. 1 vol. 7 fr. 50

— **Essais de politique.** Traduit par M. A. Burdeau. 1 vol. 2e édit. 7 fr. 50

— **Essais scientifiques.** Traduit par M. A. Burdeau. 1 vol. 7 fr. 50

* — **De l'Education physique, intellectuelle et morale.** 1 vol. 5e édit. 5 fr.

— * **Introduction à la science sociale.** 1 vol. 6e édit. 6 fr.

— * **Les Bases de la morale évolutionniste.** 1 vol. 3e édit. 6 fr.

— * **Classification des sciences.** 1 vol. in-18. 2e édit. 2 fr. 50

— **L'Individu contre l'État.** Traduit par M. Gerschel. 1 vol. in-18. 2 fr. 50

— **Descriptive Sociology,** or Groupes of sociological facts. French compiled by James COLLIER. 1 vol. in-folio. 50 fr.

* HUXLEY, de la Société royale de Londres. **Hume, sa vie, sa philosophie.** Traduit de l'anglais et précédé d'une Introduction par G. COMPAYRÉ. 1 vol. 5 fr.

* JANET (Paul), de l'Institut. **Les Causes finales.** 1 vol. 2e édit. 10 fr.

— **Histoire de la science politique dans ses rapports avec la morale.** 2 forts vol. in-8. 2e édit. 20 fr.

LAUGEL (Auguste). **Les Problèmes** (Problèmes de la nature, problèmes de la vie, problèmes de l'âme). 1 vol. 7 fr. 50

* LAVELEYE (de), correspondant de l'Institut. **De la Propriété et de ses formes primitives.** 1 vol. 4e édit. (*Sous presse.*)

* LIARD, directeur de l'enseignement supérieur. **La Science positive et la Métaphysique.** 1 vol. 2e édit. 7 fr. 50

— **Descartes.** 1 vol. 5 fr.

MARION (H.), chargé de cours à la Faculté des lettres de Paris. **De la Solidarité morale.** Essai de psychologie appliquée. 1 vol. 2e édit. (V. P.) 5 fr.

MATTHEW ARNOLD. **La Crise religieuse.** 1 vol. 7 fr. 50

MAUDSLEY. **La Pathologie de l'esprit.** 1 vol. Trad. par M. Germont. 10 fr.

* NAVILLE (E.), correspondant de l'Institut. **La Logique de l'hypothèse.** 1 vol. 5 fr.

— **La Physique moderne.** 1 vol. 5 fr.

PÉREZ (Bernard). **Les trois premières années de l'enfant.** 1 fort volume in-8. 3e édit. 5 fr.

— **L'Enfant de trois à sept ans.** 1 fort vol. in-8. 5 fr.

PREYER, professeur à la Faculté d'Iéna. **Éléments de physiologie.** Traduit de l'allemand par M. J. Soury. 1 vol. 5 fr.

— **L'Ame de l'enfant.** 1 vol., traduit de l'allemand par H. de Varigny. 10 fr.

* QUATREFAGES (De), de l'Institut **Ch. Darwin et ses précurseurs français.** 1 vol. 5 fr.

RIBOT (Th.). **L'Hérédité psychologique.** 1 vol. 2e édit. 7 fr. 50

— * **La Psychologie anglaise contemporaine.** 1 vol. 3e édit. 7 fr. 50

— * **La Psychologie allemande contemporaine.** 1 vol. 2e édit. 7 fr. 50

* SAIGEY (Emile). **Les Sciences au XVIIIe siècle.** La physique de Voltaire. 1 vol. 5 fr.

SCHOPENHAUER. **Aphorismes sur la sagesse dans la vie.** 2e édit. Traduit par Cantacuzène. 1 vol. 5 fr.

— **De la quadruple racine du principe de la raison suffisante**, suivi d'une *Histoire de la doctrine de l'idéal et du réel*. Trad. par Cantacuzène. 1 vol. 5 fr.

SÉAILLES, professeur au lycée Janson de Sailly. **Essai sur le génie dans l'art.** 1 vol. 5 fr.

* STUART MILL. **La Philosophie de Hamilton.** 1 vol. 10 fr.

— * **Mes Mémoires.** Histoire de ma vie et de mes idées. Traduit de l'anglais par M. E. Cazelles. 1 vol. 5 fr.

— * **Système de logique** déductive et inductive. Traduit de l'anglais par M. Louis Peisse. 2 vol. 20 fr.

— * **Essais sur la Religion.** 2e édit. 1 vol. 5 fr.

SULLY (James). **Le Pessimisme.** Traduit par MM. Bertrand et Gérard. 1 vol. 7 fr. 50

VACHEROT (Et.), de l'Inst. **Essais de philosophie critique.** 1 vol. 7 fr. 50

— **La Religion.** 1 vol. 7 fr. 50

WUNDT. **Éléments de psychologie physiologique.** 2 vol. avec fig. 20 fr.

ÉDITIONS ÉTRANGÈRES

Éditions anglaises.

AUGUSTE LAUGEL. The United States during the war. In-8. 7 shill. 6 p.

ALBERT RÉVILLE. History of the doctrine of the deity of Jesus-Christ. 3 sh. 6 p.

H. TAINE. Italy (Naples et Rome). 7 sh. 6 p.

H. TAINE. The Philosophy of Art. 3 sh.

PAUL JANET. The Materialism of present day. 1 vol. in-18, rel. 3 shill.

Éditions allemandes.

JULES BARNI. Napoléon Ier. In-18. 3 m.

PAUL JANET. Der Materialismus unsere Zeit. 1 vol. in-18. 3 m.

H. TAINE. Philosophie der Kunst. 1 volume in-18. 3 m.

COLLECTION HISTORIQUE DES GRANDS PHILOSOPHES

PHILOSOPHIE ANCIENNE

ARISTOTE (Œuvres d'), traduction de M. BARTHÉLEMY SAINT-HILAIRE.

— **Psychologie** (Opuscules), trad. en français et accompagnée de notes. 1 vol. in-8. . . . . 10 fr.

— **Rhétorique**, traduite en français et accompagnée de notes. 1870, 2 vol. in-8. . . . . 16 fr.

— **Politique**, 1868, 1 v. in-8. 10 fr.

— **Traité du ciel**, 1866; traduit en français pour la première fois. 1 fort vol. grand in-8. . . . . 10 fr.

— **La Métaphysique d'Aristote.** 3 vol. in-8, 1879. . . . . 30 fr.

— **Traité de la production et de la destruction des choses**, trad. en français et accomp. de notes perpétuelles. 1866. 1 v. gr. in-8. 10 fr.

— **De la Logique d'Aristote**, par M. BARTHÉLEMY SAINT-HILAIRE. 2 vol. in-8. . . . . 10 fr.

* SOCRATE. **La Philosophie de Socrate**, par M. Alf. FOUILLÉE. 2 vol. in-8. . . . . 16 fr.

* PLATON. **La Philosophie de Platon**, par M. Alfred FOUILLÉE. 2 vol. in-8. . . . . 16 fr.

* PLATON. **Études sur la Dialectique dans Platon et dans Hegel**, par M. Paul JANET. 1 vol. in-8. . . . . 6 fr.

* ÉPICURE. **La Morale d'Épicure** et ses rapports avec les doctrines contemporaines, par M. GUYAU. 1 vol. in-8. 3e édit. . . . 7 fr. 50

* ÉCOLE D'ALEXANDRIE. **Histoire de l'École d'Alexandrie**, par M. BARTHÉLEMY SAINT-HILAIRE. 1 v. in-8. . . . . 6 fr.

MARC-AURÈLE. **Pensées de Marc-Aurèle**, traduites et annotées par M. BARTHÉLEMY SAINT-HILAIRE. 1 vol. in-18. . . . . 4 fr. 50

BÉNARD. **La Philosophie ancienne**, histoire de ses systèmes. Première partie : *La Philosophie et la sagesse orientales. — La Philosophie grecque avant Socrate. — Socrate et les socratiques. — Etudes sur les sophistes grecs.* 1 vol. in-8. 1885. 9 fr.

* FABRE (Joseph). **Histoire de la philosophie, antiquité et moyen âge.** 1 vol. in-18. . . . . 3 fr. 50

OGEREAU. **Essai sur le système philosophique des Stoïciens.** 1 vol. in-8. 1885. 5 fr.

PHILOSOPHIE MODERNE

* LEIBNIZ. **Œuvres philosophiques**, avec Introduction et notes par M. Paul JANET. 2 vol. in-8. 16 fr.

LEIBNIZ. **Leibniz et Pierre le Grand**, par FOUCHER DE CAREIL. 1 vol. in-8.............. 2 fr.

LEIBNIZ. **Leibniz, Descartes et Spinoza**, par FOUCHER DE CAREIL. 1 vol. in-8.............. 4 fr.

— **Leibniz et les deux Sophie**, par FOUCHER DE CAREIL. 1 vol. in-8.................. 2 fr.

DESCARTES, par Louis LIARD. 1 vol. in-8.................. 5 fr.

— **Essai sur l'Esthétique de Descartes**, par KRANTZ. 1 v. in-8. 6 fr.

* SPINOZA. **Dieu, l'homme et la béatitude**, trad. et précédé d'une Introduction par M. P. JANET. 1 vol. in-18.............. 2 fr. 50

— **Benedicti de Spinoza opera** quotquot reperta sunt, recognoverunt J. Van Vloten et J.-P.-N. Land, édition publiée par la commission de la statue de Spinoza. 2 forts vol. in-8 sur papier de Hollande. 45 fr.

* LOCKE. **Sa vie et ses œuvres**, par M. MARION. 1 vol. in-18. 2 fr. 50

* MALEBRANCHE. **La Philosophie de Malebranche**, par M. OLLÉ-LAPRUNE. 2 vol. in-8...... 16 fr.

* VOLTAIRE. **Les Sciences au XVIIIe siècle**. Voltaire physicien, par M. Em. SAIGEY. 1 vol. in-8. 5 fr.

FRANCK (Ad.). **La Philosophie mystique en France au XVIIIe siècle**. 1 vol. in-18... 2 fr. 50

* DAMIRON. **Mémoires pour servir à l'histoire de la philosophie au XVIIIe siècle**. 3 vol. in-8. 15 fr.

* MAINE DE BIRAN. **Essai sur sa philosophie**, suivi de fragments inédits, par JULES GÉRARD. 1 fort vol. in-8. 1876.......... 10 fr.

PHILOSOPHIE ÉCOSSAISE

* DUGALD STEWART. **Éléments de la philosophie de l'esprit humain**, traduits de l'anglais par L. PEISSE. 3 vol. in-12... 9 fr.

* HAMILTON. **La Philosophie de Hamilton**, par J. STUART MILL. 1 vol. in-8.............. 10 fr.

* BERKELEY. **Sa vie et ses œuvres**, par PENJON. 1 v. in-8. 1878. 7 fr. 50

* HUME. **Sa vie et sa philosophie**, par Th. HUXLEY, trad. de l'anglais par G. COMPAYRÉ. 1 vol. in-8. 5 fr.

PHILOSOPHIE ALLEMANDE

KANT. **Critique de la raison pure**, trad. par M. TISSOT. 2 v. in-8. 16 fr.

— Même ouvrage, traduction par M. Jules BARNI. 2 vol. in-8. . 16 fr.

* — **Éclaircissements sur la Critique de la raison pure**, trad. par J. TISSOT. 1 volume in-8... 6 fr.

* — **Éléments métaphysiques de la doctrine du droit** (*Première partie de la Métaphysique des mœurs*), suivi d'un Essai philosophique sur la paix perpétuelle, trad. par M. J. BARNI. 1 vol. in-8. 8 fr.

— **Principes métaphysiques de la morale**, augmentés des *Fondements de la métaphysique des mœurs*, traduct. par M. TISSOT. 1 v. in-8. 8 fr.

— Même ouvrage, traduction par M. Jules BARNI. 1 vol. in-8... 8 fr.

* — **La Logique**, traduction par M. TISSOT. 1 vol. in-8..... 4 fr.

* KANT. **Mélanges de logique**, traduction par M. TISSOT. 1 v. in-8. 6 fr.

* KANT. **Prolégomènes à toute métaphysique future** qui se présentera comme science, traduction de M. TISSOT. 1 vol. in-8... 6 fr.

* — **Anthropologie**, suivie de divers fragments relatifs aux rapports du physique et du moral de l'homme, et du commerce des esprits d'un monde à l'autre, traduction par M. TISSOT. 1 vol. in-8..... 6 fr.

— **Traité de pédagogie**, trad. J. BARNI; préface par Raymond THAMIN. 1 vol. in-12. 2 fr.

* FICHTE. **Méthode pour arriver à la vie bienheureuse**, traduit par Fr. BOUILLIER. Vol. in-8. 8 fr.

— **Destination du savant et de l'homme de lettres**, traduit par M. NICOLAS. 1 vol. in-8. 3 fr.

* — **Doctrines de la science**. Principes fondamentaux de la science de la connaissance. Vol. in-8. 9 fr.

SCHELLING. **Bruno**, ou du principe divin, trad. par Cl. HUSSON. 1 vol. in-8 .... 3 fr. 50

— **Écrits philosophiques** et morceaux propres à donner une idée de son système, trad. par Ch. BÉNARD. 1 vol. in-8 .... 9 fr.

* HEGEL. **Logique**. 2e édit. 2 vol. in-8 .... 14 fr.

* — **Philosophie de la nature**. 3 vol. in-8 .... 25 fr.

* — **Philosophie de l'esprit**. 2 vol. in-8 .... 18 fr.

* — **Philosophie de la religion**. Tomes I et II .... 20 fr

— **Essais de philosophie hégélienne**, par A. VÉRA. 1 vol. 2 fr. 50

— **La Poétique**, trad. par Ch. BÉNARD. Extraits de Schiller, Gœthe Jean, Paul, etc., et sur divers sujets relatifs à la poésie. 2 v. in-8. 12 fr.

HEGEL. **Esthétique**. 2 vol. in-8, traduit par M. BÉNARD .... 16 fr.

— **Antécédents de l'Hegelianisme dans la philosophie française**, par BEAUSSIRE. 1 vol. in-18 .... 2 fr. 50

* — **La Dialectique dans Hegel et dans Platon**, par Paul JANET. 1 vol. in-8 .... 6 fr.

HUMBOLDT (G. de). **Essai sur les limites de l'action de l'État**. 1 vol. in-18 .... 3 fr 50

—* **La Philosophie individualiste**, étude sur G. de HUMBOLDT, par CHALLEMEL-LACOUR. 1 vol. in-18. 2 fr. 50

* STAHL. **Le Vitalisme et l'Animisme de Stahl**, par Albert LEMOINE. 1 vol. in-18.... 2 fr. 50

LESSING. **Le Christianisme moderne**. Étude sur Lessing, par FONTANÈS. 1 vol. in-18 . 2 fr. 50

PHILOSOPHIE ALLEMANDE CONTEMPORAINE

L. BUCHNER. **Nature et Science**. 1 vol. in-8. 2e édit .... 7 fr. 50

— * **Le Matérialisme contemporain**, par M. P. JANET. 4e édit. 1 vol. in-18 .... 2 fr. 50

CHRISTIAN BAUR **et l'École de Tubingue**, par Ed. ZELLER. 1 vol. in-18 .... 2 fr. 50

HARTMANN (E. de). **La Religion de l'avenir**. 1 vol. in-18.. 2 fr. 50

— **Le Darwinisme**, ce qu'il y a de vrai et de faux dans cette doctrine, traduit par M. G. GUÉROULT. 1 vol. in-18, 3e édition........ 2 fr. 50

HAECKEL. **Les Preuves du transformisme**, trad. par M. J. SOURY. 1 vol. in-18 .... 2 fr. 50

— **Essais de psychologie cellulaire**, traduit par M. J. SOURY. 1 vol. in-18 .... 2 fr. 50

O. SCHMIDT. **Les Sciences naturelles et la philosophie de l'inconscient**. 1 v. in-18. 2 fr. 50

LOTZE (H.). **Principes généraux de psychologie physiologique**, trad. par M. PENJON. 1 v. in-18. 2 f. 50

PREYER. **Éléments de physiologie**. 1 vol. in-8 .... 5 fr.

SCHOPENHAUER. **Essai sur le libre arbitre**. 1 vol. in-18... 2 fr. 50

— **Le Fondement de la morale**, traduit par M. BURDEAU. 1 vol. in-18 .... 2 fr. 50

— **Essais et fragments**, traduit et précédé d'une Vie de Schopenhauer, par M. BOURDEAU. 1 vol. in-18 .... 2 fr. 50

— **Aphorismes sur la sagesse dans la vie**. 1 vol. in-8.. 5 fr.

— **De la quadruple racine du principe de la raison suffisante**. 1 vol. in-8 .... 5 fr.

— **Schopenhauer et les origines de sa métaphysique**, par L. DUCROS. 1 vol. in-8 ......, 3 fr. 50

RIBOT (Th.). **La Psychologie allemande contemporaine** (Herbart, Beneke, Lotze, Fechner, Wundt, etc.). 1 vol. in-8. 7 fr. 50

STRICKER. **Le Langage et la Musique**, traduit de l'allemand par SCHWIEDLAND. 1 vol. in-18. 2 fr. 50

WUNDT. **Psychologie physiologique**. 2 vol. in-8 avec fig. 20 fr.

PHILOSOPHIE ANGLAISE CONTEMPORAINE

STUART MILL *. **La Philosophie de Hamilton**. 1 fort vol. in-8. 10 fr.

—* **Mes Mémoires**. Histoire de ma vie et de mes idées. 1 v. in-8. 5 fr.

— * **Système de logique** déductive et inductive. 2 v. in-8. 20 fr.

— **Essais sur la Religion**. 1 vol. in-8. 2e édit .... 5 fr.

STUART MILL *. **Auguste Comte** et la philosophie positive. 1 vol. in-18. 2 fr. 50

— **L'Utilitarisme**, traduit par M. LE MONNIER. 1 vol. in-18... 2 fr. 50

HERBERT SPENCER *. **Les premiers Principes**. 1 fort volume in-8 .... 10 fr.

HERBERT SPENCER *. **Principes de biologie.** 2 forts vol. in-8. 20 fr.

— * **Principes de psychologie.** 2 vol. in-8........... 20 fr.

— * **Introduction à la Science sociale.** 1 v. in-8 cart. 6e édit. 6 fr.

— * **Principes de sociologie.** 3 vol. in-8.............. 32 fr. 50

— * **Classification des sciences.** 1 vol. in-18, 2e édition. 2 fr. 50

— * **De l'éducation intellectuelle, morale et physique.** 1 vol. in-8, 4e édit............ 5 fr.

— * **Essais sur le progrès.** 1 vol. in-8................. 7 fr. 50

— **Essais de politique.** 1 vol. in-8.............. 7 fr. 50

— **Essais scientifiques.** 1 vol. in-8............... 7 fr. 50

— * **Les bases de la morale évolutionniste.** 1 vol. in-8.... 6 fr.

— **L'Individu contre l'Etat.** 1 vol in-18............... 2 fr. 50

BAIN *. **Des sens et de l'intelligence.** 1 vol. in-8.... 10 fr.

— * **La Logique inductive et déductive.** 2 vol. in-8.... 20 fr.

— * **L'Esprit et le corps.** 1 vol. in-8, cartonné, 2e édit..... 6 fr.

— * **La Science de l'éducation.** 1 vol. in-8............. 6 fr.

— **Les Émotions et la volonté.** 1 vol. in-8 cartonné..... 10 fr.

DARWIN *. **Ch. Darwin et ses précurseurs français**, par M. de QUATREFAGES. 1 vol. in-8.. 5 fr.

— *. **Descendance et Darwinisme**, par Oscar SCHMIDT. 1 vol. in-8 cart. 4e édit......... 6 fr.

— **Le Darwinisme**, par E. DE HARTMANN. 1 vol. in-18..... 2 fr. 50

— **Les Récifs de corail**, structure et distribution, par Ch. DARWIN. 1 vol. in-8............ 8 fr.

FERRIER. **Les fonctions du cerveau.** 1 vol. in-8....... 10 fr.

CHARLTON BASTIAN. **Le cerveau,** organe de la pensée chez l'homme et les animaux. 2 vol. in-8. 12 fr.

CARLYLE. **L'Idéalisme anglais,** étude sur Carlyle, par H. TAINE. 1 vol. in-18........... 2 fr. 50

BAGEHOT *. **Lois scientifiques du développement des nations.** 1 vol. in-8, cart. 3e édit.... 6 fr.

DRAPER. **Les conflits de la science et de la religion.** 1 vol. in-8. 6 fr.

RUSKIN (JOHN) *. **L'Esthétique anglaise,** étude sur J. Ruskin, par MILSAND. 1 vol. in-18 ... 2 fr. 50

MATTHEW ARNOLD. **La Crise religieuse.** 1 vol in-8.... 7 fr. 50

MAUDSLEY *. **Le Crime et la folie.** 1 vol. in-8. cart. 5e édit.., 6 fr.

— **La Pathologie de l'esprit.** 1 vol in-8............. 10 fr.

FLINT *. **La Philosophie de l'histoire en France et en Allemagne.** 2 vol in-8..... 15 fr.

RIBOT (Th.). **La Psychologie anglaise contemporaine** (James Mill, Stuart Mill, Herbert Spencer, A. Bain, G. Lewes, S. Bailey, J.-D. Morell, J. Murphy), 2e éd. 1 vol. in-8................ 7 fr. 50

LIARD* **Les Logiciens anglais contemporains** (Herschel, Whewell, Stuart Mill, G. Bentham, Hamilton, de Morgan, Beele, Stanley Jevons). 1 vol. in-18. 2e édit... 2 fr. 50

GUYAU *. **La Morale anglaise contemporaine.** 1 vol. in-8. 7 fr. 50

HUXLEY *. **Hume, sa vie, sa philosophie.** 1 vol. in-8...... 5 fr.

JAMES SULLY. **Le Pessimisme.** 1 vol. in-8........... 7 fr. 50

— **Les Illusions des sens et de l'esprit.** 1 vol. in-8, cart.. 6 fr.

PHILOSOPHIE ITALIENNE CONTEMPORAINE

SICILIANI. **Prolégomènes à la psychogénie moderne,** trad. par A. HERZÉN. 1 vol. in-18. 2 fr. 50

ESPINAS *. **La philosophie expérimentale en Italie,** origines, état actuel. 1 vol. in-18. 2 fr. 50

MARIANO. **La philosophie contemporaine en Italie,** essais de philos. hégélienne. 1 v. in-18. 2 fr. 50

FERRI (Louis). **Essai sur l'histoire de la philosophie en Italie au XIXe siècle.** 2 vol. in-8. 12 fr.

— **La philosophie de l'association depuis Hobbes jusqu'à nos jours.** 1 vol. in-8. 7 fr. 50

MINGHETTI. **L'État et l'Église.** 1 vol. in-8..................... 5 fr.

LEOPARDI. **Opuscules et pensées.** 1 vol. in-18.......... 2 fr. 50

MANTEGAZZA. **La physionomie et l'expression des sentiments.** 1 vol. in-8 cart. .... 6 fr.

**

BIBLIOTHÈQUE D'HISTOIRE CONTEMPORAINE

Volumes in-18 brochés à 3 fr. 50. — Volumes in-8 brochés à 5 et 7 francs.

Cartonnage anglais, 50 cent. par vol. in-18, 1 fr. par vol. in-8.

Demi-reliure, 1 fr. 50 par vol. in-18, 2 fr. par vol. in-8.

EUROPE

* SYBEL (H. de). **Histoire de l'Europe pendant la Révolution française**, traduit de l'allemand par Mlle DOSQUET. 6 vol. in-8. 42 fr.
Chaque volume séparément. 7 fr.

FRANCE

* BLANC (Louis). **Histoire de Dix ans.** 5 vol. in-8. (V. P.) 25 fr.
Chaque volume séparément. 5 fr.
— 25 pl. en taille-douce. Illustrations pour l'*Histoire de Dix ans.* 6 fr.
* BOERT. **La Guerre de 1870-1871**, d'après le colonel fédéral suisse Rustow. 1 vol. in-18. (V. P.) 3 fr. 50
* CARLYLE. **Histoire de la Révolution française.** Traduit de l'anglais. 3 vol. in-18. Chaque volume. 3 fr. 50
* CARNOT (H.), sénateur. **La Révolution française**, résumé historique. 1 vol. in-18, nouvelle édit. (V. P.) 3 fr. 50
* ÉLIAS REGNAULT. **Histoire de Huit ans** (1840-1848). 3 vol. in-8. 15 fr.
Chaque volume séparément. 5 fr.
— 14 planches en taille-douce, illustrations pour l'*Histoire de Huit ans.* 4 fr.
* GAFFAREL (P.), professeur à la Faculté des lettres de Dijon. **Les Colonies françaises.** 1 vol. in-8, 2e édit. (V. P.) 5 fr.
* LAUGEL (A.). **La France politique et sociale.** 1 vol. in-8. 5 fr.
ROCHAU (De). **Histoire de la Restauration.** 1 vol. in-18, traduit de l'allemand. 3 fr. 50
* TAXILE DELORD. **Histoire du second Empire** (1848-1870). 6 volumes in-8. 42 fr.
Chaque volume séparément. 7 fr.
WAHL, professeur au lycée Lakanal. **L'Algérie.** 1 vol. in-8. (V. P.) 5 fr.
LANESSAN (de), député. **L'expansion coloniale de la France** (Études économiques, politiques et géographiques sur les établissements français d'outre-mer). 1 fort vol. in-8, avec cartes. 1886. 12 fr.

ANGLETERRE

* BAGEHOT (W.). **La Constitution anglaise.** Traduit de l'anglais. 1 volume in-18. (V. P.) 3 fr. 50
— * **Lombard-street.** Le marché financier en Angleterre. 1 vol. in-18. 3 fr. 50
* GLADSTONE (E. W.). **Questions constitutionnelles** (1873-1878). — Le prince-époux. — Le droit électoral. Traduit de l'anglais, et précédé d'une introduction par Albert GIGOT. 1 vol. in-8. 5 fr.
* LAUGEL (Aug.). **Lord Palmerston et lord Russel.** 1 vol. in-18. 3 fr. 50
* SIR CORNEWAL LEWIS. **Histoire gouvernementale de l'Angleterre depuis 1770 jusqu'à 1830.** Traduit de l'anglais. 1 vol. in-8. 7 fr.
* REYNALD (H.), doyen de la Faculté des lettres d'Aix. **Histoire de l'Angleterre** depuis la reine Anne jusqu'à nos jours. 1 vol. in-18, 2e édit. (V. P.) 3 fr. 50
* THACKERAY. **Les Quatre George.** Traduit de l'anglais par LEFOYER. 1 vol. in-18. (V. P.) 3 fr. 50

ALLEMAGNE

* BOURLOTON (Ed.). **L'Allemagne contemporaine.** 1 vol. in-18. 3 fr. 50

* VÉRON (Eug.). **Histoire de la Prusse**, depuis la mort de Frédéric II jusqu'à la bataille de Sadowa. 1 vol. in-18, 3ᵉ édit. (V. P.) 3 fr. 50

— * **Histoire de l'Allemagne**, depuis la bataille de Sadowa jusqu'à nos jours. 1 vol. in-18, 2ᵉ édit. (V. P.) 3 fr. 50

AUTRICHE-HONGRIE

* ASSELINE (L.). **Histoire de l'Autriche**, depuis la mort de Marie-Thérèse jusqu'à nos jours. 1 vol. in-18, 2ᵉ édit. (V. P.) 3 fr. 50

SAYOUS (Ed.), professeur à la Faculté des lettres de Toulouse. **Histoire des Hongrois** et de leur littérature politique, de 1790 à 1815. 1 vol. in-18. 3 fr. 50

ESPAGNE

* REYNALD (H.). **Histoire de l'Espagne** depuis la mort de Charles III jusqu'à nos jours. 1 vol. in-18. (V. P.) 3 fr. 50

RUSSIE

HERBERT BARRY. **La Russie contemporaine.** Traduit de l'anglais. 1 vol. in-18. 3 fr. 50

CRÉHANGE (M.). **Histoire contemporaine de la Russie.** 1 vol. in-18. 3 fr. 50

SUISSE

* DAENDLIKER. **Histoire du peuple suisse.** Trad. de l'allem. par Mᵐᵉ Jules FAVRE, et précédé d'une Introduction de M. Jules FAVRE. 1 vol. in-8. (V. P.) 5 fr.

DIXON (H.). **La Suisse contemporaine.** 1 vol. in-18, traduit de l'anglais. (V. P.) 3 fr. 50

AMÉRIQUE

DEBERLE (Alf.). **Histoire de l'Amérique du Sud**, depuis sa conquête jusqu'à nos jours. 1 vol. in-18. 2ᵉ édit. (V. P.) 3 fr. 50

* LAUGEL (Aug.). **Les États-Unis pendant la guerre. 1861-1864.** Souvenirs personnels. 1 vol. in-18. 3 fr. 50

---

* BARNI (Jules). **Histoire des idées morales et politiques en France au dix-huitième siècle.** 2 vol. in-18. (V. P.) Chaque volume. 3 fr. 50

— * **Les Moralistes français au dix-huitième siècle.** 1 vol. in-18 faisant suite aux deux précédents. (V. P.) 3 fr. 50

— **Napoléon Iᵉʳ et son historien M. Thiers.** 1 vol. in-18. 3 fr. 50

BEAUSSIRE (Émile), de l'Institut. **La Guerre étrangère et la Guerre civile.** 1 vol. in-18. 3 fr. 50

* DESPOIS (Eug.). **Le Vandalisme révolutionnaire.** Fondations littéraires, scientifiques et artistiques de la Convention. 2ᵉ édition, précédée d'une notice sur l'auteur par M. Charles BIGOT. 1 vol. in-18. (V. P.) 3 fr. 50

* CLAMAGERAN (J.), sénateur. **La France républicaine.** 1 vol. in-18. 3 fr. 50

* DUVERGIER DE HAURANNE. **La République conservatrice.** 1 volume in-18. 3 fr. 50

LAVELEYE (E. de), correspondant de l'Institut. **Le Socialisme contemporain.** 1 vol. in-18, 3ᵉ édit. 3 fr. 50

MARCELLIN PELLET, ancien député. **Variétés révolutionnaires.** 1 vol. in-18, précédé d'une Préface de A. RANC. 3 fr. 50

SPULLER (E.). **Figures disparues**, portraits contemporains, littéraires et politiques. 1 vol. in-18. 3 fr. 50

BIBLIOTHÈQUE HISTORIQUE ET POLITIQUE

Volumes in-8.

* ALBANY DE FONBLANQUE. **L'Angleterre, son gouvernement, ses institutions.** Traduit de l'anglais sur la 14ᵉ édition par M. F. C. DREYFUS, avec Introduction par M. H. BRISSON. 1 vol. 5 fr.

BENLOEW. **Les Lois de l'Histoire.** 1 vol. 5 fr.

* DESCHANEL (E.). **Le Peuple et la Bourgeoisie.** 1 vol. 5 fr.

DU CASSE. **Les Rois frères de Napoléon Iᵉʳ.** 1 vol. 10 fr.

MINGHETTI. **L'État et l'Église.** 1 vol. 5 fr.

LOUIS BLANC. **Discours politiques** (1848-1881). 1 vol. 7 fr. 50

PHILIPPSON. **La Contre-révolution religieuse au XVIᵉ siècle.** 1 vol. 10 fr.

HENRARD (P.). **Henri IV et la princesse de Condé.** 1 vol. 6 fr.

NOVICOW. **La Politique internationale,** précédé d'une Préface de M. Eugène VÉRON. 1 fort vol. 7 fr.

DREYFUS (F. C.). **La France, son gouvernement, ses institutions.** 1 vol. (*Sous presse.*)

RECUEIL DES INSTRUCTIONS

DONNÉES

AUX AMBASSADEURS ET MINISTRES DE FRANCE

DEPUIS LES TRAITÉS DE WESTPHALIE JUSQU'À LA RÉVOLUTION FRANÇAISE

Publié sous les auspices de la Commission des archives diplomatiques au Ministère des affaires étrangères.

Beaux volumes in-8 cavalier, imprimés sur papier de Hollande :

I. — **AUTRICHE,** avec Introduction et notes, par Albert SOREL... 20 fr.

II. — **SUÈDE,** avec Introduction et notes, par A. GEFFROY, membre de l'Institut.. 20 fr.

La publication se continuera par les volumes suivants :

ANGLETERRE, par M. A. Baschet.
PRUSSE, par M. E. Lavisse.
RUSSIE, par M. A. Rambaud.
TURQUIE, par M. Girard de Rialle.
ROME, par M. Hanotaux.
HOLLANDE, par M. H. Maze.
ESPAGNE, par M. Morel Fatio.
DANEMARK, par M. Geffroy.
SAVOIE ET MANTOUE, par M. Armingaud.
NAPLES ET PARME, par M. J. Reinach.
PORTUGAL, par le vicomte de Caix de Saint-Aymour.
VENISE, par M. Jean Kaulek.
POLOGNE, par M. Louis Farges.

INVENTAIRE ANALYTIQUE

DES ARCHIVES DU MINISTÈRE DES AFFAIRES ÉTRANGÈRES

Publié sous les auspices de la Commission des archives diplomatiques

I. — **Correspondance politique de MM. de CASTILLON et de MARILLAC, ambassadeurs de France en Angleterre (1538-1540),** par M. JEAN KAULEK, avec la collaboration de MM. Louis Farges et Germain Lefèvre-Pontalis. 1 beau volume in-8 raisin sur papier fort.. **15** francs.

Le même, sur papier de Hollande................... **30** —

Volumes en préparation :

Suisse. PAPIERS DE BARTHÉLEMY, vol. I, année 1792, par M. J. KAULEK.

Angleterre, 1546-1549. AMBASSADE DE M. DE SELVE.

PUBLICATIONS HISTORIQUES ILLUSTRÉES

HISTOIRE ILLUSTRÉE DU SECOND EMPIRE, par Taxile Delord. 6 vol. in-8 colombier.

Chaque vol. broché, 8 fr. — Cart. doré, tr. dorées. 11 fr. 50

L'ouvrage est complet. On peut se procurer les livraisons de 8 pages au prix de 10 centimes.

HISTOIRE POPULAIRE DE LA FRANCE, depuis les origines jusqu'en 1815. — Nouvelle édition. — 4 vol. in-8 colombier avec 1323 gravures sur bois dans le texte.

Chaque vol., avec gravures, broché, 7 fr. 50 — Cart. doré, tranches dorées.. 11 fr.

ANTHROPOLOGIE ET ETHNOLOGIE

EVANS (John). **Les âges de la pierre.** 1 vol. grand in-8, avec 467 figures dans le texte. 15 fr. — En demi-reliure. 18 fr.

EVANS (John). **L'âge du bronze.** 1 vol. grand in-8, avec 540 figures dans le texte, broché, 15 fr. — En demi-reliure. 18 fr.

GIRARD DE RIALLE. **Les peuples de l'Afrique et de l'Amérique.** 1 vol. in-18. 60 cent.

HARTMANN (R.). **Les peuples de l'Afrique.** 1 vol. in-8, avec fig. 6 fr.

HARTMANN (R.). **Les singes anthropoïdes.** 1 vol. in-8 avec fig. 6 fr.

JOLY (N.). **L'homme avant les métaux.** 1 vol. in-8 avec 150 figures dans le texte et un frontispice. 4e édit. 6 fr.

LUBBOCK (Sir John). **Les origines de la civilisation.** État primitif de l'homme et mœurs des sauvages modernes. 1877. 1 vol. gr. in-8, avec figures et planches hors texte. Trad. de l'anglais par M. Ed. Barbier. 2e édit. 1877, 15 fr. — Relié en demi-maroquin, avec tr. dorées. 18 fr.

PIÉTREMENT. **Les chevaux dans les temps préhistoriques et historiques.** 1 fort vol. gr. in-8. 15 fr.

DE QUATREFAGES. **L'espèce humaine.** 1 vol. in-8. 6e édit. 6 fr.

WHITNEY. **La vie du langage.** 1 vol. in-8. 3e édit. 6 fr.

ZABOROWSKI. **L'anthropologie**, son histoire, sa place, ses résultats. 1 brochure in-8. 1 fr. 25

CARETTE (le colonel). **Études sur les temps antéhistoriques.** Première étude : *Le langage*. 1 vol. in-8. 1878. 8 fr.

CELSE. **Éléments d'anthropologie.** Notion de l'homme comme organisme vivant, et classification des sciences anthropologiques fondamentales. Tome I. 1 vol. in-8. 5 fr.

REVUE PHILOSOPHIQUE

DE LA FRANCE ET DE L'ÉTRANGER

Dirigée par TH. RIBOT

Agrégé de philosophie, Docteur ès lettres

(11e *année*, 1886.)

La REVUE PHILOSOPHIQUE paraît tous les mois, par livraisons de 6 ou 7 feuilles grand in-8, et forme ainsi à la fin de chaque année deux forts volumes d'environ 680 pages chacun.

CHAQUE NUMÉRO DE LA *REVUE* CONTIENT :

1° Plusieurs articles de fond; 2° des analyses et comptes rendus des nouveaux ouvrages philosophiques français et étrangers; 3° un compte rendu aussi complet que possible des *publications périodiques* de l'étranger pour tout ce qui concerne la philosophie; 4° des notes, documents, observations, pouvant servir de matériaux ou donner lieu à des vues nouvelles.

Prix d'abonnement :

Un an, pour Paris, 30 fr. — Pour les départements et l'étranger, 33 fr.
La livraison.......................... 3 fr.

Les années écoulées se vendent séparément 30 francs, et par livraisons de 3 francs.

REVUE HISTORIQUE

Dirigée par G. MONOD

Maître de conférences à l'École normale, directeur à l'École de hautes études.

(11e *année*, 1886.)

La REVUE HISTORIQUE paraît tous les deux mois, par livraisons grand in-8 de 15 ou 16 feuilles, de manière à former à la fin de l'année trois beaux volumes de 500 pages chacun.

CHAQUE LIVRAISON CONTIENT :

I. Plusieurs *articles de fond*, comprenant chacun, s'il est possible, un travail complet. — II. Des *Mélanges et Variétés*, composés de documents inédits d'une étendue restreinte et de courtes notices sur des points d'histoire curieux ou mal connus. — III. Un *Bulletin historique* de la France et de l'étranger, fournissant des renseignements aussi complets que possible sur tout ce qui touche aux études historiques. — IV. Une *analyse des publications périodiques* de la France et de l'étranger, au point de vue des études historiques. — V. Des *Comptes rendus critiques* des livres d'histoire nouveaux.

Prix d'abonnement :

Un an, pour Paris, 30 fr. — Pour les départements et l'étranger, 33 fr.
La livraison.................... 6 fr.

Les années écoulées se vendent séparément 30 francs, et par fascicules de 6 francs. Les fascicules de la 1re année se vendent 9 francs.

Table des matières contenues dans les cinq premières années de la Revue historique (1876 à 1880), par CHARLES BÉMONT. 1 vol. in-8, 3 fr. (pour les abonnés de la *Revue*, 1 fr. 50).

ANNALES DE L'ÉCOLE LIBRE
DES
SCIENCES POLITIQUES

RECUEIL TRIMESTRIEL

Publié avec la collaboration des professeurs et des anciens élèves de l'école

PREMIÈRE ANNÉE, 1886

COMITÉ DE RÉDACTION :

M. Émile Boutmy, de l'Institut, directeur de l'École; M. Léon Say, de l'Institut, ancien ministre des Finances; M. Alf. de Foville, chef du bureau de statistique au ministère des Finances, professeur au Conservatoire des arts et métiers; M. R. Stourm, ancien inspecteur des Finances et administrateur des Contributions indirectes; M. Alexandre Ribot, ancien député; M. Gabriel Alix; M. L. Renault, professeur à la Faculté des lettres de Paris; M. A. Vandal, auditeur de 1re classe au Conseil d'État, Directeurs des groupes de travail, professeurs à l'École.

Secrétaire de la rédaction : M. Aug. Arnauné, docteur en droit.

La première livraison des **Annales de l'École libre des sciences politiques** a paru le 15 janvier 1886.

Les sujets traités embrassent tout le champ couvert par le programme d'enseignement de l'Ecole : *Économie politique, finances, statistique, histoire constitutionnelle, droit international, public et privé, droit, administratif, législations civile et commerciale privées, histoire législative et parlementaire, histoire diplomatique, géographie économique, ethnographie, etc.*

La direction du Recueil se propose de ne négliger aucune des questions qui présentent, tant en France qu'à l'étranger, un intérêt pratique et actuel. L'esprit et la méthode en sont strictement scientifiques.

Les *Annales* contiennent en outre des notices bibliographiques et des correspondances de l'étranger.

Cette publication présente donc un intérêt considérable pour toutes les personnes qui s'adonnent à l'étude des sciences politiques. La place en est marquée dans toutes les Bibliothèques des Facultés, des Universités et des grands corps délibérants.

MODE DE PUBLICATION ET CONDITIONS D'ABONNEMENT

Les *Annales de l'Ecole libre des sciences politiques* paraissent depuis le 15 janvier 1886, tous les trois mois (15 janvier, 15 avril, 15 juillet et 15 octobre), par fascicules gr. in-8, de 160 pages chacun.

Les conditions d'abonnement sont les suivantes :

Un an (du 15 janvier)	Paris	**16 francs.**
	Départements et étranger.	**17** —
	La livraison............	**5** —

BIBLIOTHÈQUE SCIENTIFIQUE INTERNATIONALE

Publiée sous la direction de M. Émile ALGLAVE

La *Bibliothèque scientifique internationale* est une œuvre dirigée par les auteurs mêmes, en vue des intérêts de la science, pour la populariser sous toutes ses formes, et faire connaître immédiatement dans le monde entier les idées originales, les directions nouvelles, les découvertes importantes qui se font chaque jour dans tous les pays. Chaque savant expose les idées qu'il a introduites dans la science, et condense pour ainsi dire ses doctrines les plus originales.

On peut ainsi, sans quitter la France, assister et participer au mouvement des esprits en Angleterre, en Allemagne, en Amérique, en Italie, tout aussi bien que les savants mêmes de chacun de ces pays.

La *Bibliothèque scientifique internationale* ne comprend pas seulement des ouvrages consacrés aux sciences physiques et naturelles, elle aborde aussi les sciences morales, comme la philosophie, l'histoire, la politique et l'économie sociale, la haute législation, etc.; mais les livres traitant des sujets de ce genre se rattachent encore aux sciences naturelles, en leur empruntant les méthodes d'observation et d'expérience qui les ont rendues si fécondes depuis deux siècles.

Cette collection paraît à la fois en français, en anglais, en allemand et en italien : à Paris, chez Félix Alcan; à Londres, chez C. Kegan, Paul et Cie; à New-York, chez Appleton; à Leipzig, chez Brockhaus; et à Milan, chez Dumolard frères.

LISTE DES OUVRAGES PAR ORDRE D'APPARITION

VOLUMES IN-8, CARTONNÉS A L'ANGLAISE, A 6 FRANCS.

Les mêmes en demi-reliure veau, avec coins, tranche supér. dorée, non rognés .... 10 francs.

* 1. J. TYNDALL. **Les glaciers et les transformations de l'eau,** avec figures. 1 vol. in-8. 5e édition. 6 fr.

* 2. BAGEHOT. **Lois scientifiques du développement des nations** dans leurs rapports avec les principes de la sélection naturelle et de l'hérédité. 1 vol. in-8. 5e édition. 6 fr.

* 3. MAREY. **La machine animale,** locomotion terrestre et aérienne, avec de nombreuses fig. 1 vol. in-8. 4e édition. 6 fr.

4. BAIN. **L'esprit et le corps.** 1 vol. in-8. 4e édition. 6 fr.

* 5. PETTIGREW. **La locomotion chez les animaux,** marche, natation. 1 vol. in-8, avec figures. 6 fr.

* 6. HERBERT SPENCER. **La science sociale.** 1 v. in-8. 7e édit. 6 fr.

* 7. SCHMIDT (O.). **La descendance de l'homme et le darwinisme.** 1 vol. in-8, avec fig. 5e édition. 6 fr.

* 8. MAUDSLEY. **Le crime et la folie.** 1 vol. in-8. 5e édit. 6 fr.

* 9. VAN BENEDEN. **Les commensaux et les parasites dans le règne animal.** 1 vol. in-8, avec figures. 3e édit. 6 fr.

* 10. BALFOUR STEWART. **La conservation de l'énergie,** suivi d'une Étude sur la *nature de la force* par *M. P. de Saint-Robert*, avec figures. 1 vol. in-8. 4e édition. 6 fr.

11. DRAPER. **Les conflits de la science et de la religion.** 1 vol. in-8. 7e édition. 6 fr.

12. L. DUMONT. **Théorie scientifique de la sensibilité.** 1 vol. in-8. 3e édition. 6 fr.

* 13. SCHUTZENBERGER. **Les fermentations.** 1 vol. in-8, avec fig. 4e édition. 6 fr.

* 14. WHITNEY. **La vie du langage.** 1 vol. in-8. 3e édit. 6 fr.

15. COOKE et BERKELEY. **Les champignons.** 1 vol. in-8, avec figures. 3e édition. 6 fr.

* 16. BERNSTEIN. **Les sens.** 1 vol. in-8, avec 91 fig. 4e édit. 6 fr.

* 17. BERTHELOT. **La synthèse chimique.** 1 vol. in-8. 5e édit. 6 fr.

* 18. VOGEL. **La photographie et la chimie de la lumière,** avec 95 figures. 1 vol. in-8. 4e édition. 6 fr.

* 19. LUYS. **Le cerveau et ses fonctions,** avec figures. 1 vol. in-8. 4e édition. 6 fr.

* 20. STANLEY JEVONS. **La monnaie et le mécanisme de l'échange.** 1 vol. in-8. 4e édition. 6 fr.

* 21. FUCHS. **Les volcans et les tremblements de terre.** 1 vol. in-8, avec figures et une carte en couleur. 4e édition. 6 fr.

* 22. GÉNÉRAL BRIALMONT. **Les camps retranchés et leur rôle dans la défense des États,** avec fig. dans le texte et 2 planches hors texte. 3e édit. 6 fr.

* 23. DE QUATREFAGES. **L'espèce humaine.** 1 vol. in-8. 7e édit. 6 fr.

* 24. BLASERNA et HELMHOLTZ. **Le son et la musique.** 1 vol. in-8, avec figures. 3e édition. 6 fr.

* 25. ROSENTAHL. **Les nerfs et les muscles.** 1 vol. in-8, avec 75 figures. 3e édition. 6 fr.

* 26. BRUCKE et HELMHOLTZ. **Principes scientifiques des beaux-arts.** 1 vol. in-8 avec 39 figures. 3e édition. 6 fr.

* 27. WURTZ. **La théorie atomique.** 1 vol. in-8. 4e édition. 6 fr.

* 28-29. SECCHI (le Père). **Les étoiles.** 2 vol. in-8, avec 63 figures dans le texte et 17 planches en noir et en couleur hors texte. 2e édit. 12 fr.

30. JOLY. **L'homme avant les métaux.** 1 vol. in-8 avec figures. 4e édition. 6 fr.

* 31. A. BAIN. **La science de l'éducation.** 1 vol. in-8. 5e édition. 6 fr.

* 32-33. THURSTON (R.). **Histoire des machines à vapeur,** précédée d'une Introduction par M. Hirsch. 2 vol. in-8, avec 140 figures dans le texte et 16 planches hors texte. 2e édition. 12 fr.

* 34. HARTMANN (R.). **Les peuples de l'Afrique.** 1 vol. in-8, avec figures. 2e édition. 6 fr.

* 35. HERBERT SPENCER. **Les bases de la morale évolutionniste.** 1 vol. in-8. 3e édition. 6 fr.

36. HUXLEY. **L'écrevisse,** introduction à l'étude de la zoologie. 1 vol. in-8, avec figures. 6 fr.

37. DE ROBERTY. **De la sociologie.** 1 vol. in-8. 2e édition. 6 fr.

* 38. ROOD. **Théorie scientifique des couleurs.** 1 vol. in-8 avec figures et une planche en couleur hors texte. 6 fr.

39. DE SAPORTA et MARION. **L'évolution du règne végétal** (les Cryptogames). 1 vol. in-8 avec figures. 6 fr.

40-41. CHARLTON BASTIAN. **Le cerveau, organe de la pensée chez l'homme et chez les animaux.** 2 vol. in-8, avec figures. 12 fr.

42. JAMES SULLY. **Les illusions des sens et de l'esprit.** 1 vol. in-8 avec figures. 6 fr.

43. YOUNG. **Le Soleil.** 1 vol. in-8, avec figures. 6 fr.

44. DE CANDOLLE. **L'origine des plantes cultivées.** 3e édition. 1 vol. in-8. 6 fr.

45-46. SIR JOHN LUBBOCK. **Fourmis, Abeilles et Guêpes.** Études expérimentales sur l'organisation et les mœurs des sociétés d'insectes hyménoptères. 2 vol. in-8 avec 65 figures dans le texte, et 13 planches hors texte, dont 5 coloriées. 12 fr.

47. PERRIER (Edm.). **La philosophie zoologique avant Darwin.** 1 vol. in-8 avec fig. 2e édition. 6 fr.

48. STALLO. **La matière et la physique moderne.** 1 vol. in-8, précédé d'une Introduction par FRIEDEL. 6 fr.

49. MANTEGAZZA. **La physionomie et l'expression des sentiments.** 1 vol. in-8 avec huit planches hors texte. 6 fr.

50. DE MEYER. **Les organes de la parole et leur emploi pour la formation des sons du langage.** 1 vol. in-8 avec 51 figures, traduit de l'allemand et précédé d'une Introduction par O. CLAVEAU. 6 fr.

51. DE LANESSAN. **Introduction à l'étude de la botanique** (le Sapin). 1 vol. in-8, avec 143 figures dans le texte. 6 fr.

52-53. DE SAPORTA et MARION. **L'évolution du règne végétal** (les Phanérogames). 2 vol. in-8, avec 136 figures. 12 fr.

54. TROUESSART. — **Les microbes, les ferments et les moisissures.** 1 vol. in-8 avec 107 figures dans le texte. 6 fr.

55. HARTMANN (R.). **Les singes anthropoïdes, et leur organisation comparée à celle de l'homme.** 1 vol. in-8 avec 63 figures dans le texte. 6 fr.

56. SCHMIDT (O.). **Les mammifères dans les temps primitifs.** 1 vol. avec figures. 6 fr.

OUVRAGES SUR LE POINT DE PARAITRE :

ROMANES. **L'intelligence des animaux.** 2 vol. avec figures.

BINET et FÉRÉ. **Le magnétisme animal.** 1 vol. avec figures.

BERTHELOT. **La philosophie chimique.** 1 vol.

MORTILLET (de). **L'origine de l'homme.** 1 vol. avec figures.

OUSTALET (E.). **L'origine des animaux domestiques.** 1 vol. avec figures.

PERRIER (E.). **L'embryogénie générale.** 1 vol. avec figures.

BEAUNIS. **Les sensations internes.** 1 vol. avec figures.

CARTAILHAC. **La France préhistorique.** 1 vol. avec figures.

POUCHET (G.). **La vie du sang.** 1 vol. avec figures.

DURAND-CLAYE (A.). **L'hygiène des villes.** 1 vol. avec figures.

LISTE DES OUVRAGES

DE LA

BIBLIOTHÈQUE SCIENTIFIQUE INTERNATIONALE

PAR ORDRE DE MATIÈRES.

Chaque volume in-8, cartonné à l'anglaise......... 6 francs.
En demi-rel. veau avec coins, tranche supérieure dorée, non rogné. 10 fr.

SCIENCES SOCIALES

* **Introduction à la science sociale**, par HERBERT SPENCER. 1 vol. in-8, 7e édit. 6 fr.

* **Les Bases de la morale évolutionniste**, par HERBERT SPENCER. 1 vol. in-8, 3e édit. 6 fr.

Les Conflits de la science et de la religion, par DRAPER, professeur à l'Université de New-York. 1 vol. in-8, 7e édit. 6 fr.

Le Crime et la Folie, par H. MAUDSLEY, professeur de médecine légale à l'Université de Londres. 1 vol. in-8, 5e édit. 6 fr.

* **La Défense des États et les camps retranchés**, par le général A. BRIALMONT, inspecteur général des fortifications et du corps du génie de Belgique. 1 vol. in-8 avec nombreuses figures dans le texte et 2 pl. hors texte, 3e édit. 6 fr.

* **La Monnaie et le mécanisme de l'échange**, par W. STANLEY JEVONS, professeur d'économie politique à l'Université de Londres. 1 vol. in-8, 4e édit. (V. P.) 6 fr.

La Sociologie, par DE ROBERTY. 1 vol. in-8, 2e édit. (V. P.) 6 fr.

* **La Science de l'éducation**, par Alex. BAIN, professeur à l'Université d'Aberdeen (Écosse). 1 vol. in-8, 4e édit. (V. P.) 6 fr.

* **Lois scientifiques du développement des nations** dans leurs rapports avec les principes de l'hérédité et de la sélection naturelle, par W. BAGEHOT. 1 vol. in-8, 5e édit. 6 fr.

* **La Vie du langage**, par D. WHITNEY, professeur de philologie comparée à Yale-College de Boston (Etats-Unis). 1 vol. in-8, 3e édit. (V. P.) 6 fr.

PHYSIOLOGIE

Les Illusions des sens et de l'esprit, par James SULLY. 1 vol. in-8. (V. P.) 6 fr.

* **La Locomotion chez les animaux** (marche, natation et vol), suivie d'une étude sur l'*Histoire de la navigation aérienne*, par J.-B. PETTIGREW, professeur au Collège royal de chirurgie d'Édimbourg (Écosse). 1 vol. in-8 avec 140 figures dans le texte. 6 fr.

* **Les Nerfs et les Muscles**, par J. ROSENTHAL, professeur de physiologie à l'Université d'Erlangen (Bavière). 1 vol. in-8 avec 75 figures dans le texte, 3e édit. (V. P.) 6 fr.

* **La Machine animale**, par E.-J. MAREY, membre de l'Institut, professeur au Collège de France. 1 vol. in-8 avec 117 figures dans le texte, 4e édit. (V. P.) 6 fr.

* **Les Sens**, par BERNSTEIN, professeur de physiologie à l'Université de Halle (Prusse). 1 vol. in-8 avec 91 figures dans le texte, 4e édit. (V. P.) 6 fr.

Les Organes de la parole, par H. DE MEYER, professeur à l'Université de Zurich, traduit de l'allemand et précédé d'une introduction sur l'*Enseignement de la parole aux sourds-muets*, par O. CLAVEAU, inspecteur général des établissements de bienfaisance. 1 vol. in-8 avec 51 figures dans le texte. 6 fr.

La Physionomie et l'expression des sentiments, par P. MANTEGAZZA, professeur au Muséum d'histoire naturelle de Florence. 1 vol. in-8 avec figures et 8 planches hors texte, d'après les dessins originaux d'Edouard Ximenès. 6 fr

PHILOSOPHIE SCIENTIFIQUE

* **Le Cerveau et ses fonctions**, par J. LUYS, membre de l'Académie de médecine, médecin de la Salpêtrière. 1 vol. in-8 avec figures, 5e édit. (V. P.) 6 fr.

Le Cerveau et la Pensée chez l'homme et les animaux, par CHARLTON BASTIAN, professeur à l'Université de Londres. 2 vol. in-8 avec 184 fig. dans le texte. 12 fr.

Le Crime et la Folie, par H. MAUDSLEY, professeur à l'Université de Londres. 1 vol. in-8, 5e édit. 6 fr.

L'Esprit et le Corps, considérés au point de vue de leurs relations, suivi d'études sur les *Erreurs généralement répandues au sujet de l'esprit*, par Alex. BAIN, professeur à l'Université d'Aberdeen (Écosse). 1 vol. in-8, 4e édit. (V. P.) 6 fr.

* **Théorie scientifique de la sensibilité** : *le Plaisir et la Peine*, par LÉON DUMONT. 1 vol. in-8, 3e édit. 6 fr.

La Matière et la Physique moderne, par STALLO, précédé d'une préface par Ch. FRIEDEL, de l'Institut. 1 vol. in-8. 6 fr.

ANTHROPOLOGIE

* **L'Espèce humaine**, par A. DE QUATREFAGES, membre de l'Institut, professeur d'anthropologie au Muséum d'histoire naturelle de Paris. 1 vol. in-8, 8e édit. (V. P.) 6 fr.

* **L'Homme avant les métaux**, par N. JOLY, correspondant de l'Institut, professeur à la Faculté des sciences de Toulouse 1 vol. in-8 avec 150 figures dans le texte et un frontispice, 3e édit. (V. P.) 6 fr.

* **Les Peuples de l'Afrique**, par R. HARTMANN, professeur à l'Université de Berlin. 1 vol. in-8 avec 93 figures dans le texte, 2e édit. (V. P.) 6 fr.

Les Singes anthropoïdes, et leur organisation comparée à celle de l'homme, par R. HARTMANN, professeur à l'Université de Berlin. 1 vol. in-8 avec 63 figures dans le texte. 6 fr.

ZOOLOGIE

* **Descendance et Darwinisme**, par O. SCHMIDT, professeur à l'Université de Strasbourg. 1 vol. in-8 avec figures, 5e édit. 6 fr.

Les Mammifères dans les temps primitifs, par O. SCHMIDT, 1 vol. in-8. avec figures. 6 fr.

Fourmis, Abeilles et Guêpes, par sir JOHN LUBBOCK, membre de la Société royale de Londres. 2 vol. in-8 avec figures dans le texte et 13 planches hors texte, dont 5 coloriées. (V. P.) 12 fr.

L'Écrevisse, introduction à l'étude de la zoologie, par Th.-H. HUXLEY, membre de la Société royale de Londres et de l'Institut de France, professeur d'histoire naturelle à l'École royale des mines de Londres. 1 vol. in-8 avec 82 figures. 6 fr.

* **Les Commensaux et les Parasites** dans le règne animal, par P.-J. VAN BENEDEN, professeur à l'Université de Louvain (Belgique). 1 vol. in-8 avec 82 figures dans le texte. (V. P.) 6 fr.

La Philosophie zoologique avant Darwin, par EDMOND PERRIER, professeur au Muséum d'histoire naturelle de Paris. 1 vol. in-8, 2e édit. (V. P.) 6 fr.

BOTANIQUE — GÉOLOGIE

Les Champignons, par COOKE et BERKELEY. 1 vol. in-8 avec 110 figures, 3e édition. 6 fr.

L'Évolution du règne végétal, par G. DE SAPORTA, correspondant de l'Institut, et MARION, professeur à la Faculté des sciences de Marseille.

I. *Les Cryptogames*. 1 vol. in-8 avec 85 figures dans le texte. 6 fr.

II. *Les Phanérogames*. 2 vol. in-8 avec 136 figures dans le texte. 12 fr.

* **Les Volcans et les Tremblements de terre**, par FUCHS, professeur à l'Université de Heidelberg. 1 vol. in-8 avec 36 figures et une carte en couleur, 4e édition (V. P.) 6 fr.

L'Origine des plantes cultivées, par A. DE CANDOLLE, correspondant de l'Institut. 1 vol. in-8, 3e édit. 6 fr.

Introduction à l'étude de la botanique (le Sapin), par J. DE LANESSAN, professeur agrégé à la Faculté de médecine de Paris. 1 vol. in-8 avec figures dans le texte. (V. P.) 6 fr.

Microbes, Ferments et Moisissures, par le docteur L. TROUESSART. 1 vol. in-8 avec 108 figures dans le texte. (V. P.) 6 fr.

CHIMIE

Les Fermentations, par P. SCHUTZENBERGER, membre de l'Académie de médecine, professeur de chimie au Collège de France. 1 vol. in-8 avec figures, 4ᵉ édit. 6 fr.

* **La Synthèse chimique**, par M. BERTHELOT, membre de l'Institut, professeur de chimie organique au Collège de France. 1 vol. in-8, 5ᵉ édit. 6 fr.

* **La Théorie atomique**, par Ad. WURTZ, membre de l'Institut, professeur à la Faculté des sciences et à la Faculté de médecine de Paris. 1 vol. in-8, 4ᵉ édit., précédée d'une introduction sur la *Vie et les travaux* de l'auteur, par CH. FRIEDEL, de l'Institut. 6 fr.

ASTRONOMIE — MÉCANIQUE

* **Histoire de la Machine à vapeur, de la Locomotive et des Bateaux à vapeur**, par R. THURSTON, professeur de mécanique à l'Institut technique de Hoboken, près de New-York, revue, annotée et augmentée d'une Introduction par HIRSCH, professeur de machines à vapeur à l'École des ponts et chaussées de Paris. 2 vol. in-8 avec 160 figures dans le texte et 16 planches tirées à part. (V. P.) 12 fr.

* **Les Étoiles**, notions d'astronomie sidérale, par le P. A. SECCHI, directeur de l'Observatoire du Collège Romain. 2 vol. in-8 avec 68 figures dans le texte et 16 planches en noir et en couleurs, 2ᵉ édit. (V. P.) 12 fr.

Le Soleil, par C.-A. YOUNG, professeur d'astronomie au Collège de New-Jersey. 1 vol. in-8 avec 87 figures. (V. P.) 6 fr.

PHYSIQUE

La Conservation de l'énergie, par BALFOUR STEWART, professeur de physique au collège Owens de Manchester (Angleterre), suivi d'une étude sur la *Nature de la force*, par P. DE SAINT-ROBERT (de Turin). 1 vol. in-8 avec figures, 4ᵉ édit. 6 fr.

* **Les Glaciers et les Transformations de l'eau**, par J. TYNDALL, professeur de chimie à l'Institution royale de Londres, suivi d'une étude sur le même sujet, par HELMHOLTZ, professeur à l'Université de Berlin. 1 vol. in-8 avec nombreuses figures dans le texte et 8 planches tirées à part sur papier teinté, 5ᵉ édit. (V. P.) 6 fr.

* **La Photographie et la Chimie de la lumière**, par VOGEL, professeur à l'Académie polytechnique de Berlin. 1 vol. in-8 avec 95 figures dans le texte et une planche en photoglyptie, 4ᵉ édit. (V. P.) 6 fr.

La Matière et la Physique moderne, par STALLO. 1 vol. in-8. 6 fr.

THÉORIE DES BEAUX-ARTS

* **Le Son et la Musique**, par P. BLASERNA, professeur à l'Université de Rome, suivi des *Causes physiologiques de l'harmonie musicale*, par H. HELMHOLTZ, professeur à l'Université de Berlin. 1 vol. in-8 avec 41 figures, 3ᵉ édit. (V. P.) 6 fr.

Principes scientifiques des Beaux-Arts, par E. BRUCKE, professeur à l'Université de Vienne, suivi de l'*Optique et les Arts*, par HELMHOLTZ, professeur à l'Université de Berlin. 1 vol. in-8 avec figures, 3ᵉ édit. (V. P.) 6 fr.

* **Théorie scientifique des couleurs** et leurs applications aux arts et à l'industrie, par O. N. ROOD, professeur de physique à Colombia-College de New-York (Etats-Unis). 1 vol. in-8 avec 130 figures dans le texte et une planche en couleurs. (V. P.) 6 fr.

PUBLICATIONS

HISTORIQUES, PHILOSOPHIQUES ET SCIENTIFIQUES

qui ne se trouvent pas dans les Bibliothèques précédentes.

ALAUX. **La religion progressive.** 1 vol. in-18. 3 fr. 50
ALGLAVE. **Des Juridictions civiles chez les Romains.** 1 volume in-8. 2 fr. 50
ALTMEYER (J. J.). **Les précurseurs de la réforme aux Pays-Bas.** 2 forts volumes in-8°. 12 fr.
ARRÉAT. **Une éducation intellectuelle.** 1 vol. in-18. 2 fr. 50
ARRÉAT. **La morale dans le drame, l'épopée et le roman.** 1 vol. in-18. 1883. 2 fr. 50
BALFOUR STEWART et TAIT. **L'univers invisible.** 1 vol. in-8, traduit de l'anglais. 7 fr.
BARNI. KANT, Voy. pages 4, 7, 11 et 30.
BARNI. **Les martyrs de la libre pensée.** 1 vol. in-18. 2e édit. 3 fr. 50
BARNI. **Napoléon Ier.** 1 vol. in-18, édition populaire. 1 fr.
BARTHÉLEMY SAINT-HILAIRE. ARISTOTE. Voy. pages 2 et 6.
BAUTAIN. **La philosophie morale.** 2 vol. in-8. 12 fr.
BÉNARD (Ch.). **De la philosophie dans l'éducation classique.** 1862. 1 fort vol. in-8. 6 fr.
BÉNARD. Voy. page 6, SCHELLING et HÉGEL. Voy. pages 7 et 8.
BERTAUT. **J. Saurin,** et la prédication protestante jusqu'à la fin du règne de Louis XIV. 1 vol. in-8. 5 fr.
BERTAULD (P.-A.). **Introduction à la recherche des causes premières. — De la méthode.** 3 vol. in-18. Chaque volume, 3 fr. 50
BLACKWELL (Dr Elisabeth). **Conseils aux parents** sur l'éducation de leurs enfants au point de vue sexuel. In-18. 2 fr.
BLANQUI. **L'éternité par les astres.** In-8. 2 fr.
BLANQUI. **Critique sociale,** capital et travail. Fragments et notes. 2 vol. in-18. 1885. 7 fr.
BOUCHARDAT. **Le travail,** son influence sur la santé (conférences faites aux ouvriers). 1 vol. in-18. 2 fr. 50
BOUILLET (Ad.). **Les Bourgeois gentilshommes. — L'armée de Henri V.** 1 vol. in-18. 3 fr. 50
BOUILLET (Ad.). **Types nouveaux.** 1 vol. in-18. 2 fr. 50
BOUILLET (Ad.). **L'arrière-ban de l'ordre moral.** 1 vol. in-18. 3 fr. 50
BOURBON DEL MONTE. **L'homme et les animaux.** 1 vol. in-8. 5 fr.
BOURDEAU (Louis). **Théorie des sciences,** plan de science intégrale. 2 vol. in-8. 20 fr.
BOURDEAU (Louis). **Les forces de l'industrie,** progrès de la puissance humaine. 1 vol. in-8. 1884. 5 fr.
BOURDEAU (Louis). **La conquête du monde animal.** 1 vol. in-8. 1885. 5 fr.
BOURDET (Eug.). **Principes d'éducation positive,** précédé d'une préface de M. Ch. ROBIN. 1 vol. in-18. 3 fr. 50
BOURDET. **Vocabulaire des principaux termes de la philosophie positive.** 1 vol. in-18. 3 fr. 50
BOURLOTON (Edg.) et ROBERT (Edmond). **La Commune et ses idées à travers l'histoire.** 1 vol. in-18. 3 fr. 50
BROCHARD (V.). **De l'Erreur.** 1 vol. in-8. 3 fr. 50
BUCHNER. **Essai biographique sur Léon Dumont.** 1 vol. in-18 (1884). 2 fr.
BUSQUET. **Représailles,** poésies. 1 vol. in-18. 3 fr.
CADET. **Hygiène, inhumation, crémation.** In-18. 2 fr.

CHASSERIAU (Jean). **Du principe autoritaire et du principe rationnel.** 1 vol. in-18. 3 fr. 50

CLAMAGERAN. **L'Algérie,** impressions de voyage. 3e édit. 1 vol. in-18. 1884. 3 fr. 50

CLOOD. **L'enfance du monde,** simple histoire de l'homme des premiers temps. In-12. 1 fr.

CONTA. **Théorie du fatalisme.** 1 vol. in-18. 4 fr.

CONTA. **Introduction à la métaphysique.** 1 vol. in-18. 3 fr.

COQUEREL (Charles). **Lettres d'un marin à sa famille.** 1 vol. in-18. 3 fr. 50

COQUEREL fils (Athanase). **Libres études** (religion, critique, histoire, beaux-arts). 1 vol. in-8. 5 fr.

CORLIEU (le docteur). **La mort des rois de France,** depuis François Ier jusqu'à la Révolution française, études médicales et historiques. 1 vol. in-18. 3 fr. 50

CORTAMBERT (Louis). **La religion du progrès.** In-18. 3 fr. 50

COSTE (Adolphe). **Hygiène sociale contre le paupérisme** (prix de 5000 fr. au concours Pereire). 1 vol. in-8. 6 fr.

COSTE (Adolphe). **Les questions sociales contemporaines,** comptes rendus du concours Pereire, et études nouvelles sur le *paupérisme, la prévoyance, l'impôt, le crédit, les monopoles, l'enseignement,* avec la collaboration de MM. Burdeau et Arréat pour la partie relative à l'enseignement. 1 fort. vol. in-8. 10 fr.

DANICOURT (Léon). **La patrie et la république.** In-18. 2 fr. 50

DANOVER. **De l'esprit moderne.** 1 vol. in-18. 1 fr. 50

DAURIAC. **Psychologie et pédagogie.** 1 br. in-8. 1884. 1 fr.

DAVY. **Les conventionnels de l'Eure.** 2 forts vol. in-8. 18 fr.

DELBŒUF. **Psychophysique,** mesure des sensations de lumière et de fatigue; théorie générale de la sensibilité. In-18. 3 fr. 50

DELBŒUF. **Examen critique de la loi psychophysique,** sa base et sa signification. 1 vol. in-18. 1883. 3 fr. 50

DELBŒUF. **Le sommeil et les rêves,** considérés principalement dans leurs rapports avec les théories de la certitude et de la mémoire. 1 vol. in-18. 3 fr. 50

DESTREM (J.). **Les déportations du Consulat.** 1 br. in-8. 1 fr. 50

DOLLFUS (Ch.). **De la nature humaine.** 1868. 1 vol. in-8. 5 fr.

DOLLFUS (Ch.). **Lettres philosophiques.** In-18. 3 fr.

DOLLFUS (Ch.). **Considérations sur l'histoire.** Le monde antique. 1 vol. in-8. 7 fr. 50

DOLLFUS (Ch.). **L'âme dans les phénomènes de conscience.** 1 vol. in-18. 3 fr. 50

DROZ (Ed.). **Étude sur le scepticisme de Pascal,** considéré dans le livre des pensées. 1 vol. in-8. 6 fr.

DUBOST (Antonin). **Des conditions de gouvernement en France.** 1 vol. in-8. 7 fr. 50

DUCROS. **Schopenhauer et les origines de sa métaphysique,** ou les Origines de la transformation de la chose en soi, de Kant à Schopenhauer. 1 vol. in-8. 1883. 3 fr. 50

DUFAY. **Études sur la destinée.** 1 vol. in-18. 1876. 3 fr.

DUMONT (Léon). **Le sentiment du gracieux.** 1 vol. in-8. 3 fr.

DUNAN. **Essai sur les formes à priori de la sensibilité.** 1 vol. in-8. 1884. 5 fr.

DUNAN. **Les arguments de Zénon d'Elée contre le mouvement.** 1 br. in-8. 1884. 1 fr. 50

DU POTET. **Manuel de l'étudiant magnétiseur.** Nouvelle édition. 1 vol. in-18. 3 fr. 50

DU POTET. **Traité complet de magnétisme,** cours en douze leçons. 4e édition. 1 vol. in-8 de 634 pages. 8 fr.

DURAND-DÉSORMEAUX. **Réflexions et pensées**, précédées d'une Notice sur la vie, le caractère et les écrits de l'auteur, par Ch. YRIARTE. 1 vol. in-8. 1884. 2 fr. 50

DURAND-DESORMEAUX. **Études philosophiques**, théorie de l'action, théorie de la connaissance. 2 vol. in-8. 1884. 15 fr.

DUTASTA. **Le Capitaine Vallé**, ou l'Armée sous la Restauration. 1 vol. in-18. 1883. 3 fr. 50

DUVAL-JOUVE. **Traité de Logique**. 1 vol. in-8. 6 fr.

DUVERGIER DE HAURANNE (Mme E.). **Histoire populaire de la Révolution française**. 1 vol. in-18. 3e édit. 3 fr. 50

Éléments de science sociale. Religion physique, sexuelle et naturelle. 1 vol. in-18. 4e édit. 1885. 3 fr. 50

ÉLIPHAS LÉVI. **Dogme et rituel de la haute magie**. 2e édit., 2 vol. in-8, avec 24 fig. 18 fr.

ÉLIPHAS LÉVI. **Histoire de la magie**. 1 vol. in-8, avec fig. 12 fr.

ÉLIPHAS LÉVI. **Clef des grands mystères**. 1 vol. in-8. 12 fr.

ÉLIPHAS LÉVI. **La science des esprits**. 1 vol. in-8. 7 fr.

ESPINAS. **Idée générale de la pédagogie**. 1 br. in-8. 1884. 1 fr.

ESPINAS. **Du sommeil provoqué chez les hystériques**. Essai d'explication psychologique de sa cause et de ses effets. 1 brochure in-8. 1 fr.

ÉVELLIN. **Infini et quantité**. Étude sur le concept de l'infini dans la philosophie et dans les sciences. 1 vol. in-8. 2e édit. (*Sous presse.*)

FABRE (Joseph). **Histoire de la philosophie**. Première partie : Antiquité et moyen âge. 1 vol. in-12. 3 fr. 50

FAU. **Anatomie des formes du corps humain**, à l'usage des peintres et des sculpteurs. 1 atlas de 25 planches avec texte. 2e édition. Prix, figures noires. 15 fr. ; fig. coloriées. 30 fr.

FAUCONNIER. **Protection et libre échange**. In-8. 2 fr.

FAUCONNIER. **La morale et la religion dans l'enseignement**. in-8. 75 c.

FAUCONNIER. **L'or et l'argent**. 1 brochure in-8. 2 fr. 50

FERBUS (N.). **La science positive du bonheur**. 1 vol. in-18. 3 fr.

FERRIÈRE (Em.). **Les apôtres**, essai d'histoire religieuse, d'après la méthode des sciences naturelles. 1 vol. in-12. 4 fr. 50

FERRIÈRE. **L'âme est la fonction du cerveau**. 2 vol. in-18. 1883. 7 fr.

FERRIÈRE. **Le paganisme des Hébreux jusqu'à la captivité de Babylone**. 1 vol. in-18. 1884. 3 fr. 50

FERRON (de). **Institutions municipales et provinciales** dans les différents États de l'Europe. Comparaison. Réformes. 1 vol. in-8. 1883. 8 fr.

FERRON (de). **Théorie du progrès**. 2 vol. in-18. 7 fr.

FERRON. **De la division du pouvoir législatif en deux chambres**, histoire et théorie du Sénat. 1 vol. in-8. 8 fr.

FIAUX. **La femme, le mariage et le divorce**, étude de sociologie et de physiologie. 1 vol. in-18. 3 fr. 50

FONCIN. **Essai sur le ministère Turgot**. 1 fort vol. gr. in-8. 8 fr.

FOX (W.-J.). **Des idées religieuses**. In-8. 3 fr.

FRIBOURG (E.). **Le paupérisme parisien**. 1 vol. in-12. 1 fr. 25

GALTIER-BOISSIÈRE. **Sématotechnie**, ou Nouveaux signes phonographiques. 1 vol. in-8 avec figures. 3 fr. 50

GASTINEAU. **Voltaire en exil**. 1 vol. in-18. 3 fr.

GAYTE (Claude). **Essai sur la croyance**. 1 vol. in-8. 3 fr.

GEFFROY. **Recueil des instructions données aux ministres et ambassadeurs de France en Suède**, depuis les traités de Westphalie jusqu'à la Révolution française. 1 fort vol. in-8 raisin sur papier de Hollande. 20 fr.

GILLIOT (Alph.). **Études sur les religions et institutions comparées**. 2 vol. in-12, tome Ier. 3 fr. — Tome II. 5 fr.

GOBLET D'ALVIELLA. **L'évolution religieuse** chez les Anglais, les Américains, les Indous, etc. 1 vol. in-8. 1883. 8 fr.

GRESLAND. **Le génie de l'homme,** libre philosophie. 1 fort vol. gr. in-8. 1883. 7 fr.

GUILLAUME (de Moissey). **Nouveau traité des sensations.** 2 vol. in-8. 15 fr.

GUILLY. **La nature et la morale.** 1 vol. in-18. 2ᵉ édit. 2 fr. 50

GUYAU. **Vers d'un philosophe.** 1 vol. in-18. 3 fr. 50

HAYEM (Armand). **L'être social.** 1 vol. in-18. 2ᵉ édit. 3 fr. 50

HERZEN. **Récits et Nouvelles.** 1 vol. in-18. 3 fr. 50

HERZEN. **De l'autre rive.** 1 vol. in-18. 3 fr. 50

HERZEN. **Lettres de France et d'Italie.** In-18. 3 fr. 50

HUXLEY. **La physiographie,** introduction à l'étude de la nature, traduit et adapté par M. G. Lamy. 1 vol. in-8 avec figures dans le texte et 2 planches en couleurs, broché, 8 fr. — En demi-reliure, tranches dorées. 11 fr.

ISSAURAT. **Moments perdus de Pierre-Jean.** In-18. 3 fr.

ISSAURAT. **Les alarmes d'un père de famille.** In-8. 1 fr.

JACOBY. **Études sur la sélection dans ses rapports avec l'hérédité chez l'homme.** 1 vol. gr. in-8. 14 fr.

JANET (Paul). **Le médiateur plastique de Cudworth.** 1 vol. in-8. 1 fr.

JEANMAIRE. **L'idée de la personnalité dans la psychologie moderne.** 1 vol. in-8. 1883. 5 fr.

JOIRE. **La population, richesse nationale; le travail, richesse du peuple.** 1 vol. in-8. 1886. 5 fr.

JOYAU. **De l'invention dans les arts et dans les sciences.** 1 vol. in-8. 5 fr.

JOZON (Paul). **De l'écriture phonétique.** In-18. 3 fr. 50

KAULEK (Jean). **Correspondance politique de MM. de Castillon et de Marillac,** ambassadeurs de France en Angleterre (1538-1542). 1 fort vol. gr. in-8. 16 fr.

KRANTZ (Emile). **Essai sur l'Esthétique de Descartes,** rapports de la doctrine cartésienne avec la littérature classique du XVIᵉ siècle. 1 vol. in-8. 1882. 6 fr.

LABORDE. **Les hommes et les actes de l'insurrection de Paris** devant la psychologie morbide. 1 vol. in-18. 2 fr. 50

LACHELIER. **Le fondement de l'induction.** 1 vol. in-8. 3 fr. 50

LACOMBE. **Mes droits.** 1 vol. in-12. 2 fr. 50

LAFONTAINE. **L'art de magnétiser** ou le Magnétisme vital, considéré au point de vue théorique, pratique et thérapeutique. 5ᵉ édition, 1886. 1 vol. in-8. 5 fr.

LAGGROND. **L'Univers, la force et la vie.** 1 vol. in-8. 1884. 2 fr. 50

LA LANDELLE (de). **Alphabet phonétique.** In-18. 2 fr. 50

LANGLOIS. **L'homme et la Révolution.** 2 vol. in-18. 7 fr.

LA PERRE DE ROO. **La consanguinité et les effets de l'hérédité.** 1 vol. in-8. 5 fr.

LAURET (Henri). **Philosophie de Stuart Mill.** 1 vol. in-8. 6 fr.

LAURET (Henri). **Critique d'une morale sans obligation, sans sanction.** 1 br. in-8. 1 fr. 50

LAUSSEDAT. **La Suisse.** Études méd. et sociales. In-18. 3 fr. 50

LAVELEYE (Em. de). **De l'avenir des peuples catholiques.** 1 br. in-8. 21ᵉ édit. 25 c.

LAVELEYE (Em. de). **Lettres sur l'Italie** (1878-1879). 1 volume in-18. 3 fr. 50

LAVELEYE (Em. de). **Nouvelles lettres d'Italie.** 1 vol. in-8. 1884. 3 fr.

LAVELEYE (Em. de). **L'Afrique centrale.** 1 vol. in-12. 3 fr.

LAVELEYE (Em. de). **La péninsule des Balkans** (Vienne, Croatie, Bosnie, Serbie, Bulgarie, Roumélie, Turquie, Roumanie). 2 vol. in-12. 1886. 10 fr.

LAVELEYE (Em. de). **La propriété collective du sol en différents pays.** 1 br. in-8. 2 fr.

LAVELEYE (Em. de) et HERBERT SPENCER. **L'état et l'individu, ou Darwinisme social et Christianisme.** 1 vol. in-8. 1 fr.

LAVERGNE (Bernard). **L'ultramontanisme et l'État.** 1 vol. in-8. 1 fr. 50

LEDRU-ROLLIN. **Discours politiques et écrits divers.** 2 vol. in-8 cavalier. 12 fr.

LEGOYT. **Le suicide.** 1 vol. in-8. 8 fr.

LELORRAIN. **De l'aliéné au point de vue de la responsabilité pénale.** 1 brochure in-8. 2 fr.

LEMER (Julien). **Dossier des jésuites et des libertés de l'Église gallicane.** 1 vol. in-18. 3 fr. 50

LITTRÉ. **De l'établissement de la troisième république.** 1 vol. gr. in-8. 1881. 9 fr.

LOURDEAU. **Le Sénat et la magistrature dans la démocratie française.** 1 vol. in-18. 3 fr. 50

MAGY. **De la science et de la nature.** 1 vol. in-8. 6 fr.

MARAIS. **Garibaldi et l'armée des Vosges.** In-18. (V. P.) 1 fr. 50

MASSERON (I.). **Danger et nécessité du socialisme.** 1 vol. in-18. 1883. 3 fr. 50

MAURICE (Fernand). **La politique extérieure de la République française.** 1 vol. in-12. 3 fr. 50

MAX MULLER. **Amour allemand.** 1 vol. in-18. 3 fr. 50

MAZZINI. **Lettres de Joseph Mazzini** à Daniel Stern (1864-1872), avec une lettre autographiée. 3 fr. 50

MENIÈRE. **Cicéron médecin.** 1 vol. in-18. 4 fr. 50

MENIÈRE. **Les consultations de Mme de Sévigné,** étude médico-littéraire. 1884. 1 vol. in-8. 3 fr.

MESMER. **Mémoires et aphorismes,** suivis des procédés de d'Eslon. In-18. 2 fr. 50

MICHAUT (N.). **De l'imagination.** 1 vol. in-8. 5 fr.

MILSAND. **Les études classiques** et l'enseignement public. 1 vol. in-18. 3 fr. 50

MILSAND. **Le code et la liberté.** In-8. 2 fr.

MORIN (Miron). **De la séparation du temporel et du spirituel.** In-8. 3 fr. 50

MORIN (Miron). **Essais de critique religieuse.** 1 fort vol. in-8. 1885. 5 fr.

MORIN. **Magnétisme et sciences occultes.** 1 vol. in-8. 6 fr.

MORIN (Frédéric). **Politique et philosophie.** 1 vol. in-18. 3 fr. 50

MUNARET. **Le médecin des villes et des campagnes.** 4e édition. 1 vol. grand in-18. 4 fr. 50

NOEL (E.). **Mémoires d'un imbécile,** précédé d'une préface de *M. Littré.* 1 vol. in-18. 3e édition. 3 fr. 50

OGER. **Les Bonaparte** et les frontières de la France. In-18. 50 c.

OGER. **La République.** In-8. 50 c.

OLECHNOWICZ. **Histoire de la civilisation de l'humanité,** d'après la méthode brahmanique. 1 vol. in-12. 3 fr. 50

PARIS (le colonel). **Le feu à Paris et en Amérique.** 1 volume in-18. 3 fr. 50

PARIS (comte de). **Les associations ouvrières en Angleterre** (Trades-unions). 1 vol. in-18. 7e édit. 1 fr.

Édition sur papier fort, 2 fr. 50. — Sur papier de Chine, broché, 12 fr. — Rel. de luxe. 20 fr.

PELLETAN (Eugène). **La naissance d'une ville** (Royan). 1 vol. in-18, cart. 1 fr. 40

PELLETAN (Eug.). **Jarousseau, le pasteur du désert.** 1 vol. in-18 (couronné par l'Académie française), toile, tr. jaspées. 2 fr. 50

PELLETAN (Eug.). **Élisée, voyage d'un homme à la recherche de lui-même.** 1 vol. in-18. 3 fr. 50

PELLETAN (Eug.). **Un roi philosophe, Frédéric le Grand.** 1 vol. in-18. 3 fr. 50

PELLETAN (Eug.). **Le monde marche** (la loi du progrès). In-18. 3 fr. 50

PELLETAN (Eug.). **Droits de l'homme.** 1 vol. in-12. 3 fr. 50

PELLETAN (Eug.). **Profession de foi du XIXe siècle.** 1 vol. in-12. 3 fr. 50

PELLETAN (Eug.). **Dieu est-il mort?** 1 vol. in-12. 3 fr. 50

PELLETAN (Eug.). **La mère.** 1 vol. in-8, toile, tr. dorées. 4 fr. 25

PELLETAN (Eug.). **Les rois philosophes.** 1 vol. in-8, toile, tranches dorées. 4 fr. 25

PELLETAN (Eug.). **La nouvelle Babylone.** 1 vol. in-12. 3 fr. 50

PENJON. **Berkeley,** sa vie et ses œuvres. 1 vol. in-8. 7 fr. 50

PEREZ (Bernard). **L'éducation dès le berceau.** 1 vol. in-8. 5 fr.

PEREZ (Bernard). **Thiery Tiedmann. — Mes deux chats.** 1 brochure in-12. 2 fr.

PEREZ (Bernard). **Jacotot et sa méthode d'émancipation intellectuelle.** 1 vol. in-18. 3 fr.

PEREZ (Bernard). — Voyez page 5.

PETROZ (P.). **L'art et la critique en France** depuis 1822. 1 vol. in-18. 3 fr. 50

PETROZ. **Un critique d'art au XIXe siècle.** 1 vol. in-18. 1 fr. 50

PHILBERT (Louis). **Le rire,** essai littéraire, moral et psychologique. 1 vol. in-8. (Ouvrage couronné par l'Académie française, prix Monthyon.) 7 fr. 50

POEY. **Le positivisme.** 1 fort vol. in-12. 4 fr. 50

POEY. **M. Littré et Auguste Comte.** 1 vol. in-18. 3 fr. 50

POULLET. **La campagne de l'Est** (1870-1871). 1 vol. in-8 avec 2 cartes, et pièces justificatives. 7 fr.

QUINET (Edgar). **Œuvres complètes.** 28 volumes in-18. Chaque volume.. 3 fr. 50

Chaque ouvrage se vend séparément :

* I. — Génie des Religions. — De l'Origine des dieux (nouvelle édition).

* II. — Les Jésuites. — L'Ultramontanisme. — Introduction à la Philosophie de l'Humanité (nouvelle édition) avec Préface inédite. — Essai sur les Œuvres de Herder.

III. — Le Christianisme et la Révolution française. Examen de la vie de Jésus-Christ, par STRAUSS.

IV. — Les Révolutions d'Italie.

* V. — Marnix de Sainte-Aldegonde.

* VI. — Les Roumains. — Allemagne et Italie. — Mélanges.

VII. — Ahasverus.

VIII. — Prométhée. — Les Esclaves.

ŒUVRES D'EDGAR QUINET (*suite*).

IX. — Mes Vacances en Espagne.

* X. — Histoire de mes idées.

XI. — L'Enseignement du Peuple. — La Croisade romaine. — L'État de siège. — Œuvres politiques, *avant l'exil.*

* XII-XIII-XIV. — La Révolution. 3 vol.

* XV. — Histoire de la campagne de 1815.

XVI. — Napoléon (poème). (*Epuisé*).

XVII-XVIII. — Merlin l'Enchanteur. 2 vol.

* XIX-XX. — Correspondance, *lettres à sa mère.* 2 vol.

* XXI-XXII. — La Création. 2 vol.

XXIII. — Le Livre de l'exilé. — Œuvres politiques, *pendant l'exil.* — Le Panthéon. — Révolution religieuse au XIXe siècle.

XXIV. — Le Siège de Paris et la Défense nationale. — Œuvres politiques, *après l'exil.*

XXV. — La République, conditions de régénération de la France.

* XXVI. — L'Esprit nouveau.

* XXVII. — La Grèce moderne. — Histoire de la poésie. — Épopées françaises du XIIe siècle.

XXVIII. — Vie et Mort du génie grec.

Les tomes XI, XVII, XVIII, XIX et XX peuvent être fournis en format in-8 à 6 fr. le volume broché; reliure toile, 1 franc de plus par volume.

RÉGAMEY (Guillaume). **Anatomie des formes du cheval,** à l'usage des peintres et des sculpteurs. 6 planches en chromolithographie, publiées sous la direction de FÉLIX RÉGAMEY, avec texte par le Dr KUHFF. 8 fr.

RIBERT (Léonce). **Esprit de la Constitution** du 25 février 1875. 1 vol. in-18. 3 fr. 50

ROBERT (Edmond). **Les domestiques.** In-18. 3 fr. 50

SECRÉTAN. **Philosophie de la liberté.** 2 vol. in-8. 10 fr.

SECRÉTAN. **Le droit de la femme.** 1 broch. in-12. 1 fr. 20

SIEGFRIED (Jules). **La misère, son histoire, ses causes, ses remèdes.** 1 vol. grand in-18. 3e édition. 1879. 2 fr. 50

SIÈREBOIS. **Psychologie réaliste.** Étude sur les éléments réels de l'âme et de la pensée. 1876. 1 vol. in-18. 2 fr. 50

SMEE. **Mon jardin.** Géologie, botanique, histoire naturelle. 1 magnifique vol. gr. in-8, orné de 1300 gr. et 25 pl. hors texte. Broché. 15 fr. — Demi-rel., tranches dorées. 18 fr.

SOREL (Albert). **Le traité de Paris du 20 novembre 1815.** 1 vol. in-8. 4 fr. 50

SOREL (Albert). **Recueil des instructions données aux ambassadeurs et ministres de France en Autriche,** depuis les traités de Westphalie jusqu'à la Révolution française. 1 fort vol. gr. in-8, sur papier de Hollande. 20 fr.

STUART MILL (J.). **La République de 1848,** traduit de l'anglais, avec préface par SADI CARNOT. 1 vol. in-18. 3 fr. 50

TÉNOT (Eugène). **Paris et ses fortifications** (1870-1880). 1 vol. in-8. 5 fr.

TÉNOT (Eugène). **La frontière (1870-1881).** 1 fort vol. grand in-8. 8 fr.

THIERS (Édouard). **La puissance de l'armée par la réduction du service.** 1 vol. in-8. 1 fr. 50

THULIÉ. **La folie et la loi.** 2ᵉ édit. 1 vol. in-8. 3 fr. 50

THULIÉ. **La manie raisonnante du docteur Campagne.** Brochure in-8. 2 fr.

TIBERGHIEN. **Les commandements de l'humanité.** 1 vol. in-18. 3 fr.

TIBERGHIEN. **Enseignement et philosophie.** 1 vol. in-18. 4 fr.

TIBERGHIEN. **Introduction à la philosophie.** 1 vol. in-18. 6 fr.

TIBERGHIEN. **La science de l'âme.** 1 vol. in-12. 3ᵉ édit. 6 fr.

TIBERGHIEN. **Éléments de morale univ.** 1 vol. in-12. 2 fr.

TISSANDIER. **Études de Théodicée.** 1 vol. in-8. 4 fr.

TISSOT. **Principes de morale.** 1 vol. in-8. 6 fr.

TISSOT. — Voy. KANT, page 7.

TISSOT (J.). **Essai de philosophie naturelle.** Tome Iᵉʳ. 1 vol. in-8. 12 fr.

VACHEROT. **La science et la métaphysique.** 3 vol. in-18. 10 fr. 50

VACHEROT. — Voy. pages 4 et 6.

VALLIER. **De l'intention morale.** 1 vol. in-8. 3 fr. 50

VALMONT (V.). **L'espion prussien**, roman anglais. 1 vol. in-18. 3 fr. 50

VAN DER REST. **Platon et Aristote.** 1 vol. in-8. 10 fr.

VÉRA. **Introduction à la philosophie de Hegel.** 1 vol. in-8, 2ᵉ édition. 6 fr. 50

VERNIAL. **Origine de l'homme**, d'après les lois de l'évolution naturelle. 1 vol. in-8. 3 fr.

VILLIAUMÉ. **La politique moderne.** 1 vol. in-8. 6 fr.

VOITURON (P.). **Le libéralisme et les idées religieuses.** 1 volume in-12. 4 fr.

WEILL (Alexandre). **Le Pentateuque selon Moïse et le pentateuque selon Esra**, avec *vie, doctrine et gouvernement authentique de Moïse.* 1 fort vol. in-8. 7 fr. 50

WEILL (Alexandre). **Vie, doctrine et gouvernement authentique de Moïse**, d'après des textes hébraïques de la Bible jusqu'à ce jour incompris. 1 vol. in-8. 3 fr.

X***. **La France par rapport à l'Allemagne.** Étude de géographie militaire. 1 vol. in-8. 1884. 6 fr.

YUNG (Eugène). **Henri IV écrivain.** 1 vol. in-8. 5 fr.

BIBLIOTHÈQUE UTILE

92 VOLUMES PARUS.

Le volume de 190 pages, broché, 60 centimes.

Cartonné à l'anglaise ou cartonnage toile dorée, 1 fr.

Le titre de cette collection est justifié par les services qu'elle rend et la part pour laquelle elle contribue à l'instruction populaire.

Les noms dont ses volumes sont signés lui donnent d'ailleurs une autorité suffisante pour que personne ne dédaigne ses enseignements. Elle embrasse l'*histoire*, la *philosophie*, le *droit*, les *sciences*, l'*économie politique* et les *arts*, c'est-à-dire qu'elle traite toutes les questions qu'il est aujourd'hui indispensable de connaître. Son esprit est essentiellement démocratique; le langage qu'elle parle est simple et à la portée de tous, mais il est aussi à la hauteur des sujets traités. La plupart de ces volumes sont adoptés pour les Bibliothèques par le *Ministère de l'Instruction publique*, *le Ministère de la guerre*, *la Ville de Paris*, *la Ligue de l'enseignement*, etc.

HISTOIRE DE FRANCE.

* **Les Mérovingiens**, par BUCHEZ, anc. présid. de l'Assemblée constituante.

* **Les Carlovingiens**, par BUCHEZ.

Les Luttes religieuses des premiers siècles, par J. BASTIDE, 4e édit.

Les Guerres de la Réforme, par J. BASTIDE. 4e édit.

La France au moyen âge, par F. MORIN.

* **Jeanne d'Arc**, par Fréd. LOCK.

Décadence de la monarchie française, par Eug. PELLETAN. 4e édit.

* **La Révolution française**, par CARNOT, sénateur (2 volumes).

* **La Défense nationale en 1792**, par P. GAFFAREL.

* **Napoléon Ier**, par Jules BARNI.

* **Histoire de la Restauration**, par Fréd. LOCK. 3e édit.

* **Histoire de la marine française**, par Alfr. DONEAUD. 2e édit.

* **Histoire de Louis-Philippe**, par Edgar ZEVORT. 2e édit.

Mœurs et Institutions de la France, par P. BONDOIS. 2 volumes.

Léon Gambetta, par J. REINACH.

PAYS ÉTRANGERS.

* **L'Espagne et le Portugal**, par E. RAYMOND. 2e édition.

Histoire de l'empire ottoman, par L. COLLAS. 2e édit.

* **Les Révolutions d'Angleterre**, par Eug. DESPOIS. 3e édit.

Histoire de la maison d'Autriche, par Ch. ROLLAND. 2e édit.

L'Europe contemporaine (1789-1879), par P. BONDOIS.

Histoire contemporaine de la Prusse, par Alfr. DONEAUD.

Histoire contemporaine de l'Italie, par Félix HENNEGUY.

Histoire contemporaine de l'Angleterre, par A. REGNARD.

HISTOIRE ANCIENNE.

La Grèce ancienne, par L. COMBES, conseiller municipal de Paris. 2e éd.

L'Asie occidentale et l'Égypte, par A. OTT. 2e édit.

L'Inde et la Chine, par A. OTT.

Histoire romaine, par CREIGHTON.

L'Antiquité romaine, par WILKINS (avec gravures).

GÉOGRAPHIE.

* **Torrents, fleuves et canaux de la France**, par H. BLERZY.

* **Les Colonies anglaises**, par le même.

Les Iles du Pacifique, par le capitaine de vaisseau JOUAN (avec 1 carte).

* **Les Peuples de l'Afrique et de l'Amérique**, par GIRARD DE RIALLE.

* **Les Peuples de l'Asie et de l'Europe**, par le même.

* **Géographie physique**, par GEIKIE, prof. à l'Univ. d'Edimbourg (avec fig.).

* **Continents et Océans**, par GROVE (avec figures).

Les Frontières de la France, par P. GAFFAREL.

* **Notions d'astronomie**, par L. CATALAN, prof. à l'Université de Liège. 4ᵉ édit.

COSMOGRAPHIE.

* **Les Entretiens de Fontenelle sur la pluralité des mondes**, mis au courant de la science par BOILLOT.

* **Le Soleil et les Étoiles**, par le P. SECCHI, BRIOT, WOLF et DELAUNAY. 2ᵉ édit. (avec figures).

* **Les Phénomènes célestes**, par ZURCHER et MARGOLLÉ.

A travers le ciel, par AMIGUES.

Origines et Fin des mondes, par Ch. RICHARD. 3ᵉ édit.

SCIENCES APPLIQUÉES.

* **Le Génie de la science et de l'industrie**, par B. GASTINEAU.

* **Causeries sur la mécanique**, par BROTHIER. 2ᵉ édit.

Médecine populaire, par le docteur TURCK. 4ᵉ édit.

Petit Dictionnaire des falsifications, avec moyens faciles pour les reconnaître, par DUFOUR.

Les Mines de la France et de ses colonies, par P. MAIGNE.

La Médecine des accidents, par le docteur BROQUÈRE.

La Machine à vapeur, par H. GOSSIN, avec figures.

La Navigation aérienne, par G. DALLET (avec figures).

SCIENCES PHYSIQUES ET NATURELLES.

Télescope et Microscope, par ZURCHER et MARGOLLÉ.

* **Les Phénomènes de l'atmosphère**, par ZURCHER. 4ᵉ édit.

* **Histoire de l'air**, par Albert LÉVY.

* **Hygiène générale**, par le docteur L. CRUVEILHIER. 6ᵉ édit.

* **Histoire de la terre**, par le même.

* **Principaux faits de la chimie**, par SAMSON, prof. à l'Éc. d'Alfort. 5ᵉ édit.

Les Phénomènes de la mer, par E. MARGOLLÉ. 5ᵉ édit.

* **L'Homme préhistorique**, par L. ZABOROWSKI. 2ᵉ édit.

* **Les grands Singes**, par le même.

Histoire de l'eau, par BOUANT.

* **Introduction à l'étude des sciences physiques**, par MORAND. 5ᵉ édit.

* **Le Darwinisme**, par E. FERRIÈRE.

* **Géologie**, par GEIKIE (avec fig.).

* **Les Migrations des animaux et le Pigeon voyageur**, par ZABOROWSKI.

* **Premières notions sur les sciences**, par Th. HUXLEY.

La Chasse et la Pêche des animaux marins, par le capitaine de vaisseau JOUAN.

Les Mondes disparus, par L. ZABOROWSKI (avec figures).

Zoologie générale, par H. BEAUREGARD, aide-naturaliste au Muséum (avec figures).

PHILOSOPHIE.

La Vie éternelle, par ENFANTIN. 2ᵉ éd.

Voltaire et Rousseau, par Eug. NOEL. 3ᵉ édit.

* **Histoire populaire de la philosophie**, par L. BROTHIER. 3ᵉ édit.

* **La Philosophie zoologique**, par Victor MEUNIER. 2ᵉ édit.

* **L'Origine du langage**, par L. ZABOROWSKI.

Physiologie de l'esprit, par PAULHAN (avec figures).

L'Homme est-il libre? par RENARD.

La Philosophie positive, par le docteur ROBINET. 2ᵉ édit.

ENSEIGNEMENT. — ÉCONOMIE DOMESTIQUE.

* **De l'Éducation**, par Herbert Spencer.
La Statistique humaine de la France, par Jacques Bertillon.
Le Journal, par Hatin.
De l'Enseignement professionnel, par Corbon, sénateur. 3e édit.
* **Les Délassements du travail**, par Maurice Cristal. 2e édit.
Le Budget du foyer, par H. Leneveux
* **Paris municipal**, par le même.
* **Histoire du travail manuel en France**, par le même.
L'Art et les artistes en France, par Laurent Pichat, sénateur. 4e édit.
Économie politique, par Stanley Jevons. 3e édit.
* **Le Patriotisme à l'école**, par Jourdy, capitaine d'artillerie.
Histoire du libre échange en Angleterre, par Mongredien.
Premiers Principes des beaux-arts, par John Collier (avec fig.).

DROIT.

* **La Loi civile en France**, par Morin. 3e édit.
La Justice criminelle en France, par G. Jourdan. 3e édit.

BIBLIOTHÈQUE UTILE

TIRAGE SPÉCIAL POUR RECOMPENSES

Beaux volumes in-12 de 190 à 200 pages.

Brochés. 1 franc. — Imitation toile, tranches blanches. 1 fr. 10
Toile, tranches dorées ou rouges...................... 1 fr. 50

Napoléon Ier, par J. Barni, membre de l'Assemblée nationale.
Les Colonies anglaises, par Blerzy, anc. élève de l'École polytechnique. (V. P.)
* **Torrents, fleuves et canaux de la France**, par le même. (V.-P.)
* **Europe contemporaine depuis 1792 jusqu'à nos jours**, par Bondois, professeur au lycée de Versailles.
La Botanique en 10 leçons, par Le Monnier, professeur à la Faculté des sciences de Nancy, avec 124 figures.
Morceaux choisis de littérature française, par Mme Collin, inspectrice des écoles de la Ville de Paris. (V. P.)
* **La Défense nationale en 1792**, par P. Gaffarel, professeur à la Faculté des lettres de Dijon. (V. P.)
* **La Géographie physique**, par Geikie, professeur à l'Université d'Édimbourg. avec gravures. (V. P.)
* **Notions de Géologie**, avec figures dans le texte, par le même. (V. P.)
* **Premières Notions sur les sciences**, par Huxley, de la Société royale de Londres. (V. P.)
Le Patriotisme à l'école, guide populaire d'éducation militaire, par Jourdy, chef d'escadron d'artillerie, avec grav. (V. P.)
Les Migrations des animaux et le Pigeon voyageur, par Zaborowski. (V. P.)
Histoire de Louis-Philippe, par E. Zevort, recteur de l'Académie de Caen. (V. P.)
Les Phénomènes célestes, par Zurcher et Margollé, anciens officiers de marine. (V. P.)
Les Révolutions d'Angleterre, par Eugène Despois. (V. P.)
Léon Gambetta, par Joseph Reinach, avec gravures.
Les Peuples de l'Asie et de l'Europe, par Girard de Rialle. (V. P.)
Les Peuples de l'Afrique et de l'Amérique, par Girard de Rialle. (V. P.)
Continents et Océans, par Grove, avec gravures. (V. P.)

5511. — Bourloton. — Imprimeries réunies, A, rue Mignon, 2, Paris.

[illegible]HÈQUE DE PHILOSOPHIE CONTEMPORAINE

Format in-8

Volumes brochés à 5 fr., 7 fr. 50 et 10 fr.

[illegible] **l'espèce et des classifications**, [illegible] anglais par M. Vogeli. 1 vol. 5 fr.

[illegible] — **La philosophie de Hamilton**, [illegible] l'anglais par M. Cazelles. 1 vol. 10 fr.

[illegible] **Mémoires**. Histoire de ma vie et de [illegible]ées, traduit de l'anglais par M. E. Ca[illegible]. 1 vol. 5 fr.

[illegible] **Système de logique** déductive et inductive. [illegible] 20 fr.

[illegible] **Essais sur la religion**, traduit de l'anglais par M. E. Cazelles. 2e édit. 1 vol. 5 fr.

Quatrefages. — **Ch. Darwin et ses précurseurs français**. 1 vol. [illegible]

Herbert Spencer. — **[illegible] premiers principes**. 1 fort vol., traduit [illegible] l'anglais par M. Cazelles. 4e édit. [illegible] fr.

— **Principes de psychologie**, traduit de l'anglais par MM. Ribot et Espinas. 2 vol. 20 fr.

— **Principes de biologie**, traduit par M. Cazelles. 2e édit. 2 vol. 20 fr.

— **Principes de sociologie**, traduit par MM. Cazelles et Gerschel. 4 vol. 36 fr. 25

— **Essais sur le progrès**, traduit de l'anglais par M. Burdeau. 2e édit. 1 vol. 7 fr. 50

— **Essais de politique**. 1 vol., traduit par M. Burdeau. 7 fr. 50

— **Essais scientifiques**. 1 vol., traduit par M. Burdeau. 7 fr. 50

— **De l'éducation physique, intellectuelle et morale**. 1 vol, 6e édition. 5 fr.

— **Introduction à la science sociale**. 1 vol. 7e édition. 6 fr.

— **Classification des sciences**. 1 vol. in-[illegible] 2e édit. [illegible]

— **L'individu contre l'État**. [illegible]

— **Les bases de la [illegible]** 1 vol. 3e édit. 6 fr.

Auguste Laug[illegible]. — **Les problèmes** (Problèmes de la nature, problèmes de la vie, problèmes de l'âme). 1 fort vol. 7 fr. 50

Emile Saigey. — **Les sciences au XVIIIe siècle**. la physique de Voltaire. 1 vol. 5 fr.

Paul Janet. — **Les causes finales**. 1 vol. 2e édit. 10 fr.

— **Histoire de la science politique dans ses rapports avec la morale**. 3e édit. 2 vol. 20 fr.

Th. Ribot. — **De l'hérédité psychologique**. 1 vol. 2e édit. 7 fr. 50

— **La psychologie anglaise contemporaine**. 1 vol. 3e éd. 7 fr. 50

— **La psychologie allemande contemporaine** (école expér.). 1 vol. 2e éd. 7 fr. 50

Alf. Fouillée. — **La liberté et le déterminisme**. 1 vol. 2e édit. 7 fr. 50

— **Critique des systèmes de morale contemporains**. 1 vol. 7 fr. 50

De Laveleye. — **De la propriété et de ses formes primitives**. 1 vol. 3e édit. 7 fr. 50

Bain. — **La logique déductive et inductive**, traduit de l'anglais par M. Compayre. 2e édit. 2 vol. 20 fr.

— **Les sens et l'intelligence**. 1 vol. traduit de l'anglais par M. Cazelles. 10 fr.

— **Les émotions et la volonté**. 1 vol. 10 fr.

— **L'esprit et le corps**. 1 vol. 4e édit. 6 fr.

— **La science de l'éducation**. 1 vol. 4e éd. 6 fr.

Matthew Arnold. — **La crise religieuse**. 1 vol. 7 fr. 50

Bardoux. — **Les légistes et leur influence sur la société française**. 1 vol. 5 fr.

Espinas (Af.). — **Des sociétés animales**. 1 vol. 2e édit. 7 fr. 50

Flint. — **La philosophie de l'histoire en France**, traduit de l'anglais par M. Ludovic Carrau. 1 vol. 7 fr. 50

— **La philosophie de l'histoire en Allemagne**, traduit de l'anglais par M. Ludovic Carrau. 1 vol. 7 fr. 50

Liard. — **La science positive et la métaphysique**. 1 vol. 2e édit. 7 fr. 50

— **Descartes**. 1 vol. 5 fr.

Guyau. — **La morale anglaise contemporaine**. 1 vol. 2e éd. 7 fr. 50

— **Les problèmes de l'esthétique contemporaine**. 1 vol. 5 fr.

— **Esquisse d'une morale sans obligation ni sanction**. 1 vol. 5 fr.

— **L'irréligion de l'avenir**. 1 vol. 7 fr. 50

Huxley. — **Hume, sa vie, sa philosophie**, traduit de l'anglais avec préface par M. G. Compayré. 1 vol. 5 fr.

E. Naville. — **La logique de l'hypothèse**. 1 vol. 5 fr.

— **La physique moderne**. 1 vol. 5 fr.

E. Vacherot. — **Essais de philosophie critique**. 1 vol. 7 fr. 50

— **La religion**. 1 vol. 7 fr. 50

H. Marion. — **De la solidarité morale**. 1 vol. 2e édit. 5 fr.

Schopenhauer. — **Aphorismes sur la sagesse dans la vie**. 1 vol. traduit par M. J.-A. Cantacuzène. 5 fr.

— **De la quadruple racine du principe de raison suffisante**, traduit par M. J.-A. [illegible] 5 fr.

Bertrand. — **L'aperception du corps humain par la conscience**. 1 vol. 5 fr.

Louis Buchner. — **Nature et science**. 1 vol. 2e édit. 7 fr. 50

James Sully. — **Le pessimisme**. 1 vol. traduit par MM. Bertrand et Gérard. 7 fr. 50

V. Egger. — **La Parole intérieure**. 1 v. 5 fr.

Louis Ferri. — **La psychologie de l'association**, depuis Hobbes jusqu'à nos jours. 1 vol. 7 fr. 50

Maudsley. — **La pathologie de l'esprit**. 1 vol. 10 fr.

Séailles. — **Essai sur le génie dans l'art**. 1 vol. 5 fr.

Preyer. — **Éléments de physiologie**. 1 vol. 5 fr.

— **L'âme de l'Enfant**, observations sur le développement psychique des premières années, traduit par H. de Varigny. 1 vol. 10 fr.

Wundt. — **Éléments de psychologie physiologique**. 2 vol. avec [illegible] 20 fr.

E. Beaussire. — **Les principes de la morale**. 1 vol. 5 fr.

A. Franck. — **La philosophie du droit civil**. 1 vol. 5 fr.

J. Barni. — **La morale dans la démocratie**. 2e édit. 1 vol. 5 fr.

[illegible] Clay. — **L'alternative**, contribution à la psychologie, traduit par M. A. Burdeau. 1 vol. 10 fr.

Bernard Pérez. — **Les trois premières années de l'enfant**. 3e édit. avec préface de M. James Sully. 1 vol. 5 fr.

L'enfant de trois à sept ans. 1 vol. 5 fr.

Coulommiers. — Imp. P. Brodard et Gallois

www.ingramcontent.com/pod-product-compliance
Ingram Content Group UK Ltd.
Pitfield, Milton Keynes, MK11 3LW, UK
UKHW022041190726
13855UKWH00002B/375